文眞堂現代経営学選集Ⅱ [6]

経営学の進化

——進化論的経営学の提唱——

福永文美夫著

文眞堂

はしがき

　本書『経営学の進化——進化論的経営学の提唱——』は，文字通り経営学がこれまでどのように発生し進化していったのか，という問題意識から出発し，「進化論的経営学」という新しい主張をすることによって，これからの経営学はさらに進化しなければならないというメッセージを込めたものである。本書の内容は後述することにして，まず，なぜこのような研究を意図するようになったのか，その背景を述べさせていただきたい。

　筆者の研究者としての出発は，修士論文である「権限の源泉について」というテーマであった。そこで強調したのは，権限の源泉に関する主要な3つの説の中の法定説であった。法定説の源泉を私有財産制度に求めるのではなく，資本の論理に基づく所有権に求めた。筆者は，研究生活の当初から資本の論理，換言すれば市場の論理が常に頭の中にあって，これをどうにか解明しなければならないという思いがあった。

　大学院博士課程に入ってからは，もっぱらバーナード・サイモン理論の学説的研究，特にオーソリティ論やパワー論に没頭した。その期間はトータルで10年くらいであろうか。我ながらこのテーマに関しては，限界を感じていた。1993年末頃から筆者の勤務する久留米大学において，私的な研究会である久留米大学商学部・企業システム研究会が定期的に開かれるようになった。そこでは，もっぱら新制度派経済学などを輪読しながら新しい動向をさぐっていた。たとえば，研究会ではウィリアムソンの『市場と企業組織』，コースの『市場・企業・法』，青木昌彦の『日本経済の制度分析』などが取り上げられ，テーマは，「制度」「組織」「市場」が中心であった。当時の筆者は，青木昌彦の本の報告の際に彼の論理，すなわち比較制度分析やゲーム理論に惹かれ，その圧倒的な説明力に感服した。日本的経営を長年議論してきた経営学者はこれまで何をやってきたのか，と忸怩たる思いであっ

た。筆者自身，日本的経営論を専攻してきたわけではないが，経済学者による鮮やかな分析に目を見張ったのである。ただし，その鮮やかすぎる論理に若干の違和感を覚えたことは確かである。本当に，比較制度分析やゲーム理論で日本的経営がすべて解明できたと言えるのか。筆者は，当時の青木の著作は日本的経営論の集大成であると思っていた。もっとも，それが有効であったのは日本のバブル経済期までであった。長い平成不況に入り，日本経済の低迷と共に日本企業もアメリカ型の成果主義やガバナンスをこぞって受け入れるようになった。現在は不況から脱したとはいえ，依然としてこれからの日本企業はどうあるべきかという問題は混迷の中にあって見通しは立っていない。このような状況の中で，経営学者のなすべきことは何なのか，という問題意識は経営学を専攻とする研究者ならば誰しも感じ取っているはずである。筆者は，ともかく，青木やウィリアムソンのような経済学者にここまで経営学の領域を「侵略」されてよいのか，という思いでいっぱいであった。

　筆者は，久留米大学での研究会の成果を1998年の経営学史学会第6回全国大会で報告した。テーマは，「組織論と新制度派経済学」であった。その論文は，翌年の学会の年報に掲載され，またそのフルバージョンが久留米大学商学部・企業システム研究会編の『企業システムの探究——制度・組織・市場——』(同文舘出版，2001年)に掲載された。最終的に，この修正版は本書第6章として収録されている。筆者にとっては，この論文が転機になった。内容は，後述するので詳細は述べないが，サイモンとウィリアムソンの組織に関する考え方の異同を考察したものである。サイモンはなじみがあるが，ウィリアムソンは先の研究会で勉強はしていたものの当初はあまりよくわからなかった。ウィリアムソンらの新制度派経済学を少しずつ勉強し理解していくうちに，ますますその論理に不満を持つようになり，ヴェブレンやコモンズの制度派経済学に興味を持つようになった。ヴェブレンは先の研究会で読んでいたので，入りやすかった。読んでいくうちに，同じ「制度」を名乗るウィリアムソンとは根本的に思想が異なることがわかってきた。しかし，研究はまだ手探りの状況であった。

折しも，1999年8月から1年間，米国オクラホマ大学で在外研究の機会を得た。経営学史研究の泰斗ダニエル・レン（Daniel A. Wren）教授の下での研究であった。筆者にとって，これまでの研究生活においてこれほど充実していた1年間はなかった。筆者は，毎日のようにレン教授に問題点や疑問点を見つけては質問していた。教授は，こちらの拙い英語の質問にわかりやすく丁寧に応えてくださった。筆者は，在外研究中，教授の学部の授業や大学院のゼミも受講したが，終始一貫して学生の言うことを否定せずに，学生の意見を尊重した。教授は，まさにジェントルマンというにふさわしいお方であった。英語で聞く教授の自著を語る姿は，偉大な研究者であると共に偉大な教育者であった。教授は，1999年で定年を迎えた。筆者は退任時の教授の挨拶に深く感銘を受け，教授のために何か貢献したいと思うようになった。

　周知のように，レン教授は *The Evolution of Management Thought* の世界的名著で知られている。第2版の邦訳『現代経営管理思想──その進化の系譜──』（マグロウヒル社，1982年）は絶版となっていたが，すでに1994年に原書第4版が出版されていた。筆者は，無謀にも翻訳をしたいと教授に申し出た。それは，2000年3月頃であった。教授からは，即座に快諾いただいた。しかし，こちらとしては翻訳自体未経験であるし，1人で翻訳するにはあまりにも荷が重く，旧訳と同じく10人程度の心強い仲間が必要であるのは明らかであった。筆者は，電子メールで日本にいる研究者仲間に打診した。1～2カ月位かかったが，幸い筆者を含め9人を集めることができた。そこで，監訳者をどうするかで，研究者仲間と電子メールで再び相談した。結局，青森公立大学の佐々木恒男学長にお願いすることにした。佐々木教授からは間髪を置かずにご承諾いただいた。筆者としては，重圧から解放された気分であった。出版までに紆余曲折があったが，2003年9月に第4版の翻訳書が文眞堂から『マネジメント思想の進化』として出版された。筆者は，初めて大きな仕事を完成し感無量であった。

　筆者がなぜ，長々と在外研究の話をここで書いたのかというと，本書の研究の発端がそこにあるからである。そもそも，在外研究の研究課題が「経営

学の歴史と進化」であり，これまでの経営学説史を市場と組織という新しい視点で捉え直し，近年発展が著しい新制度派経済学と経営学の学説を比較検討するというのがその目的であった。在外研究中に，何回かレン教授に筆者の著作の研究計画をお見せした。教授は，「この研究は時間がかかるよ」とだけおっしゃった。その言葉を素直に受け入れ，筆者はとりあえず翻訳の方に力を入れることにした。

在外研究中に本書の骨子は，あらかた決まっていた。ヴェブレンを読むうちに，スミス，ミル，マーシャルを読まなければいけないと思うようになった。思えば，翻訳と同じく無謀な研究計画であった。浅学非才でしかも経済学者ではない筆者が，短期間でマーシャル以前の古典派経済学者をまともにすべて読了できるはずがない。市場と組織という視点があったからこそ，また，経済学説の中にある経営学的なキーワードである企業，組織，経営者などの視点で検証していったからこそ本書が日の目を見ることになった。在外研究終了後，スミス，ミル，マーシャル，ヴェブレン，コモンズ，バーリ・ミーンズ，バーナム，ゴードン，ガルブレイス，ドラッカーに関する学説的な系譜をいくつかの論文にした。それらは，第1章から第6章までの叙述に表れている。また，「進化論的経営学」というアイデアは，当初の計画にはなかったが，マーシャル，テイラー，バーナードの共通性を発見し，吉田民人のプログラム科学を援用することで論文の体裁を整えることができた。それらは，第7章と第8章の叙述に表れている。

本書のテーマである「経営学の進化」は，経営学は古典派経済学の中で胚胎していたという主張がまず根幹にある。それは，第Ⅰ部黎明期の経営学の中で叙述している。そこでは経営学の胚胎から経営学の誕生，そして経営学と制度派経済学の比較を試みている。

第1章では，経済学において胚胎していた経営学の諸理論の鉱脈を探り出すために，スミス，ミル，マーシャルの各経済学説における経営学的視点，すなわち彼らの組織観，企業観，経営（者）観をその原典から抽出する。特にマーシャルは企業経済学の祖として有名であり，古典派経済学と新古典派

経済学の橋渡しをした欠かすことのできない論者であり，古典派経済学はマーシャルに集約されることを論証している。

第2章では，マーシャルをテイラーとともに経営学を誕生させた重要な論者であると位置づける。同時代に生きたマーシャルとテイラーの比較考察をした結果，マーシャルは現代経済学の基礎を築いたのに対し，テイラーは現代経営学の基礎を築いたことを明らかにする。最終的には，マーシャルとテイラーは，古典派経済学と社会ダーウィニズムに影響を受けていたということを主張する。

第3章では，当時のアメリカ経済学では異端であった制度派経済学者のヴェブレンとコモンズを取り上げる。制度派経済学は，古典派経済学や新古典派経済学が注目してこなかった制度に焦点を当てる。制度は，論者によって異なるものの，その定義は，市場にとどまらず，規範，法律，組織，機関など広範な分野に及ぶ。したがって，制度派経済学は，経済学，経営学，法学，社会学などの視点を含む学際的なものである。本章では，ヴェブレンとコモンズの制度派経済学のエッセンスが盛り込まれてあるそれぞれの主著と経営学とを比較しながら検討し，経済学と経営学が未分化であった当時の時代背景を探る。

第Ⅱ部経営学の系譜では，制度派経済学から影響を受けた制度論的経営学の系譜，現代組織論の系譜を素描し，さらに現代組織論と組織の経済学（特に新制度派経済学）の異同を論じ，経営学の進化の跡をたどる。

第4章では，Invisible HandからVisible Handへの制度的転換をチャンドラーの鉄道研究およびマッカラムの管理の実践をふまえて，バーリ・ミーンズの株式会社革命を敷衍し，さらには専門経営者の出現として，まさに組織の時代，あるいは経営者の時代となった20世紀の経営思想であるゴードン，バーナム，ガルブレイス，ドラッカーの思想を俯瞰する。

第5章では，現代組織論が「ジャングル」の状況に至った歴史的な系譜をまず，ウェーバーに求め，さらにバーナード，サイモン，マーチ・サイモン，サイアート・マーチの各理論を素描する。そして，それらが「組織論のジャングル」の巨木であったことを明らかにする。次に，クーンツのマネジ

メント・ジャングルを敷衍し,「組織論のジャングル」の様相を先人がまとめた現代組織論の系譜によって概観し,企業・市場・組織それぞれの概念の関係性を整理する必要性を主張する。

第6章では,まず現代組織論と組織の経済学,とりわけ新制度派経済学との関連性を主としてサイモンとウィリアムソンのそれぞれの理論を比較検討しながら考察し,組織論を含む経営学,制度派経済学,新制度派経済学の間の歴史的な関連性を整理する。さらに,組織論と経済学の方法論を比較検討し,経営学者は経済学だけに限らず,周辺諸科学の方法論を学び,さらなる経営学の発展に尽力すべきことを主張する。

そして,第Ⅲ部経営学の展望では,第2章で論じたハーバート・スペンサーの社会ダーウィニズムが経営学と密接なつながりをもっていたということを論証し,進化論的経営学の提唱を行う。

第7章では,まずウィリアム・スコットのバーナード解釈に基づき,経営学におけるバーナード理論の位置づけを行う。そこでは,19世紀末からバーナードが登場するまでのアメリカにおける経営学の生成プロセスが記述され,バーナード理論を形成した思想的背景をその生い立ち,キャリア,人的関係を跡づけながら探る。バーナードがエリート経営者として,あるいは研究者としてどのように主著を形成していったのか。またバーナードは,テイラーと同様に社会ダーウィニズムに影響を受けていたのか。本章の最後では,バーナードの経営学がスペンサー思想といかに類似した理論を展開していたのかが明らかにされる。

第8章では,まず,経営学における進化論的アプローチについての最近の動向をレビューする。また,経営学は進化論的科学なのか,という課題をヴェブレンの進化論的科学に対する問題意識から考察し,経営学が生物学の方法論と接点があるということを吉田民人のプログラム科学概念を援用し明らかにする。そして最後に,企業・市場・組織の概念の関連性を整理し,進化論的経営学のパースペクティブを概観する。

補章1および補章2では,筆者の進化論的経営学の予備的研究として吉田民人の所有構造論からヒントを得て,株式会社における所有構造を株主,経

営者，従業員ごとにそれぞれの所有状況を分析した論文（補章1）と九州に本社のある企業とその韓国現地法人との信頼性を探るべく実証研究をした論文（補章2）を紹介する。これらの研究のキーワードは，所有と信頼性というそれぞれコーポレート・ガバナンスと個人行動特性において非常に重要な概念であり，進化論的経営学におけるプログラムそれ自体の解明の研究の一端である。筆者はこれらの研究をもとに本格的な進化論的経営学のテーマをさらに追究する考えをもっている。

　本書を完成させるにあたって特にお世話になった恩師の方々の名前を挙げさせていただきたい。それは順に，元北九州大学学長の故中谷哲郎先生，九州大学名誉教授の川端久夫先生，そして前述したオクラホマ大学名誉教授のダニエル・レン先生のお三方である。

　中谷先生は，筆者の北九州大学大学院経営学研究科修士課程時代の指導教授であった。先生は，研究生活に入るにあたっての心構え，大学教育のあり方，研究の姿勢や人生の指針となるような助言を常にいただいていた。毎年，正月には必ず先生のお宅に年始の挨拶に行っていた。それは，筆者が久留米大学に勤務するようになってからも続いていた。筆者は，先生をお寺のお師匠さんのような方だと感じていた。しかし，先生は筆者が米国に在外研究中に急逝された。あまりにも突然であった。何か心の支えを失ったように感じた。オクラホマ大学の事務室からファクシミリで弔辞を送った。何人かの先生方に後であの弔辞は良かったと褒めていただいたが，筆者としては，常日頃から思っていたことを書いたにすぎない。筆者が本書を書き上げる際には，必ずこのことを「はしがき」に書こうと思っていた。まずは中谷先生に本書を捧げ，研究成果を報告したい。

　九州大学大学院経済学研究科博士後期課程時代の指導教授であった川端久夫先生は，今でも研究意欲の旺盛な研究者としての理想的な姿勢にいつも学ばせていただいている。先生に研究のイロハをすべて教わったと言っても過言ではない。博士課程の院生の頃，筆者の書いた拙い論文にいつも鉛筆で非常に細かい訂正をしていただいた。たいへんありがたかった。感謝しても感

謝しきれない。それは，句読点の位置やテニヲハから，もちろん論文の理論的な構成，内容，問題点に至るまで事細かに記されていた。また，筆者は，先生ご自身に必要な資料のコピーを先生から頼まれたことが度々あった。筆者は，先生が「この資料を読みなさい」と言っているのだと勝手に解釈して，密かに2部ずつコピーしたものであった。それが筆者の研究者として教育者としての身になっていることはいうまでもない。これからも川端先生のご指導を仰ぎたいと思っている。

　オクラホマ大学名誉教授でハリー・W. バス経営史資料館（Harry W. Bass Business History Collection）の館長のダニエル・レン先生は，第3の指導教授であり，筆者は先生の門下生だと思っている。日本のある先生からもそう言われたこともある。それほど，筆者にとってレン先生は特別な存在であった。オクラホマ大学での研究生活は，筆者にとってかけがえのないものとなったが，それはひとえにレン先生のおかげである。大学院のゼミでの筆者の発言を高く評価してくださり，また筆者の英語論文を評価してくださった。アメリカ人は一般に，お世辞が上手であることはわかっているが，それがたとえお世辞であっても，これまで自分の論文に自信がなかったものが，どれほど勇気づけられたことか。レン先生は今でも，Academy of Management の Management History Division（経営学史部会）でご活躍され，川端先生と同じく研究意欲が衰えておられない。周知の通り，われわれが翻訳した原書が2005年に第5版として，*The History of Management Thought* というタイトルに変更され，内容も若干改訂されて出版された。本書が，レン先生の本の二番煎じだと言われずにすみそうであるが，Evolution が History に変わり少し残念な思いもある。とにかく，レン先生に出会わなければ，本書は存在し得なかった。レン先生には，あらためて深く感謝したい。

　本書を完成する上で，お世話になった方は他にも多数おられるが，すべてここであげることは不可能である。これまで学会や研究会等でご指導くださったすべての先生方に感謝する次第である。また，本書のような市場性の薄い研究書の刊行を快くお引き受けいただいた文眞堂社主前野眞太郎氏，編

集の労をとってくださった前野弘氏および前野眞司氏と学会でお会いするたびに筆者を励ましてくださった前野隆氏に感謝申し上げる．

　さらに，本書の研究に対して久留米大学経済学部附属産業経済研究所調査研究費補助金，久留米大学附属ビジネス研究所調査研究費補助金，出版については久留米大学商学部による出版助成金の交付を受けた．特に，久留米大学には在外研究を含め自由な研究環境を与えていただいた．ここに記して，大学関係者の方々に感謝の意を表したい．

　最後に，筆者を支えてくれている家族，妻依子，娘由紀子，郷里の父頼文，そして義父谷口正樹，義母谷口美佐子にも感謝したい．また，筆者の在外研究後，他界した母美子にも本書を捧げることをお許しいただきたい．

2006 年 11 月

福永　文美夫

目　　次

はしがき

第Ⅰ部　黎明期の経営学 … 1

第1章　経営学の胚胎
　　　　——スミス，ミル，マーシャルの企業観—— … 3

1．アダム・スミスの企業観 … 4
　(1)　分業論と株式会社発生史 … 4
　(2)　重商主義と市場原理 … 8
2．ミルの企業観 … 12
　(1)　株式会社と協働概念 … 12
　(2)　社会主義と労働者論 … 15
3．マーシャルの企業観 … 18
　(1)　内部経済と組織 … 18
　(2)　経営者職能と資質 … 22
　(3)　企業形態論 … 25
4．古典派経済学から経営学へ … 26

第2章　経営学の誕生
　　　　——マーシャルとテイラーをめぐる思想的背景—— … 31

1．マーシャルの思想的背景 … 32
　(1)　イギリスの停滞とアメリカの台頭 … 32
　(2)　マーシャルの市場概念 … 37
　(3)　マーシャルの科学的管理への評価 … 43

2．テイラーの思想的背景 …………………………………47
　⑴　テイラーと古典派経済学 ……………………………47
　⑵　社会ダーウィニズムと革新主義 ……………………49
3．経営学におけるマーシャルとテイラーの位置 …………58

第3章　経営学と制度派経済学 …………………………64

1．ヴェブレンの制度派経済学 ………………………………65
　⑴　企業の理論 ……………………………………………66
　⑵　有閑階級という制度 …………………………………71
2．コモンズの制度派経済学 ………………………………77
　⑴　集団行動の経済学 ……………………………………78
　⑵　コモンズとテイラー …………………………………83
　⑶　コモンズとバーリ・ミーンズ ………………………87
3．制度派経済学から経営学へ ………………………………91

第Ⅱ部　経営学の系譜 ……………………………………99

第4章　制度論的経営学の系譜 …………………………101

1．"Invisible Hand" から "Visible Hand" へ ……………102
　⑴　経営者の時代 …………………………………………102
　⑵　管理の実践 ……………………………………………104
2．所有と経営の分離と株式会社革命論
　　　──バーリ・ミーンズとバーナム── ……………109
　⑴　所有と経営の分離 ……………………………………109
　⑵　株式会社革命論 ………………………………………112
3．専門経営者の出現 ………………………………………114
　⑴　ゴードンのビジネス・リーダーシップ論 …………114
　⑵　ガルブレイスのテクノストラクチャー論 …………117
　⑶　ドラッカーのマネジメント論 ………………………118

4．制度論的経営学の貢献 ……………………………………………121

第5章　現代組織論の系譜 ……………………………………125
　1．組織論の生成 ………………………………………………………126
　　(1) ウェーバーの正当性概念 ………………………………………126
　　(2) ウェーバーの組織論 ……………………………………………128
　2．組織論の発展 ………………………………………………………131
　　(1) バーナードとサイモンの組織論 ………………………………131
　　(2) マーチとサイモンの組織論 ……………………………………136
　　(3) サイアートとマーチの組織論 …………………………………138
　3．組織論のジャングル ………………………………………………141
　　(1) クーンツのマネジメント・ジャングル ………………………141
　　(2) 組織論の現在 ……………………………………………………144
　　(3) 組織論のジャングル ……………………………………………147

第6章　現代組織論と組織の経済学 …………………………153
　1．ウィリアムソンとバーナード・サイモン ………………………154
　　(1) ウィリアムソン理論 ……………………………………………154
　　(2) ウィリアムソンのバーナード・サイモン理論評価 …………157
　　(3) サイモンのウィリアムソン理論評価 …………………………161
　2．現代組織論と組織の経済学の位置 ………………………………166
　3．組織論と経済学の方法論 …………………………………………171

第Ⅲ部　経営学の展望 ……………………………………………175

第7章　経営学の生成と社会ダーウィニズム
　　　　　――バーナード理論をめぐる思想的背景―― ……………177
　1．経営学におけるバーナード理論の位置 …………………………178
　2．バーナードのキャリアと思想形成 ………………………………186

(1)　チェスター・バーナードの誕生……………………186
　(2)　ニュージャージー・ベルでの仕事………………188
　(3)　その他の公共的な仕事……………………………191
　(4)　ハーバード・サークルとバーナードの思想　……183
3．バーナード理論と社会ダーウィニズム…………………198
　(1)　バーナードの真意…………………………………198
　(2)　スペンサーのバーナードへの影響………………200

第8章　進化と経営学
——進化論的経営学の提唱——……………………211

1．経営学における進化論的アプローチの動向…………212
　(1)　生態学的アプローチ………………………………213
　(2)　技術革新の進化論的アプローチ…………………214
　(3)　戦略論の進化論的アプローチ……………………216
　(4)　進化ゲーム理論アプローチ………………………217
　(5)　進化倫理学アプローチ……………………………219
2．経営学は進化論的科学か………………………………221
　(1)　ヴェブレンによる進化論的科学…………………221
　(2)　経営学と生物学の方法論…………………………224
3．進化論的経営学の提唱…………………………………228
　(1)　市場・企業・組織の位置づけ……………………228
　(2)　進化論的経営学とは何か…………………………231

補章1　所有とは何か
——吉田民人の所有構造論からの考察——……………241

1．株式会社における所有関係……………………………241
　(1)　マルクス所有論の再構成…………………………242
　(2)　獲得－疎外の3次元………………………………242
　(3)　株式会社における階層別所有度…………………243

2．制御能の理論 ……………………………………………245
　　　(1)　制御能の基本概念 ………………………………………245
　　　(2)　所有と制御能 ……………………………………………249
　　　(3)　制御能構造の理論 ………………………………………251
　　　(4)　株式会社における所有性と準所有性 …………………254
　　3．命題 ……………………………………………………………259

補章2　信頼性とは何か
　　　　──九州企業の韓国現地法人の事例研究からの考察── …261

　　1．信頼の概念 ……………………………………………………261
　　　(1)　信頼の定義 ………………………………………………261
　　　(2)　信頼の構築 ………………………………………………262
　　2．信頼性の基盤 …………………………………………………266
　　　(1)　プロセスに基づく信頼 …………………………………266
　　　(2)　人格に基づく信頼 ………………………………………268
　　　(3)　制度に基づく信頼 ………………………………………270
　　3．考察 ……………………………………………………………272
　　4．命題 ……………………………………………………………274

終章　経営学の進化と進化の経営学 ……………………………277

参考文献一覧 …………………………………………………………285
事項索引 ………………………………………………………………301
人名索引 ………………………………………………………………305
初出論文一覧 …………………………………………………………309

第Ⅰ部

黎明期の経営学

第1章

経営学の胚胎

——スミス，ミル，マーシャルの企業観——

　マーシャル以前の古典派経済学といえば，アダム・スミス（Adam Smith），リカード（David Ricardo），マルサス（Thomas Robert Malthus），J. S. ミル（John Stuart Mill）が代表的な思想家である。彼ら経済学における巨人たちが後世の経済学者に与えた影響は甚大なるものがある。スミスの分業論，自由貿易論，リカードの比較生産費説，収穫逓減法則，マルサスの人口論，ミルの自由論，賃金基金説などは，経済学徒にとっては必須の所説である。われわれ経営学者は，「経営学の父」を20世紀初めのテイラー（Frederick W. Taylor）に求めているが，経済学者は，「経済学の父」を18世紀中庸のスミスに求めている。この200年近くの差は，かなり大きい。経営学が経済学の中から派生してきたことは，明確な事実であるが，具体的にどのようにして分離していったのかは定かではない。

　この大きな問題を明らかにするには，スミス以来の経済学説における経営学的視点を何らかの形で見いだす必要がある。したがって本章は，古典派経済学といわれる経済学者の企業に対する視点，すなわち組織観，企業観，経営（者）観をその原典から抽出することに焦点を絞り，経済学において胚胎していた経営学の諸理論の鉱脈を探り出すことを目的とする。ここで取り上げる論者は，スミス，ミル，マーシャル（Alfred Marshall）である[1]。なぜなら，少なくとも彼らは異端ではなく重要かつ偉大な正統派経済学者であって，体系だった経済学理論を展開しており，彼らの理論の中にビルトインされた組織や企業，経営者に関する議論を抽出することは大いに意義あるもの

と考えられるからである。また，特にマーシャルは企業経済学の祖として有名であり，古典派経済学と新古典派経済学の橋渡しをした欠かすことのできない論者であるからである。

1．アダム・スミスの企業観

アダム・スミスは，1723年にスコットランドのカーコーディに生まれた。父の同名アダム・スミスは関税監督官であったが，同年亡くなり，異母兄とともに母に育てられた。彼は病弱であったが，ラテン語と英語を学習し，14才でグラスゴー大学に入学した。1707年のスコットランドとイングランドの合邦によって，アメリカ植民地との貿易が可能になったグラスゴーの港は，タバコ貿易で急速に発展していた。彼はオックスフォード留学後，母校の論理学教授になり，処女作『道徳感情論』(1759) を著し，またヨーロッパ諸国周遊後，1776年『国富論』を著した。スミスは，イギリスの社会がイングランドとスコットランド，都市と農村の落差を含みながら，すべての人が多かれ少なかれ商人になるような，商業社会すなわち文明社会に到達しつつあるとみていた。『国富論』を構成する5編は，いうまでもなく経済学の初の大系であり，理論・歴史・政策という社会科学の基本構成に分けて特徴づけることができる[2]。

(1) 分業論と株式会社発生史

スミスは，『国富論』の第1編を有名な分業論から展開する。

　労働の生産力の最大の改良と，労働がどこかにむけられたり，適用されたりするさいの熟練，技量，判断力の大部分は，分業の結果であったように思われる。社会の仕事全体のなかでの分業の効果は，いくつかの特定の製造業で分業がどのように作用しているかを考察することによって，いっそう容易に理解されるだろう。分業はいくつかのきわめてささやかな製造業でもっとも進んでいると一般に考えられているが，それはおそらく，他の

もっと重要な製造業よりも，実際にそうした製造業のほうが分業が進んでいるためではなく，少数の人びとのわずかな必要しか満たさないにきまっているささやかな製造業では，職人の総数は当然少ないにちがいなく，各作業部門にたずさわる職人が同一の作業場に集められ，見る者の一望のもとにおかれることが，しばしばありうるからである。これに反し，多数の人びとの多大な欲求を満たすことになる大きな製造業では，どの作業部門も多数の職人を働かせるため，彼らをすべて同一の作業所に集めることは不可能である (Smith, 1776 [1904], I, pp.5-6：訳書 I, 23-24 頁〔傍点は福永による〕)。

スミスが活躍していた時代は，イギリスで産業革命がまさに始まろうとする頃であった。分業は，零細製造業で進行しつつあった。しかし，大きな製造業では分業はまだできない状況であった。それは監督者が管理しやすい規模に限界があるからである。「ささやかな製造業」としてスミスはピン製造業を取り上げる。彼の観察したところ，1人ですべての工程をこなすよりも分業の効果は，240倍あるいは，4,800倍もあるとしている。もっとも，彼が強調したかったのは，ピン製造業内の分業ではなく，独立の商品生産者としての業種間の分業，すなわち拡大する市場による社会的分業であった。

商業都市の住民は，より富裕な国ぐにの改良された製造品や高価な奢侈品を輸入することによって，大土地所有者たちの虚栄心にいくらかの餌を与えた。……このようにして，いっそう精巧で改良された製造品にたいする好みが，外国貿易によって，そのような製造が行われていなかった諸国に導入された。しかしこうした好みがかなりの需要を引き起こすほどに一般化すると，商人たちは，当然，運送の費用を節約するために，同種の製造業をいくつか自国内に設立しようとつとめた。ローマ帝国の没落後にヨーロッパの西部諸地方に設立されたように思われる，遠隔地むけ販売のための最初の製造業の起源はここにある。……ときにはそうした製造業は，……同種のいくつかの外国製造業を模倣してそれらを設立した特定の

商人や企業家の貯えの，いわば暴力的な運用によって導入された。……別のときには，遠隔地むけ製造業は，もっとも貧困未開の地方においてさえつねに営まれているにちがいないような，家内工業的で比較的粗末な製造業がしだいに洗練されることによって，自然に，いわば自力で成長する (*ibid.*, I, pp.378-380：訳書II，226-230頁)。

スミスの時代は，外国との貿易による新しい産物の影響で国内の製造業に変革をもたらした。すなわち，家内工業からの脱皮である。この時代の企業形態はどうだったのであろうか。大塚久雄の『株式会社発生史論』によって確認してみることにする。

アダム・スミス当時の joint stock company 制は，彼が『国富論』において指示しているように，まさに株式会社形態――イギリス的特殊性は存するも――であった。しかしながら，初期のそれは決して株式会社ではなかったのである。その最も重要なクリテリウムを示せば，全社員の有限責任制が存しなかったことがそれである。かかるものがおよそ株式会社でないことは，……明らかであろう。実にイギリスの joint stock company において全社員の有限責任が決定的に導入せられたのは1662年のチャールズ2世の条例によってであった。――むしろ初期の joint stock company は，スコットが端的に述べているように，せいぜいのところの制規組合 (regulated company) とパートナーシップとの癒合，制規組合の規模にまで拡大しその組織やコーポレイション制を自己のものとしたところのパートナーシップに外ならず，したがって経済学上の範疇に従えば，巨大な合名会社ないし合資会社であったのである (大塚, 1969, 87頁)。

joint stock company は，『国富論』水田洋監訳版 (岩波文庫，2001年) では「合資会社」と訳されている。また制規組合 (regulated company) は，「制規会社」と訳されている[3]。大塚のいうように，joint stock company は当時では大きな会社であるが，実際はギルドの発展形態であって，

現在の株式会社とはいくぶん異なるようである。では，どのように異なるのか。大塚の分析にしたがって，当時の joint stock company と現在の株式会社の違いを明らかにしよう。

まず，株式会社は以下の3つの基本的特徴をもっている。
① 社員は，機能資本家的支配者団と無機能な一般株主にわかれ，社員の責任はどちらも有限責任である。
② 中心的機能資本家団は，何らかの方法によって，これによるポジションを獲得して，会社企業を支配する。
③ 株式会社の資本は，譲渡自由な「株式」に分割され，その結果社員の入社・退社に関係なき永続性をもつ。

それぞれの特徴を ① 全社員の有限責任制，② 資本家の支配，③ 株式会社の永続性としよう。大塚は，① の全社員の有限責任制に関して，1662年のチャールズ2世の条例以前には，そういう事実はありえなかったであろうという。なぜなら，この期間の joint stock company の全社員は一般に，特殊イギリス的・カンパニー的「徴収」という形で，間接責任であるが，無限責任を負わされていたし，ともかく制度として全社員に対し無限の「徴収」に応ずる義務が要求されていたからである。王政復古後の1662年の「破産法に関する布告の条例」によってイギリスでは始めて有限責任をもつ joint stock company が作り出されたのである。② の資本家の支配に関しては，大多数について肯定することができるという。なぜなら，例外があったとしても，通常カンパニー制の機関たる総裁・理事制が会社機関として転用されていたからである。③ の株式会社の永続性に関しては，joint stock company には，その初期から株式制への萌芽が存在し，一種の「株券」すら見いだされた。もっとも初期の株式制は，多くの未熟性を蔵していたという。まず，カンパニー制のメンバーたる特権が色濃くあったこと，次に，その「分割方法」もエリザベス女王治世には比例株であり，17世紀には「等額分割」への傾向が存したとはいえ，なお多く端数を残しており，完成した姿を示していなかったということである。前述の1662年には joint stock company における全社員の有限責任制が成立した。この頃以降に「株式」

の流通は盛んになり，「株式会社特有の永続性」がその姿を現すことになった。要するに，1662年以後joint stock companyの大部分が現代でいうところの「株式会社」(limited liability company) に移行したといえるであろう。

スミスが『国富論』で叙述した世界は，古代から産業革命の初期くらいまでであるが，企業あるいは会社という存在を克明に分析したのは，東インド会社からである。イングランドの東インド会社は，エリザベス女王の特許状によって，1600年に設立された。彼らがインドに向けて装備した最初の12回の航海では，使った船舶は会社の共用船だけであったが，元本は個々別々で，彼らは制規会社（regulated company）として貿易したようである。1612年にそれらは統合して，1つの合資（joint stock）となった。同社の特許状は排他的なものであって，議会法によって確認されていなかったが，当時は実質的な排他的特権を与えるものと想定されていたのである（Smith, 1776, II, pp.237-238：訳書III, 437頁）。

(2) 重商主義と市場原理

イングランドの住民は東インド会社がその独占による詐欺や乱用の引き起こす法外な浪費をしたとしても，高い商品を買ったにちがいない。それは，商人たちが暴利をむさぼったからではない。彼らは自分たちがインドでより安く買い，ヨーロッパでより多くの利潤で売ることができることだけを考えていた。つまり，それぞれの商人の利害関心は，生きるために必要であるし，正当であり，何ら批判の対象ではない。批判されるべきなのは，スミスによれば，国家の制度であり，会社の制度そのものなのである。東インド会社に限らず，スミスの生きていた時代の会社に対しても，当然のごとくその批判の矛先を向ける。

グレート・ブリテンに現存する，外国貿易のための制規会社は，いまでは通常ハンブルク会社とよばれている旧貿易商人会社，ロシア会社，イーストランド会社，トルコ会社，アフリカ会社である。ハンブルク会社への加

入条件は，いまではまったく簡単だといわれ，取締役もその貿易を厄介な制限または規制のもとにおく権限をもっていないか，あるいはすくなくとも，最近はその権限を行使してこなかった。……前世紀の中ごろには，加入金は50ポンド，ある時期には100ポンドで，会社の行動は極度に抑圧的だといわれていた。1634年，1645年，1661年には，イングランド西部の毛織物業者と独立貿易業者は議会に苦情を申し立て，この会社は貿易を制限し，国の製造業を圧迫する独占業者だといった。そうした苦情は議会による立法を生まなかったけれども，おそらく会社を脅かして，行動を改めさせたようである。……サー・ジョサイア・チャイルドは，この両社（ロシア会社とイーストランド会社）とハンブルク会社を極度に抑圧的だとし，両社それぞれの特許状に含まれる諸国とのあいだで当時われわれが営んでいた貿易が低調なのは，両社の運営のまずさのためだとしていた。しかしそれらの会社は，現在では，ひじょうに抑圧的ではないかもしれないが，まったく無用であることはたしかである。まったく無用であるということは，たしかに，制規会社に正当に与えうる最高の賛辞であって，上述の三社は，現状では，すべてこの賛辞にふさわしいものと思われる（*ibid.,* II, pp.225-226：訳書III, 415-416頁）。

このように，シニカルな制規会社無用論まで展開するスミスのねらいは，重商主義批判にある。当時の貿易一般の保護は共同社会の防衛にとって不可欠であり，したがってまた，行政権力の義務であると考えられてきたために，一般関税の徴収と使用は，つねに国家権力にゆだねられてきた。しかし現実には，ヨーロッパ諸国の大部分では，会社それぞれが国家と交渉し，貿易実務に関する業務を会社が代行していたのである。その結果これらの会社は，貿易の運営を誤ったりしていることが判明し，国家は代行業を制限したのである（*ibid.,* II, p.224：訳書III, 413頁）。

なぜ，会社はその運営を誤るのか。スミスはその原因を次のようにみる。

そのような会社の取締役は，自分自身の貨幣よりも他人の貨幣の管理者な

のだから，合名会社の社員がしばしば自分たち自身の貨幣を見守るのと同じ不安な警戒心で他人の貨幣を見守るとは，とても期待できない。……したがってそのような会社の業務の運営には，多かれ少なかれ，怠惰と浪費がつねに支配とならざるをえない（*ibid.*, II, p.233：訳書III, 429頁）。

当時の貿易会社は，排他的特権があったにもかかわらず，いや排他的特権があったからこそ，よけいに会社の運営を誤り，貿易を混乱させた。それは経営者個人の貨幣ではないということから怠惰，浪費にあけくれたのであった。つまり，競争という環境にないことが問題であった。競争がないと経営者・管理者が堕落するのは，スミスの時代だけでなく今日の行政官庁や大企業にもみられることである。

よくいわれる経済人仮説は，『道徳感情論』の中に出てくる。スミスによれば，それは事業活動の人と，沈滞した日常性の人という2つのパターンの人間に分かれる。前者は，活気に満ち熱心で野心を持った人であり，後者は，前者のような姿勢がなく精神が卑劣である人だという。また，後者の人間をスミスは軽蔑するという（Smith, 1759, p.304：訳書, 227頁）。つまり，自己利害にしたがって熱心に仕事をする人が真の経済人なのであって，熱心に仕事をしない人間は経済人とはいえないのである。国家の保護の下にあった当時の貿易会社の経営者などは，経済人とは決していえないということになるであろう。

利己心に基づく利害調整は市場原理にまかされるというテーゼは，その背景にスミスのいう欺瞞という自然の性質を含んでいる。

自然がこのようにして（富と地位の快楽を追求することが美しいものとして）われわれをだますのは，いいことである。人類の勤労をかきたて，継続的に運動させておくのは，この欺瞞である。最初にかれらを促して土地を耕作させ，家屋を建築させ，都市と公共社会を建設させ，人間生活を高貴で美しいものとするすべての科学と技術を発明改良させたのはこれなのであって，地球の全表面をまったく変化させ，自然のままの荒れた森を快適

で肥沃な平原に転化させ，人跡未踏で不毛の大洋を，生活資料の新しい資源とし，地上のさまざまな国民への交通の大きな公道としたのは，これなのである（*ibid.*, pp.348-349：訳書，280頁）。

つまり，われわれ人間は自らの富と快楽の追求のために自然からさまざまな恩恵をこうむっているが，それは人間の利己心を満たすための自然の欺瞞であり，たくらみであるという。この引用文の少し後に，有名な「見えない手（見えざる手）」（*ibid.*, p.350. 訳書，281頁）が出てくる。それは，「見えない手に導かれて」富の分配が行われるという文脈で使用されている。また『国富論』でも同様に，自己の利益を最大限に追求しようと思っても，その意図に反して，「見えない手に導かれて」（Smith, 1776, I , p.421：訳書Ⅱ, 303頁）社会の利益を推進することになるという文脈で使用されている。スミスにとって，自然こそが「見えざる手」であった。

　スミスに先立つ16〜17世紀の大航海の時代には，新しい土地が探検によって発見され，新しい交易ルートや新しい産物が国際的な市場を作り出した。その結果，重商主義が生まれて国家優先の社会が形成された。それに対してスミスは，『国富論』で古典学派を確立し，自由主義経済学の創始者となり，重商主義の関税政策は，産業を保護するよりもむしろ国家によって能率を損ない，結果として国家の資源を誤って配分することになると主張した。スミスは市場の「見えざる手」によって，資源がその最良の消費と最高に有益な報酬に流れることを確実にし，人と国家の経済的な利益が完全競争市場のなかで作用して，すべてに最大の繁栄をもたらすと主張したのである（Wren, 1994, pp.30-31）。

　結局，スミスの企業観は各個別企業の経営者や管理者の自己利害を認め，利益を最大限に出すように努力することは当然のことであり，結果として誤った運営に陥るのは国家の責任であるというものである。逆に利益を最大限に出すように努力しない経営者は，失格なのである。スミスによれば，虚栄心にかられた人間は自分の行為や情念を見ている他人の同感（sympathy）を媒介として自己規制を相互に行うので社会は統制がとれるはずである[4]。

そこに利己心による市場社会形成の理論的根拠がある。こうしてスミスは，分業論，重商主義批判，市場原理論（利己主義）によって経済学の始祖となった。経営学もこの系譜を受け継いでいることは明らかであろう。

2．ミルの企業観

ジョン・スチュアート・ミルは，1806年に父で啓蒙思想家ジェイムス・ミル（James Mill）の息子としてロンドンで生まれた。当時は，産業革命とフランス革命の真っ只中であった。彼は3歳のときから父の厳格な教育に鍛えられ，語学，論理学，経済学などを学んだ。またベンサム（Jeremy Bentham）やリカードなどの有名人にもかわいがられ，1820年フランスに留学し見聞を広めてコント（Auguste Comte），サン＝シモン（Claude Henri de Rouvroy Saint-Simon）などの影響を受けた。1823年に父の勤務する東インド会社に入社し，父の下で働くが，父の死後はその圧倒的な影響から解放され，新しい思想的な立場から社会諸科学を再編成する仕事に従事し，『論理学体系』(1843)で科学方法論を論じた。また，1848年に経済学上の主著『経済学原理』を著し，1858年に東インド会社を退社後，『自由論』(1859)，『代議制統治論』(1861)，『功利主義』(1863)などの成果を次々と発表し，その後1865年から3年間国会議員として社会改革を実践した[5]。

(1) 株式会社と協働概念

ミルの企業観が最も顕著にあらわれるのは，『経済学原理』である。株式会社に対する考察がその第1編「生産」にある。ミルによれば，株式会社の長所は以下にまとめられる。第1に，大資本を要する事業は個人または組合の力では及ばず，信用面でも株式会社が良いということである。第2に，株式の公開である。損益計算書が公開されるために一般大衆の警戒心が高まり，自制心がはたらくということである。第3に，株式会社の経営者は知能や活気がないと務まらないということである。つまり，スミスの時代に比べ，株式会社は大規模化し，それにふさわしい有能な経営者がつくようにな

り，ミルの時代はイギリスの工業が工場制機械工業へ移行段階にあったのである[6]。同様に，株式会社の短所は以下にまとめられる。第1に，株式会社の経営者が事業の成績に痛切な利害関係をもっていないこと。すなわち他人にやれと言われて他人のために事業を指揮するために，事業に強烈な関心をもつことは難しいのである。第2に，少額の利得や少額の節約について無頓着なこと。すなわち資本家が小さい出費を防止する制度を設けても，経営者はそれを励行することはまずないのである。このように短所については，株式会社を経営する人間の一個人としての注意力の限界を強調する[7]。これは，ミルの主著によく出てくる「協働」（co-operation）の概念につながっていくものであろう[8]。近代社会の進歩に伴う変化は，人類の事業的才能の向上をもたらしたが，経済的進歩はかえって逆の効果をもたらしたとミルはいう。未開社会の天賦の才に恵まれた者は，多くの事をよく処理し，自ら不慮の災難を免れることができた。この点では，文明生活しか知らないほとんどの人々は彼に及ばないという。

　集団としての文明人は，右のごとき劣性を補って余りがある。個人めいめいの能率は以前より劣等となったけれども，しかし結行合動の能力に至っては増加し，もって右の欠陥を補ってなおはるかに余りあるのである。人々にしてその野蛮性を取捨てるにつれて，彼らはますます規律に服するようになり，あらかじめ相定め置きたる計画に服従しうるようになり，相談によらない規定にも服従しうるようになり，自分のわがままを抑えて予定に従いうるようになり，作業において各自の職分を励みうるようになる。野蛮人や半開人に実行できないような全般の仕事も，文明人はこれを日々なしとげている。これ実際の働き手の能力の大なるがためではなく，人々いずれも専攻の職を有し，他の人々安じてこれに信頼しうるがためである。要するに文明人の特徴は，協働能力にある（Mill, 1848, p.698：訳書4，9-10頁）。

　ミルの言及する「協働」は，まさしく株式会社に代表される組織の営みで

ある。ミルは，アダム・スミスの時代の制規組合や株式会社，財団，労働者の生活協同組合などを協働の体系の例としてあげている。すなわち，ミルの時代には，産業革命と同時に進行した農業革命によって，農村の家内工業も大工業の確立によって没落したので，イギリスでは産業資本と賃労働者との間になりたつ生産関係，つまり労資関係が社会の中心問題としてクローズアップされていった。つまり，ミル以前のリカードやマルサスの時代から価値・地代論争や穀物法論争など地主と産業資本・労働者とが対立構造にあったのである。そこでミルは，「投機商人」(speculative merchants) に言及する。彼は投機商人の存在意義を以下のように述べている。

交通の安全となり低廉となったために，商品の普通値段に少しの額の加わるのみにて商品をその過剰の箇所から不足の箇所へ供給することができるようになった。そのために，物価の変動は従前に比べれば，はるかにその激しさを減ずるに至った。しかもこの結果は，かのいわゆる投機商人なるものの大資本の存在によって，大いに促進された。この投機商人とはすなわち，商品を買入れこれを利を得て転売するをもって業となす者である。これらの商人は当然，商品をその最も安いときに買入れ，これを貯えおき，その値段の非常に高くなるのを待って，市場に持出すのである。したがって彼らの活動は，価格を平均しまたは少なくとも不平均を緩和する傾向がある。……物価は……今日ではそれほどはげしく騰落することはなくなった。したがって投機者なるものは，社会経済上，すこぶる有用な役割を有するものである。しかして（通説とは反対に）投機者階級の中でも最も有用なる者は，季節の変動に左右される商品を投入する人々である (*ibid.*, pp.705-706 : 訳書 4, 20-21 頁)。

ミルは，この投機商人の事例として穀物商人をあげている。穀物商人の行為を吟味しながら，自由競争を奨励し，資本家の富の蓄積とその欲望に対し一応の評価をしている。穀物商人の仕事は有用であるから，この競争による刺激は価値があり，一般大衆にとって利益となるという。しかし，全面的に

競争原理を賛美したわけではない。ミルによれば，貧困な人がひとりもなく，今よりも富を増やそうとする人がひとりもなく，他人の抜け駆けによって蹴落とされるようなことがない状態が人間の最も良い状態なのである（*ibid.*, pp.748-749：訳書4，91頁）。こうして，ミルは第4編第7章において「労働者階級の将来」として，社会主義の議論へと展開していくことになる。

(2) 社会主義と労働者論

ミルによれば，労働者特に肉体労働者の望ましい社会上の地位に関する2つの説がある。

1つは依存説（theory of dependence and protection）であり，もう1つは自立説（theory of self-dependence）である。

労働者依存説は，貧しい人が自分のことを自分で考え，または自分の運命の決定について，自分で考えて自分で責任を負うことは，必要でもないし奨励すべきことでもないとするものである。つまり，貧しい人のために考慮しその生活状態について責任を負うのは，上流階級のつとめであるという。富裕者と貧困者との関係は，慈悲・道徳・愛情に深き間柄でなくてはならないという。しかし，この理想は，歴史上未だかつて実現されたことがない。一方，労働者自立説は，今や労働者は読み書きができ，選挙権も与えられ，政治に関与でき，自己の権利を行使でき，雇用主と独立した存在であるとするものである。労働者は同じ屋根の下に一緒に働くことができ，また彼らは鉄道のおかげで住む場所を移り変わることができるようになった。したがって，雇用主を変えることは容易となった。労働者と雇用主との利害は一致するどころか相反するものとなったのである。当然ながら，ミルは後者の労働者自立説を支持する。

およそ人民の幸福は，個々人の正義と自治によりて存せねばならぬということを，近代国民は知るべきであろう。しかるに，かの依頼（依存）説によれば，従属階級はかくのごとき性質を有する必要がない。しかしながら，今日この従属階級の地位は，段々と従属性を減じつつあり，その精神

は残余の従属性に対し段々不満を高めつつあるが、しかしそれでもやはり、彼らには独立の徳性が必要である。……かくのごとく知能の増加するときは、これよりして数多の効果の生ずるに違いあるまい。第一に、労働者は、上長の単なる権威沽券による指導支配を好まざること、今日よりなお甚だしくなるであろう。……また同時に、労働者は多くの場合、自分らに関する事項につき、立法者の介入を求め、法の制定を要求するであろう (ibid., pp.757-758：訳書4, 103-105頁)。

ベンサムのいう「最大多数の最大幸福」を価値基準とした功利主義をもとにして、ミルは労働者の自立説を支持した。もっとも、労働者が上司に背いたり、国家の介入を求めたりするには知性と教養が必要である。また、それには新しい社会思想と新しい経済理論が不可欠である。この課題を果たすために書かれたのがミルの『経済学原理』なのである。

人々にして一たび農業または工業において大規模の生産制を採用したるうえからは、これを放棄することはまず有りそうにもない。……大生産制において労働は一層生産的なこと疑いなく、その生産高はたとえ絶対的には大ならずとするも雇用労働の割にしては大であり、同数の人々を同じくらいに養ってしかもその骨折りを少なくし閑暇を多くする。しかして文明や政治がすすみゆきて遂に、全体の福利はやがてその個々の成員の福利であるというがごとき状態に達するや否や、右の利益は完全なるものとなる。しかしてこの問題を経済上よりも重要なる道徳上から見るとき、産業上の改良の到達点としては、今日のごとく家長専制の家族が地球上に散在し、他の人間とはほとんど利害の共通も必然的な精神的交通もしない状態よりは、いくぶん上等な状態が到達点として目指されるべきものである (ibid., pp.762-763：訳書4, 109-110頁)。

工場制機械工業の時代には、それ以前よりも確実に能率が上がっているはずである。つまり、各労働者はそれほど苦労せずに生産高は上がり、余暇が

できる。そして，国家全体の福利は行きとどき，以前よりは生活は豊かになるはずである。これを目指すべきだとミルはいうのである。しかし，そのためには産業上の改良が必要である。産業上の改良とは，結論から言えば，労働組合を形成することである。これによって，ただ人間を他力によらずにやっていけるようにするだけでなく，また依存ではない協働をもなし得るようになる。従来，労働者は自分のために働くか，またはその雇用主のために働くかしかなかった。しかしこの時代の多くの労働者は，1個人の支配下の単なる召使いにすぎず，労賃を得ることとできるだけ少なく労働をすることの他に，企業に何らの利害関係がないのである。

　協働組合にして十分に増加したるあかつきは，最も賤しき労働者のほか，一生を単なる賃金労働者に甘んずる者は最早あるまい。私的資本家も組合も，労働者の全員をして利潤の分配に与らしむべき必要を，しばらく痛感するに至るであろう。組合主義を通じて，社会は何時か必ず，しかも案外早く，次のような有様となるであろう。すなわち社会の個人は自由・独立となり，しかも同時に，集団生活の道徳上・知能上および経済上の利益がこれに伴うであろう。しかして少なくも産業部門において，社会に勤労・遊惰の二階級の別あるを廃し，自分の勤労による正当なる享有以外，あらゆる社会的差別を消し去り，もって民主的志望を実現するであろう。……右のごとき変化の進みゆくにつれ資本家は，従来の制度の下に最も劣等なる労働者と闘争をつづけゆかんよりむしろ，その資本を組合に貸付けるをもって利益とするようになってゆくであろう。……かくのごとくにして，すでに蓄積されある資本は，正直なる方法にて，しかも一種の自然的な道行きによって，結局，産業に関与するすべての人々の共同財産となってしまうかもしれない。かくのごとくにして成就される変化たるや，今日予想しうる限り社会主義に最も近づくものであり，万人の福祉のために最も良き産業制度である (*ibid.*, pp.791-792：訳書4，143-144頁)。

　ミルは，最終的には社会主義へ傾倒していった。同時期にロンドンで研究

生活を送り，その後同様に政治的活動にかかわったマルクスがいた。彼とは軸足が異なるが，理想を同じくしたのであった。イギリスでは，産業革命の進展とともに会社法の改正も順次進んでいった。1824年，団結禁止法を撤廃する法律が成立し，労働組合を合法的に結成することが可能となった。当時は，近代的な労働運動の法律的基盤がおかれ始めた時代だったのである[9]。

ミルの企業観は，協働概念，注意力の限界論，あるいは道徳論などバーナードやサイモンの理論の部分的な萌芽がみられ，組織論的にみても興味深いものである。

3．マーシャルの企業観

アルフレッド・マーシャルは，1842年クラハムにてイングランド銀行出納係ウィリアムスの息子として生まれた。1861年ケンブリッジのセント・ジョーンズ・カレッジに進学し，彼は年少から論理学や数学などに興味を示していた。1865年数学で優等試験を受け2番で卒業し，同カレッジの道徳科学の講師として勤めはじめた。マーシャルは1867年，シジウィック (Henry Sidgwick) を中心としたサークル「グロートクラブ」に参加し，一時は数学と倫理学を研究し，社会倫理学的な問題に焦点を当てていた。まもなく彼は，経済学研究に興味を持つことになるが，最初はリカードやミルなどの古典派経済学者の理論を数理解析的な分析手法を用いて再吟味していた。1877年，ブリストルのユニバーシティ・カレッジの経済学教授兼カレッジ長に就任後，『産業経済学』(1879) を著し，また1883年，オックスフォード大学経済学教授に就任後，主著『経済学原理』(1890) を著した。彼は現代経済学の一源流となったケンブリッジ学派の創始者であった[10]。

(1) 内部経済と組織

マーシャルはまず，経済を外部経済 (external economies) と内部経済 (internal economies) に分けることから始める。

われわれはある種の財の生産規模の増大に由来して起こる経済を二つに区分してさしつかえないように思う。──第一は，産業の全般的発展に由来するものであり，第二は，これに従事する個別企業の資源，その組織とその経営能率に由来するものである。前者を外部経済，後者を内部経済と呼んでよかろう（Marshall, 1890, p.266：訳書Ⅱ，248-249 頁）。

外部経済とは市場，内部経済とは組織と考えられる。アダム・スミスの時代から生産要素は，土地，労働，資本であった。そのうち資本には知識や組織の大部分を含むとしたのが，マーシャルである。知識は，われわれのもっている生産の機関のうち最も強力なものであり，それは自然を利用し，これを欲望の充足に役立つようにする。そして，組織は知識のはたらきを強化する。それらは個別企業の組織，同一業種における種々の企業間の組織，種々の業種間の組織，すべての人々に保障を与えるとともに一部の人々に援助を与えようとする政府の組織など，さまざまな形態が含まれる（ibid., pp.138-139：訳書Ⅱ，81 頁）。現在，経済学の分野では組織の経済学といわれている領域，すなわち新制度派経済学や進化経済学が隆盛を極めている。その源泉はヴェブレンなどの制度派経済学にあるという説もあるが，マーシャルにもあることはこれから明らかであろう。また，彼のいう「知識」は，生産者の知識である。すなわち，企業家の知識である[11]。さらに，「組織」について，彼は以下のようにいう。

プラトー以来の社会科学者たちは好んで，労働の能率は組織（organization）によって向上していくものであることを論じてきた。……アダム・スミスはこの古くからあった学説を哲学的な深さをもって説明しなおし，しかもこれに実際的な知識をもって例証を加えることによって，この学説に新たな意義を与えその重要さを高めた。かれは分業の利益を強調し，これによって増加していく人口がかぎられた地域で安楽に生活できるようになったことを指摘した（ibid., p.240：訳書Ⅱ，216 頁）。

生物学では，スミスの時代以前に，下等動物と高等動物とを区別する組織の差異の意義を問題にし，その正しい理解が進行していたのであった。そして経済学では，マルサスが『人口論』において人間の生存競争に関する歴史的な解明をした。これに影響を受け，ダーウィンは，動植物界における生存競争のもたらした結果に関する有名な『種の起源』を著したのである。この後，マーシャルはダーウィンの影響を大いに受けた。

　このダーウィンの発見以来生物学は経済学におっていた負債を返済してもなおあまりあるほどの貢献をしてきた。経済学者のほうが社会的，とくに産業的な組織と高等動物の肉体的組織のあいだに多くのアナロジイが存しているという生物学の発見からゆたかな示唆をうけることになった（*ibid.,* pp.240-241：訳書Ⅱ，217 頁）。

　生存競争の法則は，自然界でも人間界でも同じようにはたらいている。しかし，人間界では，道徳的な自己犠牲という性向があらわれてくる。生存競争の結果，結局生き残るのは，個人が周囲のもののために喜んで自己を犠牲にする性向が最も強い民族，したがって集団的に環境を最も良く活用できるような民族である。ところが，不幸なことには，ある民族が他の民族よりそのすぐれた徳性によって人類の全体を利するとは限らないのである。この例として，マーシャルは東ヨーロッパやアジアでのユダヤ人とアルメニア人の金貸しサービス，そしてカリフォルニアでの中国人の労働に対する需要をあげる。これらの例では，寄生者は寄生している種族の特性を自分のために利用するだけで何の反対給付もしないという。ここに彼の倫理観がよく現れている。マーシャルはアダム・スミスに敬意を表しながら，組織の功罪を以下のように述べる。

　アダム・スミスは彼の時代に空前の迅速さをもって展開していったところの，工場内の分業と精妙な産業的組織とが一般的には利便をもたらしたと主張してはいたが，同時に幾多の点でこの制度（system）が効果をあげ

えなかったこと，またこれにともなって幾多の弊害が起こったことを指摘するのを忘れてはいなかった。……ある人が企業経営の才能をもっているなら，彼はかならずやその才能を人類の便益のために使うようになるだろう。他の人々も彼と同様にその利益を追求するのだが，その追求をとおしておのずから彼は十分に活用できる程度の資本を入手できるようになる。彼はその利益を追求するにあたってその雇用した労働力をよく組織してかれらにその最善の仕事をやらせるようにする。そのために彼は機械その他の生産の補助手段を購入し利用するが，それに要した費用以上に世間の欲望を充足するうえで大きな貢献をすることになろう。……この自然的組織説（doctrine of natural organization）は，十分な研究もしないで重大な社会問題を論じている人々の理解をこえていると思われるが，同様に超越的な教説のほとんどどれよりも多く人類にとって非常に重要な意味をもっている真理を含んでいるといえよう。……この教説は誇張されると，多くの弊害を生みやすい（*ibid.*, p.246：訳書Ⅱ，223-224 頁）。

この自然的組織説の例としてマーシャルは，カースト制（the caste system）をとりあげる。それは当面は，よいはたらきをするが，むしろ新しい良き時代のためのよりよい仕組みを準備するうえで主要な役割を果たすかどうか，吟味するのを妨げるから弊害になるという。さらに，この教説は機関が使用されるに応じて強化されていくというのを無視しているという。マーシャルの時代は，「パクス・ブリタニカ」と呼ばれる世界秩序を形成したヴィクトリア朝最盛期のイギリスがドイツやアメリカの挑戦を受け，その覇権を切り崩され，世界再編成が進む世紀の転換期にあたる。したがって，当時の時代背景からすると当然のごとく，アダム・スミス以来の見えざる手による市場主義的国家運営は，行き詰まりを見せた。「市場」と同時に「組織」あるいは「制度」にも言及するマーシャルは，一部の経済学者によって「進化論的経済学」ともいわれている（橋本編，1990）。

進歩は人間の技術と自然の諸力に対する制御力が発達していくに応じて

徐々に行われなくてはならない。この制御力を発達させて行くには勇気とともに用心、機略とともに堅実さ、また深い洞察力とともに視野の広さが要求されるので、その発達は新しい土台のうえに急激な社会の再組織を求める性急な提言と歩調をあわせていくにはあまりにも緩慢にすぎるものであるにちがいない。事実われわれの新しい自然にたいする制御力は、ほんの少し以前には物理的に不可能だとおもわれたような大規模な産業組織の企画にたいして道を開いたが、同時に新しい社会的ならびに産業的な組織を提唱しようとする人々にたいし大きな責任をおわせるようにもなった。制度（institutions）は急速に変革できるかもしれないが、制度をながつづきさせようとするなら、人間性に適合したものにしなくてはならない。制度が人間性がかわるよりはるかに急速に変化していくようなら、その制度は安定性を保持していくことはできない。このようにして進歩自身が経済の世界では自然は飛躍しない（Natura non facit saltum）という警告の緊急さを高めるのだ（Marshall, 1890, pp.248-249：訳書Ⅱ, 226-227頁〔傍点は福永による〕）。

　この文脈での「進歩」とは、おそらく産業革命での技術進歩であろう[12]。その技術革新が人間性の進歩よりもはるかに先を行っている事実にマーシャルは、脅威を抱き警鐘を鳴らす。人間がつくる制度は、「自然が飛躍しない」のと同じく飛躍させてはならず、経済現象の根底に「連続性」がなければならないのである。しかし、現実には、周期的に発生する経済変動、恐慌と好況、独占や企業規模の拡大、外国との結びつきの拡大によって次第に激化していった。もはや、所有者が経営者である小企業の時代ではなくなっていたのである。

(2) 経営者職能と資質

　マーシャルは企業あるいは経営者をどのように位置づけていたのであろうか。彼は事業（business）を「ここでは広義に、便益を受けるものから直接間接支払いがなされることを期待して、他人の欲望にたいして手当をするも

のすべてを含むものとみる」(*ibid.*, p.291：訳書Ⅱ, 281 頁) と定義する。そして，実業家 (business men)[13]の職能を以下のように位置づける。

　しかし現代世界の実業 (business) の大部分では，与えられた努力が最も人間の欲望を充足するように生産を指導する役割は分担されて，使用者の専門的な集団は，あるいは一般に使われている用語でいうと，実業家 (business men) の集団の手にゆだねられている。かれらは事業の危険を「敢行し」(adventure) ないし「引き受ける」(undertake)。かれらは仕事に必要な資本と労働力を結合させ，その一般的な計画をととのえないしは，「制作し」(engineer) その細かい細部にたいしては監督を加える。実業家はある意味では高度な技能をもった職階に属するものとみられるし，他の意味では肉体労働者と消費者とのあいだに介在する仲介人だともいえよう (*ibid.*, p.293：訳書Ⅱ, 283-284 頁)。

　文脈から事業 (business) は「企業」，実業家 (business men) は「企業家」と言い換えることができよう。企業家の例としてマーシャルは，住宅建設業をあげる。中世末期では個人で家を建てるのが普通であったが，マーシャルの時代にもその風習は残っていた。しかし，この時代には大規模建設業が都市郊外の開発を一手に引き受けた。資本家たちがその営業力を活かして，建築家や測量家を雇って全般的な指示を与えて設計をさせて，その設計を実現するために専門の建設業者と契約を結んだ。しかし，資本家はこの営業上の危険を自分で引き受けるのである。同様な例として，マーシャルは繊維産業，金物業，船会社，出版業をとりあげる。しかし，これらの資本家たちは，ほとんど本業についての技術的な知識をもっていなかったのである。

　製造業者 (manufacturer) は，第一に，……商人および生産の組織者としての役割に関しては，その営業に関する事物の徹底した知識をもたなくてはならない。……第二に，使用者としての役割においては，かれは天性の人間の指導者でなくてはならない。かれはまずその補助者を選び，そして

選んだ以上かれらを全面的に信頼する力をもたなくてはならない。……理想的な使用者をつくりだすのに要する能力はたいへんむずかしく、しかも数が多いので、これらのすべてをもち、しかも高い程度にみたしているものはひじょうに少ない (*ibid.*, pp.297-298：訳書Ⅱ, 289-290頁)。

要するに、製造業者あるいは企業家たるもの知識とリーダーシップが必要だということである。しかも、これらを高度に満たしている人が少ないというのは、その後100年以上経過した現代の企業でも同じことがいえるであろう。さらに彼は、次のように経営能力 (business ability) についてもふれる[14]。

個人企業や株式会社で天性すぐれた経営能力 (business ability) をもった人々が昇進の道を切り開いていくのに、すでに論じたように、たくさんの経路が開かれているという事実を考えてみると、イングランドのように大規模な事業があるところではどこでも、能力とそれが必要とする資本はともに急速に伸びていくことはほぼ確実だと結論をくだしてさしつかえないであろう。さらに、産業上の技能と能力とがそうであるように、経営能力もまた日一日と、判断 (judgment)・機敏 (promptness)・機略 (resource)・綿密 (carefulness)・意志の強固 (steadfastness of purpose) といった広範な性能――なにか特定の業種に特化しているのではなく、すべての業種に多かれ少なかれ役立つところの性能に強く依存するようになってきた (*ibid.*, pp.312-313：訳書Ⅱ, 308頁)。

マーシャルは、組織と能力が生み出す内部経済と産業上の組織と能力が生み出す外部経済がすぐれていれば、収穫逓増が行われることを指摘した。マーシャルのあげた経営能力である、判断・機敏・機略・綿密・意志の強固は現在でもそのまま通用する経営者の資質である。もっとも、製造業者 (manufacturer) といっても組織形態や企業形態によって異なるであろう。

(3) 企業形態論

　このことを念頭に置いて，マーシャルは企業形態を個人企業，合名会社，株式会社，公営企業，協同組合の5つに区別して次のように議論を展開する（*ibid.*, pp.298-307：訳書Ⅱ，290-302頁）。

　まず，個人事業主の場合の世襲制を問題にする。実業界で確固たる地位を占めている人の息子は，他の人よりは有利な出発ができる。ただ，出発点において有利であるだけで，父親の才能や嗜好は遺伝しないのである。2代目3代目になると，大半は没落していく。それは，苦労を重ねて2倍の収入が得られたとしても，自分で努力しないでも入ってくる別の収入があれば，楽な収入の方を選び，事業を個人や株式会社に譲渡してしまうか，共同出資者となってその損益の分け前を受けたりするが，事業経営には何ら関与しないようになってしまうからである。つまり，事業の中へ新しい血を何らかの方法で注入しなくてはならない時がいつかはやってくるのである。

　事業の活力を再興させる最も古くしかも簡単な方法は，個人事業の被用者の中から最も優秀な新しい協同経営者を選ぶことである。これが，合名会社（private partnership）の方法である。初代経営者が年老いていくと，仕事も過重負担となり，部下の活力と機略に依存するようになる。その時，息子が若すぎる等の理由で信頼する他の被用者から選ぶしかないことになる。合名会社では，事業経営を1人は原材料購入と製品販売だけ，もう1人は工場の管理だけ責任を持つというように職能を分担しあうことが多いのである。

　中世末期からマーシャルの時代にかけて，ある業種では公開市場でだれでも譲渡可能な株式会社が台頭してきた。株式会社の究極の担い手は株主であるが，株主はふつう事業を経営しその一般方針を管理していくのにあまり積極的な役割は果たさないし，事業の細部にわたって監督することはまったくしない。事業が発起人の手を離れると，事業の管理は取締役に任される。会社が非常に大きくなると，取締役たちは総株主数のわずかな部分しか保有しないし，彼らの大部分は営業内容について技術的な知識をもたないであろう。彼らは営業方針の広範な課題に関して視野の広い一般的知識と堅実な意見を述べ，それと同時に会社の「経営者」がその仕事をよくやっているかど

うかを確かめる任務をもつが、会社の業務の適正な管理が行われているかどうかを判断できるとは限らない。経営者とその補助者たちに事業を管理する職能の大部分とそれを監督する職務のすべてが任されるが、彼らは別に資本を提供しなくてもよい。彼らは業績と能力に応じて低い職階から高い職階へと昇格してくるのがふつうである[15]。もっとも、この制度は近代の経済倫理の発達によって初めて有効に機能されるようになるのである。

同様のことが、中央および地方政府の公営企業についてもいえるであろう。将来的には可能性が大きいかもしれないが、これまでのところでは、究極の危険を負わされる納税者は、その事業の運営に対し有効な調整力をふるうことはできなかったし、民間の事業所のような活力と機略でその職務を遂行するような職員を確保する点でも失敗していた。また、公営企業は事業の方針や事業の組織に関して創造的なアイデアや実験が稀であったのである。

また、協同組合 (co-operation) は株式会社と公営企業の2つの経営管理 (business management) の方法のもつ弊害を避けようとするものである。協同組合は、事業の危険を引き受ける株主たちの一部ないし全部がその組合で雇われる。その事業の資本を拠出するしないに関わりなく、被用者はすべて利潤の分け前にあずかるだけでなく、経営方針の大綱を決め、その方針を実行に移す役職員を選ぶ総会で投票権を与えられている。しかし難点としては、被用者はその職長や管理者に対していつも最良の使用者であるというわけにはいかないということである。

このように、マーシャルの外部経済・内部経済の分類から知識、組織や経営者の職能論・資質論・リーダーシップ論に関する言及、個人企業から合名会社、株式会社、公営企業、協同組合などの企業形態の分析などは、すぐれて経営学的であり、彼は経済学における組織の分析の重要性を指摘した歴史上最初の人物であると評価されている。

4. 古典派経済学から経営学へ

スミス、ミル、マーシャルそれぞれの企業観を概観すると、企業経済学の

祖とされるマーシャルにすべて集約されていることがわかる。もちろん，マーシャルはスミスやミルという偉大な経済学者がいたからこそ自らの『経済学原理』を著すことができた。スミスの『国富論』(1776) が出版され，次のミルの『経済学原理』(1848) が出版されるまでは72年の月日を必要とした。しかし，ミルの『経済学原理』(1848) からマーシャルの『経済学原理』(1890) までは42年しか必要としなかった。もっとも，マーシャルは初版の1890年から版を重ね，1920年の第8版まで30年間にわたって改訂し続けた。その初版の原稿を執筆しはじめたのが1881年であるので，ほぼ40年間も彼は『経済学原理』に関わっていた。この著作を1920年とすると，ミルの『経済学原理』以来奇しくもスミス・ミル間と同じ72年を必要としたのである。あわせて，150年余りかけて経営学が古典派経済学の中で胚胎していたと考えてもよさそうである。スミスの分業論，重商主義批判，市場原理，ミルの協働概念，株式会社論，労働者論があってこそ，マーシャルの内部経済論が生まれた。マーシャルの経営者職能論・資質論，リーダーシップ論は，後の経営学におけるバーナードやサイモン，ドラッカーなどのそれの嚆矢であろう。彼の企業形態論のエッセンスは，今日でも経営学の基礎的内容を網羅している。

　マーシャルは，経済学史上ではケンブリッジ学派の創始者とされ，「価値と分配の理論」だけではなく，「人間の品性との関連において実際上の重要さ」という広範な視野をもった経済学者であった。つまり，第1に，古典派経済学の基礎となっていた自然法的な社会観を捨てて，新たに有機的成長の社会観を導入したこと。第2に，経済分析に多くの新しい分析用具を導入することによって，経済理論を純粋理論に深める道を開いたこと。第3に，経済理論に組織といった社会学的概念を導入したこと。第4に，経済社会の有機的成長を支える主体的要因（経済主体の生活基準の向上）を強調したこと。この4つの点から，マーシャルは古典派経済学から新古典派経済学への転換をもたらしたと評価されているのである[16]。

　新古典派経済学の源泉にして組織の経済学の源泉でもあるマーシャルの経済学は，経済学者だけでなく，経営学者も深く考究すべき対象である。彼の

経済学は「富の研究」であるとともに,「人間の研究」であるといわれるが[17],それは経済学と経営学が未分化の時代であったからこそ達成されたということができよう。

注

1) Williams (1978) Chap.1 を参照のこと。この著作は,まさに筆者の関心と軌を一にする。扱っている論者は,スミス,ミル,マーシャル,およびマーシャル以後である。ただし,この著者が彼ら3人を選んだ理由は,シュンペーターによるとある。シュンペーターについては,Schumpeter (1914) および Schumpeter (1949) を参照。

2) スミスの経歴については,『国富論』の訳者解説の他,杉原・鶴田・菱山・松浦編 (1977) を参照した。

3) joint stock company と regulated company との違いについて,大塚久雄は以下のように述べている。「主として輸出商人その他の大商人によって組織されたカムパニーが,輸出商人のギルド制たる『制規組合』regulated company と joint stock company があり,joint stock company は一種の『カムパニー』にすぎないのである」(大塚,1969, 184-185頁)。また,「制規組合とは,古くマーチャント・アドヴェンチャラーズ組合や,イーストランド・カムパニーに端を発し,エリザベス女王の治下において完き姿容を整えるに至ったところの外国貿易商人のギルド的組合であって,……一つの支配あるいは規制の下におくところのカムパニーであった」(同上書,185頁)。一方,スミスはこれについて以下のように述べる。「それらの会社が,合資制 (joint stock) で営業せず,適当な資格のある人ならだれでも,一定の料金を払い会社の規則に従うことに同意すれば入社を認めざるをえず,各社員が自分の資本で,かつ自分の危険負担で営業する場合には,制規会社 (regulated companies) とよばれる。それらの会社が合資制で営業し,各成員がこの資本への自分の出資部分に応じて共同の損益にあずかるばあいには,合資会社 (joint stock companies) とよばれる」(Smith, 1776, II, pp.224-225:訳書 III, 414頁)。

4) よくいわれる「アダム・スミス問題」というのがある。『国富論』と『道徳感情論』では,矛盾した議論を展開しているという批判である。前者は利己主義を,後者は利他主義を主張しているという。この問題は,『道徳感情論』の中で大文字で表されている Sympathy という単語を「同情」と誤解したことに起源をもつ。実際のスミスは,『道徳感情論』の時から,やや利己主義的な議論を展開していたのであって,決して利他主義を標榜していたのではない。むしろ,知らない他人同士の Sympathy「同感」というお互いの規制が自動調節機能を果たすと考えたのであった。したがって,個人は利己主義であるが,社会では「同感」によって秩序が保たれるとしたのである (『道徳感情論』訳者解説,535-538頁)。

5) ミルの経歴については,杉原・山下・小泉編 (1992);中村・高編 (2000);馬渡 (1990);杉原・鶴田・菱山・松浦編 (1977) を参照した。

6) ミルの時代はイギリスにおける鉄道建設の時代であった。ストックトン・ダーリントン間に世界で初めて鉄道が開通したのは,1825年であった。最初の一般旅客鉄道が営業を開始したのは,ロンドン・グリニッジ間で1836年であった。それ以後の鉄道建設ブームはめざましいものがあった。1838年ロンドン・バーミンガム間開通,1840年ロンドン・サザンプトン間完成,1841年ロンドン・プリンストル間開通,そしてこの年までに総延長1,300マイル以上の鉄道が敷かれた。新線建設のピークは1840年代であり,その間に総延長4,500マイルが建設された。鉄道建設は1850年代から60年代も高度成長を続け,1870年までにイギリスの鉄道網は総延長13,500マイルに達したのである (上田,1976, 83頁)。

第1章 経営学の胚胎　29

7) 同様の記述がサイモンにある。サイモンは，個人が組織に一体化するメカニズムをいくつかあげる。そのうちの1つが人間の注意できる範囲の限界である。その限界を克服する手段が組織への一体化である。組織への一体化は組織影響力の1つであり，組織の生理学，つまり組織の機能であるとサイモンは位置づけている（Simon, 1947）。
8) 協働と言えばバーナードの概念が有名である。バーナードは，協働には個人にとっての制約を克服するための手段として存在理由があるという。個人にとっての制約とは，物的，生物的，社会的制約である。つまり，選択・意思決定する力が限定されている個人にとって協働は，文明人の知恵なのである（Barnard, 1938）。
9) ミルの株式会社論については，鈴木（1978）による詳細な分析があるが，本章ではスミス，ミル，マーシャルという3人の経済学者の企業観を時系列で概観することを主旨としているので，そこまで深く立ち入ることはしなかった。
10) マーシャルの経歴については，『経済学原理』の訳者解題「A マーシャルと『経済学原理』」の他，橋本編（1990）；中村・高編（2000）；杉原・鶴田・菱山・松浦編（1977）を参照した。
11) 現代の経営学でよく言及されている「知識創造」の原点とでもいえるであろう。
12) 当時の能率は，ミルの時代と比べても考えられないほど向上した。それは，以下のマーシャルの叙述に現れている。「最近70年のあいだに織工の能率は12倍に，また紡績工の能率は6倍に上昇した。それに先立つ70年においては紡績の改良によって紡績工の労働能率は200倍にも上昇していたのだ」（Marshall, 1890, p.263, n.1：訳書Ⅱ, 246頁，注12）。
13) 原書は business men（ビジネスマン）であるが，翻訳版は実業家となっている。これは，当時大企業は現在ほど多くなかったし，現代のようにいわゆるサラリーマンが多数を占める社会でもなかった。もっとも，辞書では第一義的にはこの意味を指している。ビジネスマンといえば，当時は企業家や経営者のことを指したのであろう。
14) マーシャルは，組織や経営能力も生産を規定する重要な要因であると考えていたのである。「資本の利用をともなった経営能力の供給価格は三つの要素からなっているとみられる。第一は資本の供給価格であり，第二は経営能力と活力の供給価格であり，第三は適正な経営能力と必要な資本とを結合させる組織の供給価格である。第一の価格は利子，第二の価格は経営の純稼得，さらに第二と第三とを合わせた価格は，経営の粗稼得と呼ばれる」（Marshall, 1890, p.313：訳書Ⅱ, 309頁）。
15) すでに，この時代に内部昇進が行われていたことが伺える。「有能な人の管理している資本を増大させ，弱い人の掌中にある資本を破砕する二つの力はあいよって，実業界の能力とその保有する事業体の規模との間に，一見して考えるよりいっそう密接な相関を成り立たせている。この事実と結び合わせて，個人企業や株式会社で天性すぐれた経営能力をもった人々が昇進の道を切り開いていくのに，すでに論じたように，たくさんの経路が開かれているという事実を考えてみると，イングランドのように大規模な事業があるところではどこでも，能力とそれが必要とする資本とはともに急速に伸びていくことはほぼ確実だと結論をくだしてさしつかえないであろう」（Marshall, 1890, p.312：訳書Ⅱ, 308頁）。
16) Marshall, 1890, 訳書Ⅰ, 訳者解題 A, 245-247頁参照。マーシャル経済学に，経済学史上初めて，「新古典派」（neo-classical）という名称を与えたのは，他でもないヴェブレンであるというのも興味深い（西岡, 1987, 143頁；Veblen, 1900, pp.240-269）。
17) 橋本（1987）および西岡（1987）参照。マーシャルは，自らの経済学について，『産業経済学』の「序論」の中で以下のように述べる。「経済学は富の生産，そして地代の決定要因をさぐる。経済学は，これら諸要因がどの程度まで不変の自然法則によって固定され，またどの程度まで人間の努力によって変えられうるか，を研究する。……最後に経済学は，労働者の性格と彼の仕事の性質との間に存在する結びつきを研究する。『人間はその考えによって品性が決ま

る』，また労働によって労働者の性格が決まり，労働者によって労働の質が決まってくる」(Marshall, 1881, p.2：訳書, 2 頁)。

第 2 章

経営学の誕生

――マーシャルとテイラーをめぐる思想的背景――

　アルフレッド・マーシャルはいうまでもなく経済学の巨人であり，新古典派の祖である。主著『経済学原理』(1890) 刊行後1世紀を過ぎてもなお，その影響力は衰えるどころか，近年かなり注目されている。マーシャル研究者ホイティカーの編集によるマーシャル書簡集の刊行（Whitaker, 1996），同じくフルーネベーヘンの編集によるマーシャル公式文書集の刊行 (Groenewegen, 1996) の他，さまざまな論文集が出版されており（Arena and Quere, 2003; Raffaelli, 2003; Wood, 1982; Wood, 1996），まさに活況を呈している。

　一方，フレデリック・テイラーはいうまでもなく科学的管理の父であり，経営学の祖である。テイラーなくしては黎明期の経営学を語ることはできない。近年も日本でテイラー書簡集の復刻刊行（Taylor, 1992）やダニエル・レンと佐々木恒男の共同編集による経営学知の遺産シリーズでのテイラー関連の書籍の復刻（Wren and Sasaki, 2002a; Wren and Sasaki, 2002b）の他，さまざまな論文集が出版されており (Spender and Kijne, 1997; Wrege and Greenwood, 1991; Kanigel, 1997; Wood and Wood, 2002)，こちらもかなりの盛況である。

　このような経緯はおそらく，19世紀末から20世紀初頭にかけて同時代に活躍したこの2人の巨人が100年を区切りとして書簡集や論文集を記念出版されたことが大きいであろう。経営学の分野では，テイラーを主題的に扱う研究はこれまで常にあった。しかしながら，マーシャルを主題的に扱った経

営学の研究はほとんど皆無であった。なぜならば，マーシャルは新古典派の祖であり，ミクロ経済学分野において語られるだけで，経営学にはほど遠いと思われていたからである。本書では，マーシャルをテイラーとともに経営学を誕生させた重要な論者であると位置づける。

本章では，同時代に生きたマーシャルとテイラーの比較考察をする。マーシャルは現代経済学の基礎を築いたのに対し，テイラーは現代経営学の基礎を築いた。マーシャルの『産業と商業』(1919) は，科学的管理に対する見解を詳細に述べており，経営学の領域にかなり近いものである。テイラーのマーシャルに関する言説は，資料によれば今のところ存在しない。しかしながら，彼らが登場した19世紀末のイギリスとアメリカでは立場は異なるが，彼らの思想は共通点も多い。ここでは，まず市場の概念を生み出したマーシャルが生きた当時のイギリスの市場環境を敷衍し，マーシャル経済学を経営学の中に位置づける。そして，テイラーの科学的管理を生み出したアメリカの時代背景や社会思想を敷衍し，マーシャルとテイラーの比較を試みる。

1．マーシャルの思想的背景

(1) イギリスの停滞とアメリカの台頭

マーシャルの生きた時代は，ヴィクトリア女王の在位期間である19世紀後半のイギリスと重なっている。ヴィクトリア初期のイギリスは，1846年における反穀物法同盟の勝利のように，自由貿易主義と自由放任主義を掲げて，商工業のいっそうの発展を目指して邁進しつつあった。1840年代以降の商工業の発展によって，ヴィクトリア中期のイギリスは，「世界の工場」として経済的覇権を確立した。しかし，1870年にその頂点に達した後，イギリスは1873年から世紀末にかけての大不況に突入する。この時期に，後進国であったアメリカとドイツによって当時のイギリスに対する産業的指導権への挑戦が始まった。

19世紀後半から20世紀初頭にかけてのイギリスとアメリカの経済成長を比較してみると，イギリスの1人当たり国民所得（1913年価格）は1870年

の26.8ポンドから1910年の48.2ポンド，すなわち約1.8倍に増加した。一方，アメリカの歴史統計が示すところによれば，1人当たり国民総生産（1929年価格）は，1869年～1873年の平均223ドルから1907年～1911年の608ドル，すなわち約2.7倍に増加した。また，1870年と1913年の間における1人当たり純生産高の増加は，イギリスでは年1.3%，アメリカでは年2.2%であった（Holmes, 1976, p.25）。

工業生産高に関しては，世界経済統計によれば（Rostow, 1978, pp.52-53），1870年まではイギリスが世界の32%を占めており，アメリカは23%にすぎなかった。しかし，1881年～1885年の統計では，イギリスが27%，アメリカが29%とほぼ互角になった。さらに，1896年～1900年の統計では，アメリカが30%となり，イギリスの20%を追い抜いている。1926年に至っては，アメリカが42%，イギリスが9%と大差が開き，ドイツやロシアにも追い抜かれることになり，アメリカに「世界の工場」の座を譲ることになった。

19世紀後半はイギリスの衰退とアメリカの台頭という両国にとって大きな転換期である。イギリスの国内市場は，広大なアメリカに比べて国土がその30分の1とはるかに小さく流通ネットワークはあまり広がらなかった。また，その距離も非常に短いので，イギリス国内で追加的な投資もする必要はなかった。したがって，イギリスの企業家にとって巨大な工場を建設するインセンティブは少なかった。そして，工場などの施設が小規模であったので，それを管理するのに必要な階層組織も相対的に小規模であった（Chandler, 1990, pp.249-250）。事実，第1次世界大戦までのイギリスでは，石油，電機，軽工業分野における最大手の企業はアメリカやドイツの大企業の子会社であったし，イギリスの企業はアメリカよりも規模が小さかった。

チャンドラーによれば，当時のイギリスの大企業で個人経営が継続した理由は，第1に，契約による協調を通じて勢力を維持することに成功したこと。第2に，国内市場が地理的に密集しており成長が緩慢であったこと。第3に，直接的な管理と遠方の海外活動に伴う不確実性があることがあげられる。結果的に，イギリスの製造業者は生産を合理化し，流通に大規模な投資

を行う必要がなかった。訓練を積んだ経営者の必要性がないことで，同族企業の継続が促されたのである。個人的に経営される企業は，成長は主要な目標ではない。効率的な経営をしていた同族企業でもアメリカほど攻撃的ではなく，価格競争よりも協調を好んだ。多くの所有者は，企業への大規模で長期的な再投資よりも現在の所得を望んだ。こうして，生産・流通・研究開発への投資拡大や俸給経営者の採用・訓練・昇進において消極的になっていった。

　このような価値観はイギリスの高等教育制度にも反映された（Chandler, 1990, pp.291-293）。新しい企業からの要請に対する高等教育制度の対応は，科学的な情報の創造という面でも訓練を積んだ管理者を卒業させるという面でも遅かった。これらの必要性にアメリカやドイツの大学や教育機関はすばやく対応した。イギリスでは，ジェントルマンといわれる創業者の息子とプレイヤーといわれる俸給経営者では異なった教育を受けた。プレイヤーは現場で訓練を受け，生産部門では徒弟として，会計や金融部門では年季契約の事務員として働いた。生産管理者や生産技師，会計士といったプレイヤーは，世紀転換期のかなり前に職業団体を設立していた。ジェントルマンにとって，教育とはオックスフォードやケンブリッジを意味した。したがって，科学と実業との間に明確な一線が引かれており，アメリカで長期的な産業能力の発展にとって不可欠とされた高等教育と産業との重要な連繋は，1914年以前のイギリスではほとんどみられなかった。オックスフォードやケンブリッジにビジネススクールが開設されたのは1990年代に入ってからであった。

　イギリス経済の停滞はいろいろな産業においてあらわれた。たとえば，綿織物，石炭，製鉄，製鋼，それに鉄道資材のような旧産業では，商品と製造工程における技術改良の速度は遅かった。また化学，電機，自動車など，新しい産業は，しばしば外国の企業に依存した。苛性ソーダ生産は外国に依存しなかったが，あるイギリスの製造業者などは，1861年に開発されたソルヴェー社の製法に切り換えることで十分に利益を上げるということが誰の目にも明らかになったときにも，時代遅れのル・ブラン社の製法に執着してい

た[1]）。自動車のウィリアム・モリスのような革新的な製造業者は，国内の機械工場にその部品を組み立ててくれるように誘ってはみたが，それは難しかったので，彼はやむなく部品を自分自身で生産するか，あるいはアメリカの業者に頼らなければならなかった（Kindleberger, 1996, 訳書，下巻，23-24頁）。

世紀の転換期に，なぜアメリカがイギリスの次の覇権国になったのであろうか。マーシャルは次のような見解を示している（Marshall, 1919, p.141：訳書1，185頁）。

① 最強者中の最強となった時にも青年期の精神を維持したこと。
② 半自動的機械を運転できる強壮な移民労働と，計画し管理する仕事のできる鋭敏で決断力に富むアメリカ人の大量の供給をしたこと。
③ 大鉄道による長距離輸送の大口貨物への優遇が，遠隔地でも小規模な企業との競争において巨大企業が有利な地位に立つことを可能にしたこと。
④ 膨大な資本がそれを強力な支配下におく少数の強力な人間の手中に集積される傾向。

①はフロンティア精神，②は優秀な労働者，③は土地の広大さ，④は資本の蓄積である。このようにマーシャルは，アメリカの土地，労働，資本のすぐれた結合に加えて移民のフロンティア精神を特筆する。1821年から1932年までのアメリカへの移民総数は，3,400万人以上にものぼった。移民は当時のアメリカの人口の1割以上を占めていた。アメリカ人は一般に，何にでも手をつけて改良し発明するという進取の気性をもっていた。当時のアメリカは科学者や専門家でなく，一般の職人が仕事場で工夫し発明の才を発揮していたのであった。マーシャルは，1875年の6月から10月にかけてアメリカの社会経済状況およびイギリスの保護主義の影響について調査するために渡米した。このことは，マーシャルの人生にとってかなりの影響を及ぼしたようである。

この頃，アメリカのミシン，連発銃，芝刈り機，ショベル，置き時計，懐中時計などの製造業は互換性部品によるアメリカ式生産システムをすでに確

立させていた。それは20世紀のフォーディズムに受け継がれていく重要な生産システムであった。マーシャルがアメリカで見たのは、ストーブ、芝刈り機、製鉄、綿織物、オルガン、ピアノ、ガラスなどの工場であった。母宛の手紙に同封されていた「アメリカ便り」のような報告では、徒弟制度、アメリカの工場労働者、アメリカ人の発明、アメリカのアイルランド人、賃金、アメリカのガラス工場、アメリカの石油工場などに関する報告があり、なかには図解入りで説明しているものもある。マーシャルがアメリカの工場や労働者にいかに興味をそそられたかがわかる（Whitaker, 1996, I, pp.47-83）2)。

　マーシャルの目には，アメリカの労働者は優秀でよく働いていたように見えた。それに比べてイギリスの労働者は怠惰であり，このままでは完全にアメリカに追い越されると彼は危機感をもったのであろう。イギリスは産業革命によって，国内市場だけでなく世界市場へ安価で大量の商品を供給する生産力をもつことができた。しかし，アメリカの台頭によって，イギリスはアメリカへの生産設備の販売と熟練労働者の移住を禁止した。それはアメリカの産業発展を阻止するためであった。実は熟練労働者あるいは技師は，この時代のアメリカにおいて重要な役割を果たした。たとえば，アンドリュー・カーネギー（Andrew Carnegie）はスコットランドからの移民であり，電信技士としてペンシルベニア鉄道に雇われたことが職業生活の初めであった。その後，カーネギーはベッセマー転炉の使用によって鉄鋼の価格を切り下げ，市場を拡大させ，鉄鋼王となった。彼が鉄鋼産業に専念したのは，1872年のことであった。マーシャルの渡米の3年前であった。機械技師のフレデリック・テイラーがミッドベール・スチール社に機械工として入社したのは1878年，マーシャルの渡米の3年後であった。テイラーは周知のように科学的管理の父となった。

　その後マーシャルは，1884年にケンブリッジ大学の教授に就任し，1890年に『経済学原理』を著した。当時，スタンフォード大学，ハーバード大学やロンドン大学でも教鞭をとったアメリカの経済学者ヤング（A. A. Young）は，1909年のマーシャルに宛てた手紙で以下のように書いている。

私がこの手紙を書いているのは，この機会に言っておきたいことがあるからです。それは，あなたの著作で具現化されている経済過程の一般的な見解は，私が思うには，必ずやアメリカの書物に相当な影響力を及ぼすことになるだろうということです。最近のアメリカの経済理論で最も重要な出版物は，オーストリア学派のものであることは事実です。これは，当該の論者たちがスマート教授の翻訳によってオーストリア学派を顕著な存在にして理論的な刺激を受け，さらにドイツ語の訓練をしたアメリカの経済学者が古いイギリスの政治経済学に対して誤った反発を引き起こしたためだと私は思います。振り子はもう一度返ってくると確信しています。特に若い人たちの間では，限界効用分析の過剰な使用や展開は，ほとんど堂々巡りであると強く思っています。また，私たちは需要と供給の注意深い分析に集中しなければなりません。それにとってあなたの著作は，最高の贈り物なのです。なぜならば，アメリカにおいて『経済学原理』が現在までの経済分析で最も優れた業績であり，将来の研究のための最も価値ある道筋を示唆するものであるという評価が高まっている事実をあなたは知るべきだと思うからです (Whitaker, 1996, Ⅲ, pp.218-219)。

『経済学原理』は，イギリスのみならず欧米世界全体にかなりの反響をもたらし，半世紀にわたってその権威は揺らぐことはなかった。古典派に続いてイギリスの経済学が世界をリードした。しかし，マーシャルの『原理』の評判とは逆にイギリス経済は停滞していった。20世紀に入るとアメリカ市場は拡大し，経済的覇権を完全にイギリスから奪取することになった。マーシャルは周知のように，『経済学原理』で市場のモデルを構築する。それは19世紀のイギリス市場のモデルであった。

(2) マーシャルの市場概念

マーシャルは，最大の貢献とされる均衡価格の理論を『経済学原理』第5編において展開しているが，それに先立ち市場を以下のように定義する (Marshall, 1890, pp.323-330：訳書Ⅲ, 3-12頁)。

市場とは「事物が売買される特定の場所ではなく,売り手と買い手が互いに自由に接触しあって同一の財の価格を容易にかつ急速に同一水準に落ちつかせることのできるような地域の全体」であり,また,「語源からいうと市場は,食料その他の品物が売られるために並べられるところの,まちの公開の場所を意味していた。しかしこの用語は広義に解されるようになり,密接な営業関係をもち商品の広範な取引を行なっている一群の人々を意味するものとなった。……市場の中心となるのは,業者たちが集まって商取引をするところの取引所,市場(いちば)ないし競売所である」。

このようにして,具体的な市場の例を挙げ本論に入っていくのだが,前半の引用部分はクールノー(A. A. Cournot),後半の引用部分はジェボンズ(W. S. Jevons)のものであり,マーシャルにとってあくまでもこれは暫定的なものにすぎない。そして市場の及ぶ範囲は,多くの証券類や高価な貴金属類については,西洋世界全体が市場とみなされる。このような広い市場をもっている商品の特徴は,普遍的な需要があり,その銘柄が容易にかつ正確に記述できるということである。他には,綿花,小麦,鉄などが該当し,必要なときには第三者機関による格付けや見本取引ができ,運搬が可能であることが条件である。また逆に,市場の及ぶ範囲が狭いのは,近隣の市場向け野菜などである。この2つの両極の中間に市場の大半がある。さらに,市場は時間の次元でも制約を受ける。したがって,市場はそれが覆っている地域の広狭に関して差異があるばかりでなく,需要供給の諸力が互いに均衡していく姿を考える際に,その視野に入れる時間の長短の差に応じても差異を示すことになる[3]。

次にマーシャルは,需要と供給の正常な,すなわち静学的な均衡を説明する。商品のある分量を生産した際の生産経費は,その生産の諸要因のそれぞれ必要な分量の供給価格から構成される。ここでは,次のような想定をおいている (*ibid.*, p.341:訳書Ⅲ, 27頁)。

① 需要と供給の諸力は制約されることなくはたらいており,売買いずれの側においても業者のあいだの稠密な連携は結ばれていない。

② 自由競争が十分に行われていて,買い手は一般に買い手仲間と自由に

競争するし，売り手も売り手仲間と自由に競争している。
③ すべてのものは自分のために行動しているのだが，他の者たちが何をしているかは十分にわかっていて，一般には他の者より安い価格で売ったり高い価格で買ったりはしない。

①は完全競争，②は自由競争，③は情報の完全性と利潤極大化を示している。この想定の市場のもとで価格は1つだけ決定される。そして，生産の内部的外部的な経済が，その製造する商品の総生産量の大小に応じて変化していくような代表的企業の供給価格は，経営の粗稼得を含めた生産経費になるとみなす。そこで，需要と供給が均衡した場合，単位期間に生産される分量で売られる価格は均衡価格とされ安定する。需要と供給が安定均衡にある場合，なんらかの偶発的な事情によって生産の規模がその均衡からはずれたとしても，その点に戻そうとする諸力がたえずはたらく。有名なマーシャル的調整過程である。これは一般に部分均衡理論といわれ，現在の標準的なミクロ経済学の教科書に書かれているものである。

図2-1は，あまりにも有名なマーシャリアン・クロスである。ORは生産が実際に行われている割合を示す。需要価格 Rd が供給価格 Rs より大であれば，生産は増産が有利に行われるので，Rは右へ移動する。反対に，

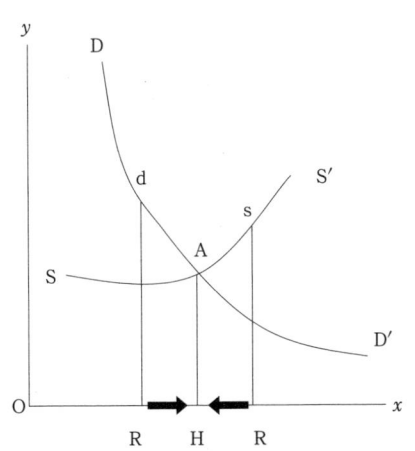

図2-1 マーシャリアン・クロス

Rd が Rs より小であれば，R は左に移動する。Rd が Rs に等しければ，すなわち R が両曲線の交点のまっすぐ下にあれば，需要と供給は均衡していることになる (*ibid.*, p.346：訳書Ⅲ, 35頁)。

このマーシャリアン・クロスが市場の視覚的なイメージとして新古典派に定着しているのである。しかしながら，マーシャルは市場の定義を他の論者の定義を引用して暫定的に規定しているだけで，本格的に規定しているわけではない[4]。一般に新古典派経済学者は，市場概念をほとんど明確に規定していないのが実態である。古典派経済学者は，市場を具体的な場としてみなしたが，それらは経済的な生産や価格設定の理解に焦点を合わせているのであって，交換に合わせているのではなかった。そのため，実際の市場の有効な概念化を展開することができなかった。新古典派経済学者は交換に焦点を合わせているが，数学モデルに興味がさかれ実質的な議論とならなかった (Biggart and Delbridge, 2004, p.29)。

Biggart and Delbridge (2004) のように，需要と供給の価格均衡に限定せず交換をシステムと考えて，行為者と行為の構造を経済的，社会構造的，文化的に分析すれば，マーシャルのいう西洋全体が市場であるという議論もあながち不可能ではない。しかしながら，そこまで市場概念を拡張するとあまりにも日常的な言語感覚からの乖離があり，ことの本質を見失うおそれがある。もっとも，マーシャルの市場と組織をともに視野に入れようとした姿勢はその後の企業の経済学の著しい発展につながっている。マーシャルの前提条件であった完全競争に関しては不完全競争論，情報の完全性に関しては不確実性やリスク，利潤極大化に関しては売上高極大化論や企業成長率極大化論などの追加要件によって新古典派の領域を拡大している。

新古典派の企業理論と組織論の結節点に位置しているとされるサイアートとマーチによれば，内部経済と外部経済の概念を導入することによって生産コストが低減する事実を歴史的に説明しようと企てたマーシャルの試みは，まさにここ数十年の理論的展開にとって非常に重要であり，組織規模が組織の働きに及ぼす効果についての考え方の萌芽となった (Cyert and March, 1963, pp.10-11)。また，経済学に進化論的視点を導入したとされるネルソン

とウィンターは，マーシャルの『経済学原理』の次の序文を引用するとともに，彼を高く評価する (Nelson and Winter, 1982, pp.44-48)。

> 経済学者の目ざすメッカは経済動学というよりもむしろ経済生物学にある。しかし生物学的思考は動学のそれよりも複雑であるので，原論編では力学的推論に比較的多くたよらなくてはならない。「均衡」という用語をしばしば使用するが，これは静学的推論に属するとの印象を与えるかもしれない。このことに加えて，本巻においては現代の産業生活の正常な状態を主として取り扱っているという事情があるために，この巻の中核的な観念は動学的であるよりもむしろ「静学的」であるとの印象を呼び起こしやすい。しかし実際には，本巻はつねに運動を起こす諸力を取り扱っているのであり，その基調は静学であるよりむしろ動学のそれなのである (Marshall, 1890/1920, Preface to the Eighth Edition, p.ix：訳書，第 8 版への序文, 17 頁〔傍点は福永による〕)。

　その後の新古典派の理論的発展は，静学的な部分を拡張していった。しかしマーシャルは，静学的均衡というよりむしろ動学的な進化的理論を目指していた。このような両義性が彼の理論にあるため，彼はしばしばその両立に悩むことになる。たとえば，個別企業が収穫逓増しながら競争を展開する独占化の問題，いわゆるマーシャルの問題がある。マーシャルは，『経済学原理』付録 H において「収穫逓増の起こる場合における静学的仮説の用途の制限」という表題をつけ，完全競争という前提が崩される場合を想定していた。彼は，規模の拡大による費用逓減や収穫逓増は産業の集積などの外部経済によるものであり，個々の企業は最適な生産規模が存在すると考えた。これは当時，個人企業が主流であったイギリスに特徴的な論理であり，アメリカに出現しつつあった独占企業を説明できるものではなかった。

　もっとも，ネルソンとウィンターによれば，マーシャルの静学的な分析を批判する論者は多いが，不可逆的な経済変化のメカニズムとして収穫逓増の役割を強調したという事実にあまり注意が払われていないという。彼らの進

化論的経済学の基礎はマーシャルにある。さらに,近年,マーシャルが開発した需要の弾力性,短期費用・長期費用理論,消費者余剰の概念などを組織論や戦略論に適用した教科書が登場している。たとえば,ミルグロムとロバーツの『組織の経済学』では,組織内部での価格システムの利用による競争的外部市場と移転価格のグラフや数式での例証,あるいは消費者余剰(価値)最大化原理と経営者のインセンティブとの結合などを論じている(Milgrom and Roberts, 1992)。またベサンコとドラノブとシャンリーの『戦略の経済学』では,長期費用関数,短期費用関数,需要の価格弾力性などを基礎概念とする完全競争での需要供給曲線の提示,あるいは競争優位のための価値創出の基礎概念としての消費者余剰を論じている(Besanko, Dranove, and Shanley, 2000)。これらはいずれもマーシャルの静学的な均衡理論の応用であり,マーシャルの経済学を経営学領域に取り入れた試みであるといえよう。

マーシャルは価値が効用で決まるか生産費で決まるか議論するのは,紙を切るはさみの上刃か下刃かを争うようなものであるという。ジェボンズがリカードなどの古典派経済学の価値生産費説に異を唱えて価値効用説を主張したのに対し,マーシャルは古典派経済学を全面的に否定せず,一般に比較的短期の市場の場合に価値が効用によって決まり,比較的長期の市場の場合に生産費によって決まるとした。マーシャルは,古典派経済学を数式やグラフに翻訳し,アダム・スミス以来の市場主義を継承して新古典派経済学の始祖となった。換言すれば,市場の価格システム原理を築いたのである。

一方で,マーシャルはその進化論的視点をチャールズ・ダーウィン(Charles R. Darwin)やハーバート・スペンサー(Herbert Spencer)に負っていることはよく知られている[5]。それを端的に示したのが,『経済学原理』の題辞である「自然は飛躍せず」であり,『産業と商業』の題辞である「多くのことが一つのことに,一つのことが多くのことに」である。つまり,連続性やシステムを重視するマーシャルの発想の原点がダーウィンやスペンサーにあるのである。また,マーシャルは組織内部にも大きな関心を抱き,有機体成長論をも唱えた。それが顕著に表れたのが彼の『産業と商業』

(1919) である。その著作には，副題として「産業技術と企業組織，およびそれらが諸階級諸国民に与える影響の研究」が付されており，イギリス，フランス，ドイツ，アメリカを中心にした先進国における産業，商業，貿易の歴史的変遷やそれらの国々の企業組織の比較，そして独占経済的な傾向と公共福祉の関係などにふれている。そのなかでも科学的管理に関する叙述は，たいへん興味深い。次節はマーシャルの科学的管理に対する評価を敷衍することにしよう。

(3) マーシャルの科学的管理への評価

マーシャルは『産業と商業』(1919) の第2編「企業組織の支配的な諸傾向」の第11章「企業組織，科学的方法の適用」と第12章「同，続論」においてテイラーの科学的管理を紹介し詳細に分析している。

　労働者に課せられる緊張は，人道主義的な理由のみではなく，企業的な理由からも避けなければならない。また，重労働は，過労に陥ることなしにそれが出来るように注意深く選ばれた人々によってのみ行われるべきである。仕事がきつく，「牡牛のような」人に適した仕事と，仕事が軽く，敏捷な指先と繊細な注意を必要とする仕事と，あらゆる人はなすべき仕事に適するように注意深く選ばれなければならない。各人は，そのような仕事のやり方を特別に教えられるべきであり，他の仕事もなすべきでない。このような仕事に対する標準的な価格は，標準的な条件のもとで，特別に有能というわけではないが，通常の技倆を持ち，進んで作業をする労働者が，古い条件のもとで稼得したのと同じ額を稼得できるような水準に定められるべきである (Marshall, 1919, p.387：訳書2，266頁)。

マーシャルにとって，その基準について行けない労働者に対して酷なシステムであるのが科学的管理である。つまり，適材適所で人に仕事が配分されなければならないということである。これはテイラーのいう「一流」の労働者に対する批判である。これについては後述するように，テイラーの言葉の

使い方が通常とは異なるための誤解である。テイラーはある仕事についていけなくても別の仕事があるはずだという。結局，マーシャルはテイラーと同様のことを述べているのである。

次にマーシャルは労働組合の立場に立って科学的管理を批判する (*ibid.*, p.390：訳書2, 270頁)。マーシャルによれば，科学的管理は労働者を単なる生産の道具と見て，全般的ないしは長期的な能率を伸ばす傾向をもたない。また，すべての伝統的な知識，判断および熟練を収集して，経営者の側に引き渡す傾向があり，仕事に関係する労働者の創意を独占するものであるという。さらに科学的管理は非生産的労働者，すなわち事務的な仕事に従事する人々の数をいちじるしく増大させ，しばしば莫大な一般費を労働者から搾取するという。科学的管理では，計画部門は指導票係，時間・原価係，仕事の順序・手順係，工場規律係の4人に分けられ，さらに実行部門は準備係，速度係，修繕係，検査係の4人に分けられ，計8人の職能別職長をおいていた。8人の職長をおくこと自体，非効率であるし経営者側の思惑で仕事が遂行される可能性があるとの指摘は正しい。事実，テイラーの職能別職長制はそれほど普及しなかった。

しかしマーシャルによれば，科学的管理は第1に，思慮と判断力を必要とする事柄における管理の専門化と結びついた集中化への傾向と，第2に，機械工具の研究とさまざまな筋肉作業のやり方の相対的な能率の研究に主な起源を持つ傾向に向かう。そして，科学的管理は分析，観察，実験および推論を発展的に適用しようとする大胆な努力であるという。ここまでくると好意的な評価に変わる。マーシャルは，この実験がイギリスでも実行される可能性を考えた。さらに彼は続けていう。

そして，そこには，強力な思考法をこの分野に集中する人々を，旧国においてさえ，豊かな処女地が待っていた。しかし，アメリカはこの運動に対して特別な活動領域を提供している。なぜなら，アメリカの持つ諸問題は，イギリスに比べて，またドイツに比べてさえより新しく，職工は固定した習慣や伝統を持つことがより少ないからである。そして，アメリカの

実業家は，言葉の狭い意味での科学の勤勉な研究者という点ではドイツの実業家に劣るとしても，研究所やその他の科学的な方法を企業管理の比較的重要な諸問題に適用する能力を，より顕著に発展させているからである (*ibid.*, p.370：訳書 2, 244 頁)。

マーシャルはイギリス特有の階級的な連帯感がアメリカとは異なる強固さをもっていると解釈する。したがって，このような頑健な労働組合をもたないアメリカでこそ科学的管理が有効であったという。国際間の比較統計では，当時のアメリカは，機械工業の 1 人当たりの産出量において，他のどの国よりもはるかに高かった。もっとも，そのような相違の多くは，アメリカでは標準化された工学的な過程が広く採用されていることによるものである。すなわち，企業家が決断力をもっていたこと，固定された賃率がほとんどなかったこと，労働者は多くの人種から構成されていたこと，彼らの結集力は乏しかったことなどのアメリカの特殊的事情によって，アメリカが科学的管理を受け入れることができたという解釈である。事実，ヨーロッパの中で第 1 次世界大戦前に影響力のある科学的管理の唱道者あるいはグループが存在しなかったのは，イギリスだけであった。テイラーの科学的管理はイギリスでは，経営者の保守主義や労働組合の組織力のためにインパクトをもたなかったというのが歴史家の一般的な見解である (Urwick and Brech, 1946)。

しかし最近の研究では，表向きには科学的管理を否定していたイギリスの企業家キャドベリーが，実際にはテイラーの方法を数多く導入していたことが明らかになっている (Rowlinson, 1988)。また，当時のイギリスの工学系の雑誌の研究から，イギリスではテイラーの科学的管理に対してそれほど敵対的ではなかったことが明らかになっている (Whitston, 1997)。

マーシャルの主な関心は，ダイナミックな能率にあった。それは経済の変化を促進するものであり，特別な新しい知識や新しい方法を生み出すものである。また，彼はいつも人類の改善の目的そのものよりも必要な手段としての生産に価値をおいていた。彼は，科学的管理はダイナミックな能率と人間の改善に脅威になるということを主張しなかった。彼がイギリス経済で直面

したのは，行政組織あるいは所有と支配が分離した活気のない株式会社などの大規模官僚制組織の支配の増大によって，ビジネスのエネルギーと弾力性を損なうことになり，イノベーションや新しいビジネスの出現を遅らせたことであった（Whitaker, 1999, p.317）。マーシャルは科学的管理に対して，否定的な反応とともにその科学的実用性を慎重に容認しており，この運動を第1次世界大戦後のイギリス経済社会に迫り来る諸問題を解決する可能性を持っていると考えたのかもしれない（ibid., p.308）。

事実，彼は科学的管理の有効性について以下のように非常に的確に把握している（Marshall, 1919, pp.368-388：訳書2, 241-268頁）。
① 比較的広範囲に及ぶ企業の問題に科学的方法を適用することをこれまでに行われた方法に比べてはるかに前進させた。
② 普通の人間は，最善の条件のもとで達成可能な仕事の量と困難さを非常に過小評価していること。
③ 過労に陥ることなしにそのような仕事を連続的に増大させることができる。
④ 職工のうち最も有能なものがこうしてその地位につき，責任がより重い地位にない場合にも，特別な「親方」として，より高い報酬を支払われる仕事に昇進したこと。
⑤ 完全な発展をとげた工場では，被傭者の数に比べて例外的に大きな生産量をあげ，アメリカの総生産量と富にきわめて大きな貢献をしていること。

①は手法の科学性，②は仕事の適正な評価，③は仕事の増加，④は昇進の可能性，⑤は生産量の増大を表している。マーシャルは科学的管理の本質を見事に見抜いている。結局，彼にとって科学的管理は生産増大のための手段として経済学的にみても合理的であったようである。それは以下の引用がすべてを物語っている。

このような莫大な詳細にわたる記録がその費用にどれだけ価するか，またとくに，すべての作業とその費用についての正確な計算の基礎として指図

カードを用いることがどれだけ便宜であるかについて，経験が教えてくれるまでにはおそらくはさらに一世代が経過しなければならないであろう。科学的管理に現在の高い水準の成果をもたらしたのと同一の，やむことを知らない天才が，それをさらに漸進的に改良することは疑いないであろう。そして，一般的な計画についての比較的明白な批判はすべて陳腐なものとなるであろう (*ibid.*, p.375：訳書2，251頁)。

マーシャルの「予言」通り，テイラー以後の経営学は飛躍的に進展していった。とりわけ，科学的管理に関連する分野は，生産管理，品質管理，人間工学，オペレーションズ・リサーチとして今日に至っている。しかしながら，この科学的管理に対する評価などを含む『産業と商業』と価格均衡論を中心とする『経済学原理』では，全体的な一貫性に欠けるという批判がなされていることは確かである (Whitaker, 2003; Hart, 2003)。『原理』のモデルは19世紀イギリスの中小企業であった。しかし，その後の欧米企業の巨大化や独占化によってマーシャルの理論が現実に合わなくなってきた。そこで彼は『産業と商業』において，ダーウィンやスペンサーの進化論に合致したダイナミックな企業を描いたのであった。テイラーは，マーシャルのように古典派経済学や進化論に影響を受けたのであろうか。

2．テイラーの思想的背景

(1) テイラーと古典派経済学

テイラーの科学的管理に関する文献は，夥しい数にのぼる。しかしながら，そのうちテイラーと古典派経済学あるいは新古典派経済学との関連について述べたものは非常に限られる。たとえば，労働生理学的観点からエネルギーのスケールを通して労働強度の適正化を確立しようとしたエルマンスキー (J. Ermanski) の論考を援用しながら，限界エネルギーの極小化や平均エネルギーの極小化といった新古典派的な観点を提示した向井 (1970) やマーシャルの科学的管理に対する言及を扱った Whitaker (1999) などがあ

るにすぎない。

　テイラーの経済学的基盤は，古典派であろうことは容易に想像ができる。たとえば，科学的管理の本質と題された要約によれば（Taylor, 1911, p.140：訳書, 333頁），

　① 科学をめざし，目分量をやめる。
　② 協調を主とし，不和をやめる。
　③ 協力を主とし，個人主義をやめる。
　④ 最大の生産を目的とし，生産の制限をやめる。
　⑤ 各人を発達せしめて，最大の能率と繁栄をもたらす。

　これらのうちで，最大の能率（maximum efficiency）などという言葉は，彼の著作の随所にみられる。テイラーは古典派経済学について本格的に学習したことがあるのであろうか。伝記作家のコープリーによれば，テイラーは少年時代から数学に興味をもち，ミッドベール・スチール社に徒弟として入る前に，ケンブリッジ大学のマーシャルの前任者であるヘンリー・フォーセット（Henry Fawcett）の『経済学入門（第4版）』（1874）を読んでいた（Copely, 1923, I, p.64; p.319）。フォーセットのこの著作はジョン・スチュアート・ミルの『経済学原理』（1848）をやさしく書いた教科書として日本でも中等教育などで採用され，信奉者も多かった。ミルは19世紀後半のイギリスにおける最高の経済学者であり，その著作を読むのが困難であったのである（西岡, 1997）。

　フォーセットはイギリス経済学史では，ミルとマーシャルの間に隠れて今日では忘れられた存在である。しかし，当時のアメリカの大学においてスミス以下の古典派経済学が最も標準的な経済学として通用しており，フォーセットの『経済学入門』も教科書として広く読まれていた。事実1876年の世論調査によると，経済学の書物で最も人気のあったものは，ミルの『経済学原理』，アダム・スミスの『国富論』などに次いで，フォーセットの『経済学入門』は第5位であった。歴史的には，南北戦争後は北部の産業資本が政治的経済的支配権を確立したが，産業資本の自由奔放な活動の時期であり，個人の創意と企業の自由が何にもまして尊重された時代であった。

当時のアメリカ経済思想の特質をレビューした小原（1951）によれば，アメリカ経済学は実践的でかつ広範な包容力と総合性をもっていた。アメリカは世界の経済学諸派の受け入れに対して，単に学説として移入したのではなくアメリカの現実生活に役立つものを摂取したのであった。独立戦争後には，スミス，リカード，マルサスなどの古典派経済学の移植と摂取が行われた。アメリカ南部諸州では，農業資本家が自由貿易を要求したために古典派が容易に継承された。しかし，北部ではその産業資本がまだ脆弱であり，むしろ関税による保護が必要であり，古典派的自由主義経済学は十分な現実的基盤をもたなかった。それにもかかわらず，北部の諸大学において標準的な経済学大系として古典派が教育されていた。つまり，それは現実科学としてではなく，道徳科学として教育されていたのであって，現実から遊離した教説としての古典派が1880年以前のアメリカ経済学界の主流となっていたのである。

テイラーがフォーセットの『経済学入門』を読み，「もし労働の能率向上が望めず，労働者自身の状況の社会的道徳的改善が得られなければ，低賃金の是正は現実には効果的でない」(Fawcett, 1876, p.229) という箇所をコープリーに伝えたことは重要な意味がある。つまり，当時アメリカで主流であった古典派経済学を読んで，「能率向上と労働者状況の改善」を常に念頭において科学的管理の探究に向かっていた事実を証明するものだからである。もっとも，フォーセットの書をすべて読破したかどうかは不明であるが，基本的にはその自由主義的教義を受容していたと考えられる。

(2) 社会ダーウィニズムと革新主義

テイラーと社会ダーウィニズム (Social Darwinism)[6]との関連に関しては，これまで論考はあるが，時代背景を軽視しており唐突な印象はぬぐいきれない (Clark, 1997)。また，『科学的管理法』が革新主義 (progressivism) の宣言であるという主張も，革新主義の内容自体が広範な概念で把握しにくいものであり (Nelson, 1980)，革新主義と社会ダーウィニズムをアメリカ社会思想史の観点からテイラーと関連づける方がより説得的であるように思わ

れる[7]。本節ではこの観点からテイラーの科学的管理形成の背景を探ることにする。

　社会ダーウィニズムはスペンサーの進化論に端を発している。evolutionを「進化」の意味で使い始めたのは，ダーウィンの主張に影響を与えたイギリスの地質学者ライエルであり，自然現象だけでなく社会・道徳などあらゆる現象に「進化論」を当てはめたのはスペンサーであると考えられている。また，適者生存 (survival of the fittest) という言葉を最初に使用したのも，ダーウィンではなくスペンサーであった。

　スペンサーは，『社会学原理』(1876) において，社会とは有機体そのものであると主張する (Spencer, 1966, VI, pp.437-441)[8]。有機体に成長があるように社会も成長する。そして，有機体に構造と機能の分化があるように社会も構造と機能の分化が生ずる。また，有機体の諸器官の間に相互依存の関係があるように社会の諸集団・諸組織の間にも相互依存の関係がある。さらに，有機体の種の進化があり，進化と共に有機体の諸部分の間の相互依存が強まっていくように，社会にも社会進化と共に社会の諸部分の間の相互依存が強まっていくとみなした。スペンサーの論理における進化の本質的な特徴は同質性から異質性への変化にある。彼の進化概念は，種子から木へ，卵から動物へという経過などにたとえられているように，個体発生・系統学的な事実に基づく重要なものである。この進化過程をたどるのは生物だけではなく，政治や言語や文化などあらゆる分野も同様である，と解釈された。このスペンサーの進化に対する汎用性のある思想がマーシャルを含めたイギリスの学者や知識人の間に浸透していったのである。

　またこの思想は，19世紀末から20世紀初頭にかけてアメリカに大きな影響を与えた。それは本国であるイギリス以上のものであった。社会ダーウィニズムはイェール大学教授であったサムナー (W. G. Sumner) によって唱道された。彼はスペンサーの影響のもとに資本主義と自由貿易の擁護をして，資本の蓄積をする人間は野獣とは違う存在であるとみなした。彼はナイーブな倫理的考え方をする改革者に対して反駁した。彼によれば，産業の将帥たちは，その勇気や発明の才の報酬を受け取る正当な価値があった。ア

メリカは土地や天然資源が豊富であり，物価が安く賃金が高くなることが望めた。労働者たちはその社会的諸力の真の所有者であるとされた。もちろん富はその過不足ということは避けられないが，自然と人間の抑圧からの解放や最下層の人々に最高の便益をもたらすと期待されるようになったのである（Ryan, 2001）。

　社会ダーウィニズムは個人主義，競争主義，自由放任主義，成功崇拝というイデオロギーをもっており，その派生としての優生学（eugenics），帝国主義，自民族中心主義（ethnocentrism）などの理論的根拠であり，繰り返し批判される悪名高き思想である。また，この思想は世界的に広がっている市場競争優先の風潮の原点ともいえる。ホフスタッターによれば，スペンサーは当時のアメリカの知識人に非常に人気の思想家であり，その著作は哲学的専門書であるのにかかわらず，1860年から1903年までに36万部以上も売れた。ビジネスマンたちは，社会の哲学を深く考えをめぐらすことをしなくても，スペンサーの思想が社会の再構成を示してくれたし，自然淘汰は社会のもっともらしいアナロジーになった（Hofstadter, 1944, pp.34-45）。事実アンドリュー・カーネギーは，スペンサーの著名な弟子であった。カーネギーは自伝の中で，スペンサーを読んだときの感激を語り，スペンサーの啓示によってすべてが明瞭となり，神学や超自然的なものが不要になって進化の真理を見出したと述べている（Carnegie, 1920, p.339）。もっとも，カーネギーが忙しいビジネスの世界にいながら，スペンサーの哲学を読みこなし自分のものにしたとは疑わしいという見解もある[9]。しかし，完全に読みこなせなくとも一種のファッションとしてスペンサーの言葉である「適者生存」を自らの人生を正当化する科学的根拠にしたものと考えるのが自然であろう。もっとも，スペンサーの進化思想のテーマは「適者生存」などでは決してなく，「同質性から異質性へ」であった。したがって，スペンサーはアメリカでの流行にとまどいを感じていた（Hofstadter, 1944, p.48）。彼は1882年アメリカに招かれたときの講演で，アメリカ人は労働をあまりに信奉しすぎており，生活のテンポが早すぎると主張した。聴衆は科学者，政治学者，神学者，実業界などの代表であったが，彼らはスペンサーの話に落胆したと

いう。スペンサーからみれば，アメリカは間違った方向へ向かったように思えたのであろう。

　テイラーがミッドベール・スチール社にいた 1878 年から 1890 年まではアメリカで社会ダーウィニズムが全盛の頃である。またテイラーがミッドベールを去り，「工場管理法」(1903) や『科学的管理法』(1911) を出版し，1915 年に亡くなるまでが革新主義の時代である。テイラーがスペンサーの本を読んでいたかどうかは定かではない。しかし，彼がこれらの著作のなかに以前流行していた社会ダーウィニズム的「用語」を使用していたとしても決して不思議ではない。事実，テイラーは『科学的管理法』のなかで以下のように書いている。

　　各時代には器用なものがいて，各職の中の作業を速くよく行う方法を発展させてきた。ゆえに現に行われている方法は広い意味において進化の結果，適者の生存 (survival of the fittest) したものであるということができる。またその職が始まって以来，発達してきた着想の中で，一番よいものであるともいえる。なるほど広い意味においてはそういえないことはない (Taylor, 1911, p.31：訳書, 246 頁［傍点は福永による］)。

　この文章は，作業の科学化が必要であると主張した箇所の一部である。「適者生存」は明らかにスペンサー進化論の用語であり，社会ダーウィニズムの影響である。テイラーは仕事の方法に適用しているのである。この引用部分は全体的には従来の作業方法の伝承では限界があることを主張するものであり，社会ダーウィニズムを結果的に批判した形になっている。しかしながら，テイラーの論調は完全には否定したとはいいがたい。それは後述するように，社会ダーウィニズムと革新主義思想が密接に関連しているからである。

　アメリカの工業化がもたらした大衆消費社会は，1893 年の不況で 20 世紀に入るまで経済の低迷が続いた。歴史統計によれば 1898 年まで 10％以上の失業率を記録し，1894 年は 18.4％にも上った。これは 1929 年の大恐慌以降

の10年間に次ぐ高い水準であった。しかし、政府は自由放任主義政策を踏襲し何ら策を講じなかった。つまり、政府がいわゆる泥棒貴族（robber baron）と呼ばれるビジネスマンに対して寛容な態度をとり続け、貧富の差はますます拡大していったのである。それに対して民衆の不満が爆発し、さまざまな形で改革運動をすることになった。これが革新主義運動である[10]。

革新主義とは、20世紀初頭の1900年代から10年代にアメリカに展開した広範な政治的社会的改革運動をさしている。19世紀後半からのアメリカの急速な変化が多くの旧来の政治・社会機構を混乱させ、この運動を生じさせた。改革の内容は多様であり、工場生産の大規模化に伴う労使関係の調整、都市化・移民の流入をめぐる社会的集団関係の改善、行政需要の増加に伴う行政改革、連邦政府レベルの企業規制の運動などであった。この改革を担ったのは、実業家、科学者、技師、弁護士、ジャーナリストなどであった。テイラーは、これらの革新主義者たちと関係をもっていたことはよく知られている（Nelson, 1980; Kanigel, 1997）。

有賀（2002）によれば、19世紀末の急速な工業化によって混乱した社会への革新主義の対応は3つの立場に分かれる。第1は、社会問題の個別的部分的な改善や改革である。第2は、アメリカ社会を資本主義から社会主義へと変えようという全体的な改革である。第3は、資本主義経済のもとで発展した工業化社会に合わせた新しい社会秩序の編成をめざす改革である。

第1の勢力は、ポピュリズム（populism）運動と関連する（Hofstadter, 1955）。この運動は労働者や農民が中心である。ポピュリズムは、1890年代のポピュリスト（人民党）だけを意味するものではない。1830年代のアンドリュー・ジャクソン（Andrew Jackson）大統領の時代に始まり、南北戦争後、19世紀末の経済変動に対する多数の農民や失業者の不満を表現したグレンジャー運動などの反独占運動に結晶された一連の大きな思想の流れを意味する。彼らは、貧困者や移民、児童労働、女性労働、街の衛生状態などに関心をもち、積極的にこれらの問題について調査しデータを集め、政府の力を使って解決を図ろうとした。

第2の勢力は、社会主義者や急進的労働運動家が中心である。この立場は

革新主義のなかで大きな影響力をもったわけではないが，この時代に勢力を伸ばしてきたものである。彼らは，資本主義や伝統的な道徳の枠組みをはみ出した思想を表明したり行動を起こしたりしていたが，その運動は組織的なものではなく個人的なものであった。

　第3の勢力は，資本主義体制に適合した社会秩序をめざすので，「保守的」に思えるが，この勢力が新しい秩序のために変化を求めていた。この勢力は，資本家，経営者，技術者，弁護士，大学教授，医者などが中心であった。彼らはいわゆる中産階級に属し，WASPが多かった。彼らの関心は，急速な工業化や都市化，移民の流入による人口構成の多様化，労働争議の頻発，農民の反抗による社会の混乱などであった。このような状況下で，彼らは新しい時代に応じた秩序を求めて社会を危機から救おうと行動していた。彼らは革新主義運動のなかでも最も大きな影響力をもっていた。

　この3つの勢力のうち，テイラーの友人で弁護士のルイス・ブランダイス (Louis D. Brandeis) は，明らかに第3の勢力に属する革新主義者であった。彼はテイラーと同年の1856年生まれであり，ハーバード大学ロースクールで学んだユダヤ人であった。彼は言論や思想の自由を擁護し，社会学的データを法廷に持ち込んだ活動的弁護士であった (Strum, 1984)[11]。彼は1910年の東部鉄道運賃率事件をきっかけにテイラーと出会うことになった。この事件は東部の鉄道会社が貨物運賃の値上げを申請したとき，ブランダイスが州際通商委員会の公聴会を開き科学的管理の導入によって運賃の値上げは不必要であると主張したものである。このときに，彼は公聴会のために「科学的管理」という言葉を初めて提案した (Copley, 1923, II, pp.369-372)。さらに，彼はエマーソン (H. Emerson) の公聴会での「科学的管理の導入で鉄道は1日に100万ドルの節約になる」という証言をそのまま『ニューヨークタイムズ』(1910年11月10日付) に記事を掲載し，アメリカ全体に喧伝した。このときから科学的管理やテイラーの名は，一躍有名になった (Kanigel, 1997, pp.433-434)。テイラーは11月25日付のブランダイスへの手紙にこう記している。

公聴会での証言を公開したあなたの方法はたいへんお見事でした。またあなたの証言やその記事の評判によって，全国に科学的管理へ関心を示しました。心から祝福したいと思います（Taylor, 1992, Ⅶ, p.3135）。

この頃からテイラーは，ブランダイスの行動力に尊敬し，革新主義者と急速に接近するようになる。12月2日付の手紙では，以下のように記している。

あなたはもう運動を始めています。それはこの国に直接の奉仕をすることになるのは明らかです。すでに4人の雑誌編集者がこちらに来ています。おそらく彼らのうちでもっとも興味深いのは，『アメリカンマガジン』のレイ・スタンナード・ベイカー氏です。私は科学的管理の正しい評価のために，これらの人たちにできるだけのことをしています。それぞれの雑誌の関心が対立しないならば，それぞれの読者の前に問題を持ち込むことが可能になります。しかし，このことは難しいかもしれません。というのも，ベイカー氏に仲間の編集者と会ってこの題材について打ち合わせをするように話を持ちかけたからです（ibid., p.3138）。

この手紙から推測すると，テイラーは1910年12月2日時点ですでに『アメリカンマガジン』誌に掲載することを決断したようである。同誌はプラグマティズム哲学者ウィリアム・ジェームス（William James）などが創刊した革新主義系の暴露本的雑誌であった。実は，このような経緯はテイラーの論文「科学的管理の原則」をアメリカ機械技師協会（ASME）が受理に難色を示していたことが発端であった。しかし，テイラーは仲間であるクック（Morris L. Cooke）の反対を押し切ってこの雑誌に掲載することを決めたのである（Kanigel, 1997, pp.439-440）。その決断はブランダイスの影響がかなりあったとみてよいであろう。それは「能率の福音」というタイトルで，1911年3月号から5月号まで連載された。「彼の科学的管理のシステムは今や急速に多くの工場や企業に導入され，ほとんど革命的な重要性をもってい

る」と編者のベイカーは序文に書いている。本文にはテイラー自身や家族の写真，テイラーの仲間たちや工場などの数多くの写真が掲載されていた (Taylor, 2002, pp.185-225)。この記事はおそらくアメリカ全土にテイラーが革新主義者であると宣言したようなものであった。1911年1月24日付のブランダイス宛の手紙にこう記している。

今日，『アメリカンマガジン』2月号が届き，あなたの経歴を読んで非常に興味をそそられました。私はあなたのすばらしい仕事のいくつかを聞いていましたが，それが幅広くさまざまであったことにたいへん驚いています。あなたの科学的管理に捧げたわずかな期間の努力は着実に実っており，それはこの数年間私たちのうちで他のメンバーの誰よりもなされたことは確かです。そしてあなたはこの国に大いなる奉仕をなさったと思います。つまり，あなたが直接，鉄道関係に引き起こした以上の関心を個人の能率において引き起こしたのです（Taylor, 1992, Ⅶ, p.3149）。

テイラーはブランダイスの魅力にますます惹かれるようになった。人民の弁護士として名をなしたブランダイスは，1916年ウッドロー・ウィルソン (Woodrow Wilson) 大統領の時代に最高裁の判事になった。彼のことを悪く評価する人はいなかった。しかし，テイラーは常に批判される人物であった。それはテイラリズムとして知られるように，人間機械論の性質を思い起こさせるからである。たとえば，彼の「一流 (first-class)」労働者という言葉の使い方はよく誤解されるものである (Taylor, 1903, pp.1347-1348：訳書，60頁)。

① 各労働者にその心身の能力の許す限りにおいて，できるだけ最高級の仕事をする。
② 自分の属する階層の一流の労働者が健康を損なうことなく，なしうる最大量の仕事を各労働者にさせること。
③ 一流の労働者が果たしうる最大速度で仕事をした場合には，仕事の性質に従い，その階級の者の平均よりも30％から100％だけ多く支払う

こと。

　これらは企業が目的とすべきことを述べたものであるが，テイラーのいう「一流」の労働者とは，働く意思をもち自分に適した仕事をしている労働者である。テイラーのこの考え方を理解するには，目的達成への意思という彼の人生哲学と関連づける必要がある（Copley, 1923, I, pp.182-183）。彼の観察では，人間の違いは頭脳よりもその意思や精神にあった。意思は人間のものであり，精神は生命のものである。ある労働者が正しいことをしようとしないならば，別の労働者にやらせると彼は言った。それは多くの人にとっては衝撃的だったが，それはあらゆる種類や条件の人間の徹底的な観察から得た結果であった[12]。

　彼のよく考え抜かれた労働者の教育方法は，はじめは静かにやさしく，うまくいかなければ，次第に強い調子で教育し最後には強制力を用いた（*ibid.*, pp.183-184）。彼の強制力は決してムチを打つことではなく，労働者に対して意思の力を起こさせ，その精神を生じさせるという配慮をしながら彼らを激しく挑発することであった。テイラーにとって，すべての意思はそこに至る意思であり，目的や目標達成の意思である。このように，テイラーの「一流」労働者は働く目的意識をもち自分の職務を十分に果たしている労働者という通常とはかなり異なる意味に使用されている。

　テイラーはなぜ，このような誤解されやすい「一流」という言葉を使ったのであろうか。テイラーは一般にいう意味での「一流」の技師であった。しかし，他の人は「一流」になれるとは限らない。つまり，「一流」は「適者生存」と同じく優勝劣敗の論理であり，社会ダーウィニズムを彷彿とさせるものである。そうであるにもかかわらず，彼があえてこの言葉を使用したのは，社会ダーウィニズムの教義を批判するためであろう。もっとも，それは全面的な批判ではない。テイラーの次の文章は社会ダーウィニズムと革新主義の同居であり，前者の部分否定を意味するものである。

　昔から『産業の将帥は作られるものにあらず，生まれつきなり』と考えられていた。そして適材さえ手に入れれば，方法はその人に任せておいて大

丈夫であるという考え方であった。しかし今後はそれと異なり、リーダーとなるものは生まれつきも大切であるが、教育も同様に大切である。たとえ普通の人でも、幾人か集まって適当な組織を作り、能率的に協力すれば、どんなに偉い人でも、旧式の独断管理をやっている限り、けっしてこれに打ち勝つことはできない。今までは人が第一であった。これからは制度が第一でなければならない (Taylor, 1911, pp.6-7：訳書, 224頁［傍点は福永による］)。

「生まれつきのリーダー」が社会ダーウィニズムに基づくものであり、「教育によるリーダー」が革新主義に基づくものであろう。テイラーは生まれつきも大切であることを前提としており、社会ダーウィニズム主義者であるカーネギーのような「生まれつきのリーダー」を決して全面的には否定していないのである。革新主義は社会ダーウィニズムの反動として現れた。それはいわば進化思想の一変形であるアメリカ的改革であった。しかし、革新主義は社会ダーウィニズムの要素を反転した形で内包したものであった。つまり、革新主義運動は改革とともにアングロサクソン的文化や伝統的な社会秩序を守ろうとする強い体制側の動機づけが混然と組み込まれていたのである。テイラーの科学的管理もこの思想潮流のなかで理解されなければならないであろう。

3．経営学におけるマーシャルとテイラーの位置

これまでの考察で明らかになったマーシャルとテイラーの共通点を整理しよう。

まず第1に、マーシャルとテイラーはスペンサーの進化論にそれぞれの程度で影響を受けていたということである。スペンサーの進化論の影響を受けたと公言しているマーシャルは、彼の『原理』に結果的にそのダイナミックな進化思想を包摂できなかった。それはヴィクトリア期のイギリスの限界でもあり、マーシャル自身の限界でもあった。今日の経済学ではマーシャルに

基づく進化論的経済学を論ずることが多いが，それはマーシャル理論がミクロ経済学とはかけ離れた組織の経済学や経営学との接合性が高いことを示している。ネルソン・ウィンターなどは，組織論の分野でもかなりの理論的貢献がある。その意味でマーシャルを広範な経営学の視点から整理しなおしてみることは大いに価値があるであろう。一方，テイラー自身はスペンサーの進化論に影響を受けたとは言明していないが，明らかに社会ダーウィニズムの影響を受け，その反動である革新主義をも彼のイデオロギーとして体得していた。この2つの思想はアメリカ独特の社会進化論として今日に受け継がれている思想である。つまり，革新主義は進化思想の一変形であるアメリカ的改革であり，保守と革新の両面をもっていた。そのような固有環境のなかでテイラーの科学的管理は誕生した。したがって，科学的管理はある一面では改革であり，また別の面では体制保守であった。その意味で，テイラーはアメリカ社会進化思想に内在する保守と革新の両義性を備えていたように思われる。

第2に，両者とも新古典派経済学の方法論的特質である極大化基準をとっており，数学を基礎とし，科学を意識していたことに共通点がある。マーシャルがイギリスの経済学者であったのに対し，テイラーはアメリカのエンジニアであった。彼らは19世紀末から20世紀初頭にかけてのエポックメイキングな時代のイギリスとアメリカを象徴している。マーシャルは新古典派の祖であり，テイラーも新古典派の思想をもっていた。マーシャルは，価格均衡論によってアダム・スミス以来の古典派経済学の「見えざる手」を見える図式にした。それは完全競争市場という限られた議論であったが，後の新古典派の基礎を築いた。テイラーはアダム・スミスの分業概念を近代工場で実践し，労働者個人の能率向上を至上命題とした。差別出来高給制はインセンティブ賃金制であり，課業管理は組織内の職務が経済合理的に遂行されるためのシステムである。それは，労働者の賃金を最大化させ，企業の能率を最大化させるシステムである。テイラーは経済学者ではないし，古典派や新古典派などと明言するはずもないが，フォーセットの経済学を読んで「能率向上と労働者状況の改善」に邁進したその思想は明らかにマーシャルと同じ

く新古典派のものであろう。マーシャルは，古典派経済学の「政治経済学」から「政治」を取り除き，経済学の科学化に取り組んだ。テイラーは，「経験から科学へ」をモットーにして科学的管理の精神を訴えたのである。

　第3に，両者とも現実志向であり経営学の一分野を開拓したことである。マーシャルは価格システム原理を開発し，テイラーは管理システム原理を開発した。テイラーは，科学的管理の父であるとともに経営学の父になった。テイラーの後のこの分野は，生産管理，IE，オペレーションズ・リサーチなどに発展している。彼はもちろん，現場を重視し，企業内部の個別生産システムを主題にした。マーシャルは，新古典派経済学の父であるとともに企業経済学の基礎を築いた。彼は貧民街を訪れ，ヴィクトリア朝の繁栄の裏にある貧困の実態を見たことが経済学の研究に従事するきっかけになったという。近年の進化論的企業理論は，マーシャルを手本として展開しており，経営学の一分野でもある。マーシャルの価格均衡論は現代ミクロ経済学の大きな基盤であり，消費者余剰，短期費用・長期費用，価格弾力性などの概念は教科書に必須のものであるが，彼の経済学は現在，組織論や戦略論の教科書にも登場しており経営学の領域としても注目されている。

　このように，マーシャルとテイラーは古典派経済学と社会ダーウィニズムという共通点をもち，ともにアメリカ経営学の誕生に大きく貢献したことは疑いない。

注
1）　ソルヴェー社の製法は，食塩水にアンモニアガスと炭酸ガスを吹きこんで重炭酸ソーダを作る製法である。アンモニアソーダ法ともいう。ル・ブラン社の製法は，食塩を原料に作った硫酸ソーダに石灰石と石炭をまぜ，これを加熱してソーダを取り出す製法である。
2）　ニューヨーク郊外でマーシャルは，6月11日付の母宛の手紙の中で次のように書いている。「アルバニーとトロイの間にある大きなベッセマー工場に行きました。私を案内してくれたドイツ人の化学者は，イギリスの同じ工場で生産される鉄鋼の量に比べて約2倍になったと言っていました。アメリカはまもなく，イギリスに対する優位を獲得するだけでなく，輸出さえ可能になるでしょう。それが優れているのは，おそらくは，ある程度アメリカの労働者のすばらしい情熱にあるのであって，機械の改良によるものではありません。私はむしろ，現在のアメリカと過去のイギリスを比較していることに疑問を持ちました。私は彼が話したすべての改良を理解したわけではありません。1つは，非常に単純でした。直方体の形になった鋼塊は，ローラーにまかれ，多くのローラーによってプラットフォームを作っていました。数列の歯車によって，前後に動き，座って見ながら操作する人が動かしたり，油圧によって動かしたりして

いました。このことはささいなことであって、重要な問題ではありません。そのドイツ人はイギリスの製造業者のあまりの保守性に不満を言っていました。20年前、イギリス人はすべての工場の第一線に間違いなくいました。彼らは成功に甘んじていました。彼らは誇りを持っていました。仕事を変える場合、アメリカ人ならば、新しい計画をたてるか、すぐに仕事のわずかな改善点を見つけるでしょう。イギリス人はあまりにも誇りがありすぎて、また怠惰になりすぎて、殻を破り新しい自分を見つけることをしないのです。イギリス人はこうなのです」(Whitaker, 1996, I, pp.50-51)。また、ボストンのあるピアノ工場を訪れたマーシャルは、6月25日付の手紙で次のように書いている。「背は低いけれど知的な青年に会いました。500人の従業員がいました。弦が違った長さに広がり、全部のフレームを引っ張っていました。この大部分の弦は、2～3回あるいは20回ほど巻き付かれていました。機械装置は自動ではなく、多くの非常に高いレベルの労働者の調整と判断を必要としていました。彼らの多くは有能で、力強くアーティストのような顔をしていました。その青年は1週間に50ドル稼いだと話してくれました。彼は1,000ドル以上もするピアノを私に見せてくれました」(ibid., pp.60-61)。

3) マーシャルは需要と供給の一時的な均衡の単純な例として、数学的付録において自分で食べるイチゴ摘みの手間（労働）と快楽（欲求）との関係について、限界効用理論を用いて次のように説明する (Marshall, 1890, Mathematical Appendix, Note, XII, p.844：訳書III、数学的付録3頁)。

イチゴの x 分量を獲得するために投入しなくてはならない労働量がもたらす不効用を v とし、この x 分量が与えられる快楽を u とすれば、

$$\frac{du}{dx} = \frac{dv}{dx}$$

になったときには、イチゴの追加供給から得られる快楽はそのためにこうむる苦痛と等しくなる。労働の苦痛を負の快楽とみなし、$U \equiv -v$ とすれば、

$$\frac{du}{dx} + \frac{dU}{dx} = 0$$

となり、労働の投入を停止した時点で $u+U$ は極大値に達する。これは労働者が生産者でもあるという特殊な例である。

4) ただし、マーシャルは『産業と商業』においては市場を分類して規定している。一般市場と特殊市場である。一般市場とは、ある程度まですべての人が買手であり、ほとんどすべての生産者が売手であって、そのような市場ではすべての人が周囲の人々とほとんど同じ地位におかれている状況である。また、特殊市場とは、幾分か親密な接触を持っている人々ないし人々の集団を持っている状況である (Marshall, 1919, p.182：訳書2, 6-7頁)。

5) たとえば、ウェストミンスター大寺院の中にハーバート・スペンサーの祈念碑を建てることに司祭が反対したのを受けて、『デイリークロニクル』誌から意見を求められたマーシャルは、同誌の編集者に対してこう記している。「祈念碑はハーバート・スペンサーにするべきかどうかというあなたの問いかけに対して、私は躊躇することなく高い評価を与えたいと思います。彼の1つの統合的な社会学の概要を打ち出した試みは、私の見解では、少なくとも100年早すぎたのです。彼の影響力は非常に広い領域に広がりました。彼の名声は多くの批判にさらされましたが、それらは彼の言葉の解釈に必ずしも好意的ではありません。その解釈をした専門家たちはスペンサーとは異なり、それぞれ自分の専門分野に精通した人たちです。また、彼の進化の原理に関する一般的な言及が急激な進化プロセスという思想をテーマにしたという理由から批判されました。今日の若い学生たちは、彼の言っていることが新しく真実であるということを見いだすことはほとんどできない状況です。一世代前の人々は彼の本が出版されたとき、各々のページを躍起になって見たものです。30年か40年前、彼ほど若いケンブリッジの卒業

生の思想に強い刺激を与えた人はほとんどいません。彼は新しい世界の展望を開きました。彼は多様な方面における人間の高度の企てを整備しました。また，彼はジョン・スチュアート・ミルほどイギリスの知的な研究に貢献していないかもしれませんが，私は彼が研究の活力を大いに高めたと信じています。おそらく，彼はチャールズ・ダーウィンを除いて近年のイギリスの思想家の他の誰よりも最も多く読まれ，大陸に多大な影響力を及ぼしたと思います」(Whitaker, 1996, Ⅲ, pp.96-97)。

6) 社会ダーウィニズムについては，Hofstadter (1944) を参照のこと。この文献はアメリカ思想を語るうえで欠かすことができない名著である。また，社会ダーウィニズムに関して，包括的な論文集が出版された。Ryan, F. X., ed. (2001) である。「社会ダーウィニズムとその批判」，「人種・ジェンダー・覇権」，「進化・法・経済学」の3冊シリーズで構成されている。また，社会ダーウィニズムに関する筆者の立場は第7章の注2を参照のこと。

7) 革新主義の立場から能率の福音について論じた著作に関しては，Hays (1959) が参考になる。また，革新主義と社会ダーウィニズムなど政治的思想とアメリカ企業の関係を論じたものに，Bowman (1996) がある。さらに，中世のルネッサンス，宗教改革，産業革命を経て現代までのマネジメントに影響を与えた思想をシステム的に論じたものにRoth (2000) がある。

8) ハーバート・スペンサーは，1820年，イギリスのダービーに生まれ，ほとんど家庭で教育を受けた後，鉄道技師として働き始めた。その後，『エコノミスト』誌の編集者として働きながら著作活動をしていた。彼は『社会静学』(1851) を刊行し，社会有機体論に立脚する社会思想を展開した。『発達仮説』(1852) その他の論考で進化論の立場を明確にした。『心理学原理』(1855) では，有機的世界を超えた精神的・文化的世界への進化論の適用を図った。彼の進化思想は広く普及し，晩年にはアメリカや日本などで国際的な名声を得た。スペンサーの思想の基本は，科学による知の総合を目指す実証主義的なものである。

9) カーネギーの伝記を書いているジョセフ・ウォールによれば，カーネギーはスペンサーの哲学を理解できなかったという (Wall, 1989, pp.394-397)。

10) この革新主義運動のさなかに，アメリカ固有の哲学が生まれた。19世紀末に始まったプラグマティズム (pragmatism) である。パース (C. S. Peirce) に始まるプラグマティズムは，人間の精神活動に関して現実の生活における具体的な行為の中で精神活動が果たす役割を見る視点に重点を置き，そこから科学論，道徳観，存在論を改変しようという思想である。ジェームス (William James) とデューイ (John Dewey) がその継承者であり，この哲学はアメリカ経営学と密接な関わりがあることはいうまでもない。

11) ブランダイスはハーバード大学卒業後，一時母校の講師を勤めたが，父の事業の都合によりセントルイスで法律の仕事をしていた。しかし，自らの意思でボストンに戻ることにした。彼は有名になりたかったのである。ボストンでは，1870年代頃からピューリタンの倫理がブラーミニズム (Brahminism) というニューイングランドのエリートたちのインテリの倫理に変化していった。ボストンのブラーミン (Brahmin) たちは，個人主義，自信，能力の最大限の活用というピューリタンの倫理を共有していたのである (Strum, 1984, pp.15-29)。彼がボストンの弁護士として駆け出しの頃，労働組合問題を扱ったことがあった。しかし彼は，直接交渉の場に出て問題を解決することをためらった。ブラーミンたちは，労働者階級が知的に意思決定できると思っていなかったからである。これは明らかに社会ダーウィニズムの考え方であったと思われる。彼は，ケンタッキー州ルイビルで少年期を過ごし，父親の事業の失敗を見ながら，洗練されたボストンのブラーミンにまで出世した。彼はブラーミンたちの社会ダーウィニズム的な考え方に対し，心理的に避けたり批判したりしていた。彼はボストンやハーバードの一員とは違うような人々の生活のために戦うという意思をもっていた。しかし，ボストンの一員であることは，お金，地位，仕事の成功機会，刺激的な会話が必要であった。一方，物質的

財産，社交上のきまりやうぬぼれを忌避した彼は，多くのこの世界の人々と同じようにブラーミンのままにとどまることを拒絶したのである．彼のこの進歩的な考え方は，まさに革新主義のものであった．彼は，『企業の専門職』という演説の中で次のように発言していた．「この新しい発展は，ビジネスを応用科学に結びつけやすい．この発展を通じて，ビジネスにおける商魂のたくましさという相対的な価値は他の能力と比較して大いに減少している．商売それ自身の概念は変化している．うまい交渉という古い考えは，人が他人からより良いものを奪うという取引であった．うまい契約という新しい考えは，両者にとって良い取引である．このような新しい状況では，ビジネスでの成功は単なる金儲けとはかなり違うことを意味しなければならない」(Brandeis, 1971, p.3)．ブランダイスは社会ダーウィニズムを捨てることができたように思われる．

12)『工場管理法』においてテイラーは以下のように記している．「普通の意味でいう訓練を必要としない人もたくさんいる．利口で忠実で，正しいことは進んでやるというような人には，少しのヒントか説明があれば十分である．せいぜい親切な忠言くらいでたくさんである．そこで，新入りの工員があったならば，まず親しく話し合ってみるのである．それを数回繰り返してみて，そういうやさしい取り扱い方ではだめとみたら，他の方法をとるのである．人によると，あつかましい下品なのがいる．そういう連中はこちらからやさしく親切にものをいうと，それを臆病で弱いためであると取られやすい．そういう人に対しては言葉もしぐさもだんだん強くしていって，目的を達するより他はない．それでもだめなら言葉では見込みがないとあきらめるより他はない」(Taylor, 1903, pp.1451-1452：訳書，203頁)．

第3章

経営学と制度派経済学

　マーシャルが活躍していた19世紀後半から20世紀初頭は，経営学が誕生する歴史的転換点である。当時の経済学は，古典派から新古典派，そしてマルクス経済学が主流であった。制度派経済学は傍流にすぎなかった。しかし，21世紀初頭の現在，新制度派経済学や組織の経済学などの隆盛で，制度派経済学が見直されている。

　制度派経済学といえば，ヴェブレン（Thorstein Veblen）とコモンズ（John Rogers Commons）が有名である。ヴェブレンは，当時のアメリカ経済学では異端であったが，彼の死後，学問的名声が高まっていった。それは大恐慌が彼の予測した形で起こったこと，そしてニューディール政策も彼の思想の影響を受けていたことが大きいといわれている。その代表作『有閑階級の理論』や『企業の理論』はその文明論的，進化論的視点があることであまりにも有名である。また，バーリ・ミーンズは，その発想の原点はヴェブレンにあるという。コモンズについては，バーナードがコモンズの代表作『制度派経済学』を引用して主著『経営者の役割』を書いていることは周知の事実である。また，ウィリアムソンが取引コスト概念を生み出したのも彼の取引概念をベースにしている。経営学と制度派経済学はどのような関連性にあるのであろうか。

　制度派経済学の視座は，明らかに経営学とよく似ている。そして古典派経済学や新古典派経済学が注目してこなかった制度に焦点を当てる。制度は，論者によって異なるものの，その定義は，市場にとどまらず，規範，法律，組織，機関など広範な分野に及ぶ。したがって，制度派経済学は，経済学，

経営学，法学，社会学などの視点を含む学際的なものである。本章は，ヴェブレンとコモンズの制度派経済学のエッセンスが盛り込まれてあるそれぞれの主著と経営学とを比較しながら検討し，経済学と経営学が未分化であった当時の時代背景を探るものである。

1．ヴェブレンの制度派経済学

　1857年，ウィスコンシン州でノルウェー系移民であった農業経営者の家に生まれたソースタイン・ヴェブレンは，幼少時代の言葉と文化的関心はスカンジナビアのものであった。父親はソースタインをルーテル派教会の聖職者にさせようと，17歳の時にカールトン・カレッジに入学させた。彼は当時教えられていた哲学や経済学に飽きたらず，カント，スペンサー，ミル，ヒューム，ヴォルテール，ハックスリーなど自由主義哲学者や社会思想家の文献を読みあさった。もっとも，ヴェブレンはカントとスペンサーを題材にして博士論文を提出しており，スペンサーの影響はカント以上であったと推察される（高，1991）。また，優れた記憶力で種々の近代的言語と古代スカンジナビア語と文学の研究にも着手した。

　卒業後，教師としての地位は数学で得たものであった。1年間ノルウェー人学校で教え，このカレッジが閉鎖されると，彼はジョン・ホプキンス大学へと進学し，哲学を専攻した。しかし，そこでは奨学金を得ることができなかったので，イェール大学へ移り，哲学を研究した。1884年に学位論文を提出したが，教職に就けなかったので，生家の農場でいくつかの論文を書いていた。1891年に，改めてコーネル大学に学生として登録して社会学に関する論文を書き，特別研究員の職についた後は，数多くの経済学に関する論文を発表した。1892年にシカゴ大学の経済学の講師になったのは，彼が35歳の時であった。1899年『有閑階級の理論』を公刊した後に，1900年に助教授に昇任した。『企業の理論』(1904)を刊行したのもこの頃である。しかし，彼の落ち着きのなさや結婚生活の不和からシカゴを去ることになり，スタンフォード大学で経済学の講義をすることになった。また，スタンフォー

ども個人的事情により3年で退職し，1911年コロンビア大学に移った。1918年に彼は，ある急進的な雑誌の編集員になって以降，有力なリベラル派に支持され，一時的に名声を得た。しかし，アメリカ全国ではヴェブレンの社会主義的な論文はほとんど無視されていた。彼は1929年の大恐慌の起こるその年に病弱と貧困で人知れず亡くなった。しかしながら，彼の文章は予言的で深遠な哲学に満ちあふれている[1]。

(1) 企業の理論

ヴェブレンの時代には，企業はしだいに大規模化し市場競争は激しくなり，GMやデュポンに代表される独占・寡占形態が散見された。それに伴って機会主義的な企業行動が目立ってきた[2]。したがって，必然的に企業倫理が問題になってくる。この問題は古くからあり，ルネッサンスの時期にすでに倫理的な取引慣行についての関心があったと考えられている[3]。たとえば，商品は合法的で，立派で役に立つべきであり，価格は公正であるべきである。売り手はごまかしや脅迫で契約すべきでなく，だまされやすい人に売るべきではない。また，価格の上昇だけを求めて買う投機をする人々は重大な罪を犯している，などが主張されている。これらは現在でも通用するものであるが，19世紀末のヴェブレンも次のように言及する。

　このような企業倫理の準則は，結局「買手は用心」(caveat emptor) という格言の緩和からなり立っている。それは主として，ひととひととの取引にかかわるものであり，社会全体の窮極の利益にかんする自粛や顧慮の教えとしては，比較的間接であり，また不徹底である。そもそもこのような，社会に提供される役務と，特定の商取引から引き出される利得とのあいだの均衡にたいする道徳的な要求が前面にあらわれるばあいには，このような均衡は，多くのばあい，ある種の金銭的基準によって，これを維持することがおこなわれる。しかし，金銭的基準は，その社会にたいする有用性のきわめて不十分な尺度をあたえるだけである（Veblen, 1904, pp.43-44：訳書, 37頁）。

買い手が用心しなければならないのは,売り手が買い手を欺き,騙すからである。売り手,すなわち商売人は昔から一般に非倫理的であった。非倫理的であるからこそ,倫理性が求められる。取引は平等性,公正性が求められるわけである。機械制工業があらわれるまでは,商業は侍女,銀行業とともに緊密で包括的な企業体制にはっきりと組織された唯一の経済活動の部門であった。したがって,以前は「営利企業」(business) といえば「商業」(commerce) のことであって,それ以外のものを指すことはなかったのである。ヴェブレンは,企業の概念をどのようにみていたのであろうか。

企業の諸概念や企業の方法は,16,17世紀の中央ヨーロッパに力強くあらわれていた。それは,あたかも,それらのものが南部ヨーロッパに,やや早い時期からあらわれていたのと同じであった。もっとも,営利企業の大流行は,機械技術によって制約されたために,さらに後の時期に至るまではあらわれなかった。企業の方法や,企業取引の要具は,状況がそれを要求するばあいには,いつでも,またどこにでも,きわめて迅速にあらわれてくる。それは,経済史の教えるところである。……現代の状況が,そこから発足した新しい出発点は,イギリス人によって,いわゆる「産業革命」の中に,既製品の形で大陸の諸国民にあたえられた。古い大陸制度の窮極の崩壊が,特殊の性格をおびたことについておかげをこうむっている自然権の形而上学も,やはりイギリスからきたものである (*ibid.*, pp.303-304：訳書, 240-241頁)。

中央ヨーロッパでは,15世紀にグーテンベルクが活版印刷を開発し,その後16世紀から17世紀にかけてコペルニクス,ガリレイ,ニュートンなどの科学思想があらわれた。自然権の形而上学とは,ベーコンなどの経験哲学である。これらの一見,企業と無関係に思える技術や思想は,16〜17世紀の農地の囲い込み運動と同様に,18世紀の後半のイギリス産業革命の素地を形成した。ルネッサンスによってもたらされた新しい社会状況は,科学技術の発展を促進した。この結果,一般の技術は向上し,物的資源と人的資源

の大規模な統合が可能になり,家内工業から工場制機械工業に転換することとなったのである (Wren, 1994, pp.35-38)。

また16～17世紀のいわゆる重商主義は,国王のための利益の拡大が主たる政策であった。アダム・スミスは重商主義に反発して自由主義経済学を創設した。ヴェブレンは,これに対して「現代の重商主義」という表現を用いる[4]。16,17世紀の国王のための「重商主義」から19世紀に入ると,企業者すなわち企業家のための「重商主義」へと転換していった。ヴェブレンはアダム・スミスとは異なり,全面的に重商主義を批判していない。むしろ,重商主義を肯定しているかのようにみえる。それは,ヴェブレン独特の表現であり,若干の皮肉を込めた「現代の重商主義」批判なのであろう。もっとも,重商主義から自由主義へと変革したアダム・スミスの生きた18世紀は歴史上重要な位置を占めていた。

> いかなるものが,かの「自然的自由」の体制のなかに頂点に達した文化運動の窮極の根拠としてみとめられるにしても,自然的自由が経済的問題と関連しているかぎり,15世紀から18世紀にいたるまでの西ヨーロッパ,それも主としてイギリスの産業や商業の経験が,そのような文化運動の成果と,大いにかかわりをもつことは明らかである。われわれが,今日の法律,公正観念および常識のなかに織りこんだのは,このような経済発展の近い過去の段階の一つの成果としてである。われわれが,あらゆる金銭的な事柄において,きわめて完全な自由裁量と自由行動をもつのは,18世紀のおかげである。その世紀は,信用取引の安全と便宜とともに,契約の自由を与え,それによって企業の競争的秩序が決定的に確立されたのである (Veblen, 1904, pp.81-82 : 訳書, 66-67頁)。

18世紀後半にイギリスでは,産業革命が始まった。ジェームス・ワットが蒸気機関を完成させたのが1776年であり,アダム・スミスが『国富論』を著したのも1776年であった。またちょうど同じ年に,アメリカで独立宣言が行われた。自由主義の風潮と企業の競争は,この頃から一般的になって

いったのである。ヴェブレンは 18 世紀の貢献を強調しているが，実はこの 1776 年という年は，18 世紀でも最も象徴的な年であった。

ヴェブレンによれば，企業活動の物理的基礎は機械過程であり，精神的基礎は所有権の制度である5)。所有権の原理は，機械過程よりも古く，財産の原理である。機械過程は，本質的に近代の事実であり，産業体制の組織による企業のいっそう広範な支配の点では，まだその初期の成長段階にある最近の事実である（*ibid.*, p.66：訳書, 55 頁）。

企業活動の物理的基礎である機械過程とは，工場制機械工業のシステム全体のことである。機械過程は，近代生活や近代企業における人間労働の媒介のための機械装置の単なる結びつきよりもいっそう包括的である。土木技師，機械技師，船乗り，鉱山技術者，産業化学者，鉱物学者，電気技師——すべてこれらの仕事は，近代的機械過程の範囲内に属する。したがって機械過程の範囲は，機械よりは大きい。機械過程は，2 つの一般的特徴を示している。それは，① 産業の若干の下部工程や諸部門が，産業加工の系列のなかで，その仕事が互いに接触するばあいに，つねにすき間 (interstitial) の調整を維持すること，② 時間や順序の点，生産高に影響する諸力の適当な導入と排除の点，そこに使われる原料や装置のいろいろな物理的特質（重量，容積，密度，硬度，伸長度，弾力性，温度，化学反応，酸性反応度等）の点などにおいて，たえず量的精密性，正確性が要求されることである（*ibid.*, pp.5-8：訳書, 8-10 頁）。

したがって，機械過程は，物質的因果関係すなわち，その機械が物理的な問題を除いて，その良否や功罪の問題にたいする洞察をあたえるものではない。つまり，機械過程そのものは，法則や秩序の基礎や拘束力，良否，善悪の問題とは無関係なのである。その知識や論理の体系は，物質的因果関係の法則に立脚するものであって，遠い昔からの慣習や権威ある法則の体系に立脚するものではない。つまり，機械過程は技術の熟練者の思想からかけ離れてしまったのである（*ibid.*, p.311：訳書, 246-247 頁）。

企業が株式会社化し，巨大化するにつれて企業家は制作本能6)(the instinct of workmanship) といういわば根源的なものづくりの本能をなくし

てしまい，営利企業は衰退に陥ってしまうとヴェブレンはいう。企業の成長は，その物質的基盤として，機械技術に依存している。企業にとっては，機械制産業は不可欠のものである。企業は，機械過程がなくては存在すらできない。しかし機械過程の紀律は，企業の精神的，制度的基礎，すなわち制作本能を失わせる。つまり，機械制産業は企業の継続的な成長と両立することができない。したがって企業は，機械過程と両立しないのである（*ibid.,* p.375：訳書，296-297頁）。

　営利企業が衰退する運命であるならば，企業家はどういう役割を演じているのであろうか。産業単位の間の機能的関係の均衡が維持されたり，回復されたり，調整されたり，再調整されたりするのは，営利的な取引活動によってである。また，それぞれの産業単位の事柄が規制されるのも，同じ基礎・方法によるものである。ある独立の生産的企業がその使用人や，他の企業にたいして立つ関係は，つねに金銭的基準に還元することができる。企業者（家）が1つの決定的な要因として，産業過程に入りこんでくるのは，この点においてである。いくつかの産業の組織化や，産業過程全体のすき間の調整やくいちがいは，金銭的な取引や債務関係の性質をもっている。それゆえ，産業の不断の調整をつくり出したり，壊したりすることは企業者（家）の手にゆだねられる。産業体制が，ますます大きく，ますます緊密にからみ合い，ますます微妙に均衡を保っていればいるほど，その領域におけるそれぞれの企業行動の影響はますます大きく，ますます広範となるのである（*ibid.,* pp.18-19：訳書，18頁）。

　そして，ヴェブレンは「産業の将帥」（Captains of Industry）という表現によって企業家の戦略と能力について言及する。

　　企業者の取引活動が産業体制のなかにつくり出す攪乱が，その体制全体を助成するか，それとも阻害するかは，その企業者が奉仕すべき窮極の戦略的目的をもっているばあいを除き，一つの企業上の問題としては，大企業者にとってどうでもよい事柄である。しかし，現代の産業の将帥の多くのものはそのような窮極の目的をもっている。それは，彼らのうちの比較的

大きなものについて，とくに当てはまる。実際，彼らにたいして「産業の将帥」とよばれる十分な資格をあたえるのは，このような広範な企業戦略の働きである。このような大きな企業戦略は，実力と洞察をもって文明国民の運命を左右する大企業者のもっとも嘆賞すべき特性である（*ibid.*, pp.29-30：訳書，26頁）。

「産業の将帥」は，具体的にはアンドリュー・カーネギーやジョン・D.ロックフェラーなどが該当するであろう。しかし彼らの名声は，泥棒貴族（robber baron）と呼ばれていたようにあまり芳しくない。実際に，ロックフェラーはスタンダードオイルを創設したが，巧妙に鉄道管理者とのコネを利用し，リベートを受けるだけでなく競合する石油業者からもリベートを獲得した。また，カーネギーは一時，アメリカの鉄鋼業の3分の2を所有支配したが，従業員のストライキに対し探偵の力を借りて組合に対抗しようとしたのである（Wren, 1994, pp.93-94）。

もっとも，企業家は，慈悲心の動機から何らかの慈善活動を行っていた。実際に，ロックフェラーはシカゴ大学に寄付し，後にロックフェラー財団となった。また，カーネギーもカーネギー・メロン大学を設立・寄付し，後にカーネギー財団となった。彼らは慈善家でもあったのである（*ibid.*, pp.95-97）。しかし，ヴェブレンによれば，これらは営利企業の副産物として偶然にあらわれる結果である。なぜなら，これらは個人的な選好，趣味，偏見などの妄想に依存するのではなくて，むしろ広い制度的な基礎に依存するからである（Veblen, 1904, pp.379-380：訳書，300頁）。

(2) 有閑階級という制度

ヴェブレンにとって，制度とはいかなるものか。『有閑階級の理論』における定義から確認しよう。

制度とは，実質的にいえば，個人や社会の特定の関係や特定の機能に関する広く行きわたった思考習慣なのである。したがって生活様式というも

の，つまり，あらゆる社会の発展過程の一定の時と所で効力をもつ諸制度の全体を構成するものは，心理学的な面からみて，広く行きわたった精神態度や人生観だ，とおおよそ特徴づけることができよう (Veblen, 1899, p.190：訳書, 214頁)。

このように，制度が心理的な思考習慣・生活様式であるならば，かなり広範な概念であり，しかも時代によって変化するはずである。ヴェブレンは制度の変化について以下のように述べる。

人間の制度や資質のなかで生じたり，生じつつある進歩は，大まかに言えば，人間の生活が営まれる社会の成長や制度の変化とともに漸次変化してきた，環境に対する諸個人の強制的な適応の過程と最適な思考習慣の自然淘汰とに帰することができよう。制度それ自体は，たんに普及し，支配的なタイプになっている精神態度や習性を形成する淘汰的で適応的な過程の産物であるだけではない。それは同時に生活と人間関係の特定の体系であり，それゆえ，次の機会には淘汰をもたらす要因になるのである。したがって，変化する制度は，次の機会に最適な気質に恵まれた諸個人をさらに選び出すのに役立つだけでなく，新しい制度の形成をつうじて，個人の気質や習慣を，変化しつつある環境によりいっそう適応させるのにも役立つのである (*ibid.*, p.188：訳書, 212頁)。

したがって，ヴェブレンによれば，制度とは精神態度や習性であると同時に，生活と人間関係の特定の体系である。そして，彼は制度を取得の制度 (institutions of acquisition) と生産の制度 (institutions of production) に分類する。取得の制度とは，金銭的な制度であり，競争原理に基づき，ビジネスに関係する。生産の制度とは，産業の制度であり，非競争原理に基づき，ビジネスではなく産業に関係する。換言すれば，取得の制度とは，個別企業の経営に関するものであり，生産の制度とは，国家経済などの産業全体に関するものである。彼によれば，後者の制度は通常，制度とは認識されて

いない（*ibid.*, pp.208-209：訳書, 232-233 頁）。前者の制度の例として, ヴェブレンは有閑階級の制度を取り上げる。

有閑階級の起源は, 理論的には種族間の略奪が始まったときから存在する。そして略奪的な文化段階から金銭的な文化段階への移行, すなわち文明が現れるとともに, 有閑階級という制度が完成する。有閑階級は 19 世紀末に誕生したものではなく, 古代から存在するものであり, 肉体労働に従事することは古代からあまり好まれる仕事ではなかった。特にギリシャ時代以来, 産業過程, すなわち商業に従事することは, あまり好ましいことではなかった。逆に, その仕事から免除されることが価値があると思われてきたのである。つまり閑暇な生活は, それ自体, 文明人の目にすばらしくしかも高貴なものと映るのである（*ibid.*, pp.37-39：訳書, 50-51 頁）。

有閑階級とはどういう階級なのであろうか。その特徴は, 顕示的消費という生活習慣にある。それは, 節約心の欠如, すなわち消費財に対する気前のよい支出である。これにより, 世間の評判を得るのである。貯蓄よりも消費に向ける。それは, ヴェブレンの時代にはアメリカでは産業革命が終了し, 巨大企業が独占するようになったことと呼応する。

おそらく労働者の側の節約を阻害するいっそう決定的な条件となるものは, 現代の大きな産業組織が, 被雇用者の側での高い程度の移動性を要求するということである。産業組織は, 事実, 労働力や労働単位が, そこに使われている機械的装置が可動的であり, 可分的であるのと同じような非人間的なやり方で, 可動的, 互換的, 可分的であることを要求する。労働人口は, 産業の原料や半製品とまったく同じような非人間的な仕方で, 標準的, 可動的, 互換的であることを要求される。そのことから, 現代の労働者は, 一軒の家でも有利な条件で所有することができないということがでてくる。このような後者の事態のために, 労働者はその貯蓄を, 不動産や事実, 生活の重荷となるあらゆるものに投資する気がなくなる（Veblen, 1904, pp.325-326：訳書, 258 頁）。

要するに，当時の人々は非人間的な労働を余儀なくされ，しかも明日とも知れぬ運命に自らの家でさえ所有できないという状況であった。企業の規模が拡大するにつれ，そのような貧富の差がますます拡大する一方，顕示的消費が可能な階層が生まれ，有閑階級が出現するというのである。退廃的な風潮は，世紀の転換期にみられる特徴であるが，19世紀から20世紀にかけても同様にみられた。有閑階級は，古代から存在したのであるが，この時期に最盛期を迎える。

有閑階級という制度は，階級利益と本能，さらには戒めと命令規範的な例示とによって，現行制度の調整不全を永続化するのに役立つだけでなく，かなり古代的な生活図式への先祖返りを奨励しさえする。すなわちその図式とは，先行する過去から直接受け継いできた，承認済みではあるが時代遅れの図式というよりはむしろ，現状における生活の必要性に適応することなどまったく意に介さない図式なのである（Veblen, 1899, p.207：訳書，231-232頁）。

つまり，顕示的消費は現状生活において必要性がまったくないというのである。必要性がないのにそのような行為に向かわせるのは，豊かになった証である。ヴェブレンはleisure（閑暇，有閑）という言葉を用いる。閑暇は，怠惰や静止状態を意味するわけではない。それは，時間の非生産的消費である。時間が非生産的に消費されるのは，生産的な仕事はするに値しないという意識からであり，また，何もしない生活を可能にする金銭的能力の証拠としてである（*ibid.*, p.43：訳書，56頁）。

有閑階級の特徴のもう1つは，産業からの免除である。つまり，生産的労働からの免除である。このことは，次のトインビーの文明の定義からも指摘できる[7]。すなわち文明とは，いかに少数であれ，都市人口の一部が単に食料生産のみならず，他のいかなる経済活動にも従事していない，そういう人口の存在する社会状態である。それは，たとえば職業軍人，僧侶，学者などの非生産的専門家がその社会に存在する状態である。換言すれば，文明の誕

生以来，有閑階級は存在し，産業から免除されている人々はいるのである。19世紀末になって，産業が巨大化しそれに従事する人々が増えるにつれて，それに従事しなくてもよい人々——ヴェブレンは家庭の主婦をしばしば例としてとりあげるが——も増えてくる。したがって，このことは当然，文化の発展に影響を及ぼすはずである。

　顕示的消費と産業からの免除という二つの一般的な原理が，文化の発展に影響を及ぼす方法は，以下の二点に要約できる。人間の思考習慣を誘導することをつうじて，制度の成長を結果的に規制すること，そして，有閑階級体制の下での生活の便宜に役立つ一定の人間性の特性を淘汰的に保存することをつうじて，社会の実際的な気質を規制すること，これである。有閑階級という制度が人間性を形成するという点でもっている大まかな傾向は，精神的な存続と先祖返りという方向で伝えられる（*ibid.*, pp.212-213：訳書，236-237頁）。

　精神的な存続と先祖返りは，有閑階級に限らず，制度一般に共通する特徴である。すなわち，思考習慣は時代が変わってもその時代に適応するものであり，精神的に存続するものである。思考習慣の適応が制度の進化なのである。先祖返りというのは，その思考習慣は変化し続けるが，時には突然変異を起こし以前の時代と同じようになるということである。有閑階級という制度は競争心という古くからある経済的動機に基づいている。産業社会がますます進行するとどうなるのであろうか。ヴェブレンは，次のように悲観的な見通しを述べる。

　金銭的な取引が決まりきった仕事になるやいなや，産業の将帥は必要のないものとなる。言うまでもなく，この完成は，まだいつとは知れぬ将来のことに属するものだ。金銭的な利益にとって好都合なように現行の制度のなかで実現された改良は，他の側面では，「魂のない」株式会社をもって産業の将帥に置き換える傾向をもち，こうしてまたそれは，所有という有

閑階級の偉大な機能を不必要なものにすることに役立つのである。それゆえ，間接的にではあれ，有閑階級の影響が経済制度の発展に対して与える傾向は，きわめて大きな産業的重要性をもっている（*ibid.*, p.211：訳書，235頁〔傍点は福永による〕）。

「魂のない株式会社」という表現は，同時代を生きたウェーバーの表現に似ている。ウェーバーは官僚制の行く末を案じて，「精神なき専門人，心なき享楽人」が横行すると表現した[8]。ヴェブレンは有閑階級制度の行く末を案じて，産業の将帥すなわち，大企業の専門経営者が支配することを「魂のない株式会社」と表現した。ヴェブレンにとって，株式会社は古代から存在する略奪の文化の再来なのであろう[9]。

ここに，『企業の理論』と『有閑階級の理論』の到達点を見出すことができる。それは「営利企業の衰退」であり，「魂のない株式会社」である。古くからの略奪形態は，所有と非所有という階級に分かれる。それは，土地や資本の所有である。中世では，土地を所有しない人々は小作人であった。産業革命以降，資本を所有しない人々は賃金労働者にならざるを得なかった。その帰結は，資本家階級すなわち，ヴェブレンのいう有閑階級が労働者階級の犠牲のうえで成り立っており，いずれは崩壊する運命にあるというものである。もっともその根底には，商業という職業の危うさ，あるいは経済人に対する否定的な見解がある。

商業すなわち企業家はある種のリスクを引き受けることは確かである。それがこの職業の危うさにつながり，世間的な名声は泥棒貴族であったり，慈善家であったりする。したがって経済人概念も，ヴェブレンにとって否定的にならざるを得ないであろう。ヴェブレンにとって，企業は厄介な存在であった。それは機械過程に組み込まれた労働者や閑暇にいそしむ有閑階級の出現を憂うことからもいえよう。ヴェブレンの理論は経営学というよりも，文明論的企業論であり，理論的スケールの大きさはマルクスやウェーバーに匹敵する。もっとも，その理論の緻密さにおいては彼らにははるかに及ばない。むしろ，ヴェブレンはアメリカ独占資本主義批判から出発した制度論的

な,そして経営学的な議論を展開したところにその特徴がある。彼の透徹した眼識は,バーリ・ミーンズの株式会社革命論,バーナムの経営者革命論,ガルブレイスのテクノストラクチャー論や新しい産業国家論,ドラッカーのマネジメント論,チャンドラーの「見える手」(visible hand) 論の系譜に連綿と受け継がれているものと思われる。

筆者は,この系譜を「市場から組織へ (MtoO)」パラダイムとよぶことにする。このパラダイムは,市場の時代から組織の時代へと移行する19世紀末から20世紀初頭に誕生した。カーネギーやロックフェラーなどの大企業家が名声を得るにつれ,20世紀は組織の時代となった。近年,ヴェブレンの理論に基づく進化論的経済学が脚光を浴びているが,ヴェブレンは「市場から組織」の時代へ向けて経営学が歩み出すことに貢献した1人であるともいえよう。

2. コモンズの制度派経済学

ジョン・ロジャーズ・コモンズは1862年,オハイオ州ホランズバーグで生まれた。父のジョン・コモンズはクェーカー教徒で馬具店を営んでいた。彼の父は初等教育しか受けていなかったが,シェイクスピアを愛し,ハーバート・スペンサーの個人主義や進化論に共鳴する進歩的な人であった。コモンズは高校では,政治家を志望していたが,母が彼を牧師にさせるために,彼にラテン語とギリシャ語の特別教育を受けさせた。しかし,彼はその意に反して地元の学校の教師の道を選んだ。もっとも,彼の懐疑的性格によって,3カ月でやめざるを得なかった。一時父の経営する新聞社に入るが,母の要望によって彼はオバーリン大学に入学した。彼が20歳の時であった。大学では母の家計を助けるためにクリーブランドで印刷工のアルバイトをした。成績はそれほど良くなかったが,不屈の精神が認められ,ジョン・ホプキンス大学大学院に進学した。大学院では,教授陣の推薦によりウェズレィヤン大学の経済学の講師に就任するも,1年で辞職勧告され,その後オバーリン大学,またインディアナ大学と職を転々とした。

この頃から彼の学外の活動が目立つようになる。新しい慈善事業等についての講演やアメリカキリスト教社会学協会の設立に関与していった。社会主義の烙印を押されてインディアナ大学を追放され，シラキュース大学でも同様の思想的迫害を受けた。彼は民族学，人類学，慈善事業，犯罪学，税制，政治経済，社会学を担当し，学内では学生の生協活動に協力した。その後，1900年の卸売物価の調査，移民の調査，労働組合の調査，1904年のウィスコンシン州の公務員法の立案，そしてそれに伴う公益事業の実態調査，1913年のアメリカ産業関係委員会委員，1920年にはミッチェル（Wesley Mitchell）らとともに全国経済調査局を設立し，景気循環の問題に取り組んだ。『資本主義の法律的基礎』(1924)，『制度派経済学』(1934)，『集団行動の経済学』(1950) が主著であり，独占化していくアメリカ資本主義とそれから生ずる社会問題を追求したコモンズは，まさしくプラグマティックな研究者であった[10]。

(1) 集団行動の経済学

コモンズはその著『集団行動の経済学』で，現代は集団行動の時代であると提起する。

今日は集団行動の時代である。大抵のアメリカ人は，生計をたてるために，組織化された企業のなかの参加者として，集団的に活動しなければならない。この集団的過程において，人は集団契約に従事する——というのは，これが諸個人の意志が合致し，集団意思の一部となる方法だからである（Commons, 1950, p.23：訳書，27頁）。

コモンズにとって集団経済行動を行う主体は，会社，労働組合，政党である。彼のこの著書における研究の仮説は，「合理的なもの」はすべて立憲的であるということ，そして合理性は，相対立する経済的利害関係の代表者が自発的に集団行動の行為準則に賛成するときに実際に最高度に確かめられる。彼によれば，これは理想的ではないし，また論理的でもないし，かつま

た革命的でもない。それは,それらの集団意志を各個人および相互に賦課するために組織化されたものであり,対立する経済的利害関係の現実的環境のもとにおいてなすべき,最高の実行可能のものが研究と交渉とによって発見されたものなのである (*ibid.,* p.25：訳書, p.29)。つまり,会社の中での命令受容関係,あるいは労働組合と資本家のそれぞれの代表者が対等に団体交渉をする行為そのものは合理的であり,立憲的であり,理論や理想ではなく現実の組織活動の中で定着したということである。

コモンズはどのように制度を定義しているのか,確認してみよう。

ここに用いた「行為準則」の意味は,実質的には「制度」の歴史的意味に等しい。しかしこれらの原則を「制度化」する集団的行動はここでは「制度」と名づけられる。一つの制度は自治体であり,労働組合であり,病院であり,大学であり,会社であり,教会であり,政党であり,または軍事政府であり得る。そしてこれらのすべてはこれらが存続するかぎりゴーイング・コンサーンという一般的な名前でまとめることができる。もしそれが個人行為に対し大なり小なり統御を加えるならば,いかなる共同行動または習慣のような行動の同一ささえも一つの「制度」である。しかしこの言葉が元来起こったローマ法まで歴史的に戻っていくならば原則そのものは「制度」である。「独占」または「独占的競争」と呼ばれているものは,集団的行動の行為準則に関連するものである (*ibid.,* p.129：訳書, 146-147頁)。

コモンズは制度を行為準則の意味にとらえている。その行為準則を実践するのが自治体,労働組合,病院,大学,会社などの組織体であり,それが存続する限りはゴーイング・コンサーンであるという。ゴーイング・コンサーンについて,コモンズは『資本主義の法律的基礎』のなかで興味深い段階論を示している。

このようにして,ほとんどすべてのコンサーンないしすべての類型のコン

サーンを通じて，運営準則の展開は四段階を経ていることが観察できるのである。第一は，無知と信頼の段階である。そこでは信仰，忠誠ないし服従が，権威をもつ人々によって隠蔽され解釈されるものとしての運営準則を，抗議もせずに容認する。第二は，懐疑と抗議の段階であるが，準則の公表だけで満足する。第三は，抵抗と反乱の段階であり，かつ準則の修正や改作に際し，それに参加して発言することを主張する段階である。第四は，紛争の発生に応じて準則を解釈する独立の司法機関が確立する段階である（Commons, 1924：訳書，180頁）。

これをバーナードのオーソリティ維持の3条件と比較してみよう。すなわち，① 永続的な組織において慎重に発令される命令は，通常命令受容の4条件（伝達の理解，組織目的との一致，組織利害との両立，伝達受容の可能性）と一致している。② おのおのの個人には「無関心圏」が存在し，その圏内では，命令はそのオーソリティの有無を意識的に反問することなく受容しうる。③ 集団として組織に貢献している人々の利害は，個人の主観あるいは態度に，この無関心圏の安定性をある程度まで維持するような影響を与えることとなる，以上である[11]。コモンズの第1の型はバーナードのオーソリティ維持の条件①に，コモンズの第2の型はバーナードの条件②に，コモンズの第3の型はバーナードの条件③にそれぞれ相当していることがわかる。コモンズの第4の司法機関が確立する段階に関しては，バーナードが忌避した部分であり，ここにコモンズとの違いが認められる[12]。

また，コモンズは心理学を主観的心理学と客観的心理学とに分類する。主観的心理学とは，快楽と苦痛の心理学である。客観的心理学とは，言語の心理学であり，脅迫，強制，説得，支配，服従，宣伝の心理学であり，物理的，経済的，道徳的力の心理学であり，未知の将来に備えるための「行動主義」心理学である（Commons, 1950, p.109：訳書，124頁）。ここにもバーナードのオーソリティ論における主観的権限と客観的権限の考え方との類似点が見られる。またコモンズは，すべての組織体はその行為準則に反した行動をとれば，審判が下ることになるという。つまり，制裁が加えられるとい

う[13]。このように，コモンズの行為準則論は，バーナードがオーソリティ論を展開する際の思想的な源泉であったと考えられる。

またコモンズの重要な概念の1つに，取引概念がある。彼は，取引を希少性，メカニズム，そして行為準則の世界において，贈与，取得，説得，強制，詐欺，命令，服従，競争そして支配したりする2人以上の意思であると定義している（Commons, 1924, p.7）。コモンズの時代には株式会社，労働組合や普通選挙の普及に至り，経済学の法的根拠は変わりつつあった。会社は市場で評価されるような莫大な有形財産を所有するようになり，個人は会社の株式や社債を所有するようになった。新しい普通選挙の後盾を得た労働者は，組織を作って会社や個人所有者と集団的に契約する法的権利を獲得した。政党はそれを通して経済学のこれからの法律的根拠が維持され，あるいは変化される組織となった。したがって，コモンズによれば取引概念は3つの型の取引に区別できるという。これらは，① 組織の政策決定者，すなわち会社の重役会もしくは労働組合や行政的政治的支配の同様な指導者による行為準則設定についての割当取引（rationing transactions），② 優劣両者，主として富の生産における賃金労働者，俸給所得者間の経営取引（managerial transactions），③ 有形財産および会社の社債や株式という新種の無形財産の所有権を譲渡する市場における売買取引（bargaining transactions）である（Commons, 1950, p.43：訳書，50-51頁）。

① の割当取引の場合，経営陣と従業員のように法律的には優劣関係にある人々が取引をする。それは，具体的には予算，価格決定，賃金決定などの実施を命令や服従という方法で行われる。法律的に劣位にたつ従業員は，富の分配すなわち賃金を受けるのだが，その交渉は服従という抑圧的な心理状態に陥らざるを得ない。また法律的に優位にたつ経営陣は，その交渉において命令という権威的な行動にならざるを得ない。

② の経営取引の場合，従業員同士のように富の生産に従事する人々が取引をする。それは法律的には優劣関係にあることが前提である。同じ従業員でも上司と部下の関係が1つの例である。具体的には，生産の投下高や産出高などの実施を割引取引と同様に，命令や服従という方法で行われる。法律

的に劣位にたつ部下は，富の生産すなわち商品の生産活動に向かうのだが，その交渉は服従という抑圧的な心理状態に陥らざるを得ない。また法律的に優位にたつ上司は，その交渉において命令という権威的な行動にならざるを得ない。

③の売買取引の場合，商品を市場で売買される消費者と小売商のように法律的には平等関係にある人々が取引をする。それは，具体的には商品の価格と量の決定を説得や強制という方法で行われる。商品を買う消費者は，その価格と量を自らの交渉で決定する。商品を売る小売商もまた，その価格と量を自らの交渉で決定する。価格と量の決定は，それぞれのこれまでの実行や支払いの負債によって影響される。この取引の場合，割当取引や経営取引のように関与者が非対称的でなく，同等なのでお互いに説得や強制を用いた行動となる。以上をまとめたのが表3－1の「取引の範囲」である。コモンズによれば，これらの取引はすべて同時に行われている。最も古いのが経営取引であり，次に割当取引，そして売買取引である。このうち割当取引は，会社，組合，政府の活動を通して重要になっていったものである。

コモンズはこの取引概念によって，市場と組織を超越した統合的な分析が可能になるという。割当取引は労使関係の取引，経営取引は命令受容関係の取引，売買取引は商品の取引であると言い換えることができよう。表3－1から明らかなのは，労使関係と命令受容関係の取引は組織内で行われ，売買取引関係の取引は市場で行われるということである。しかしながら，コモンズの理論は独断的であるという批判が多い。確かに，取引概念は，直感的に納得がいくにしても，その後にどう応用し展開していけばよいか不明な点がある。これらをすべて取引概念で統一するのであれば，さらなる詳細な分析がなければならないが，コモンズはそれをしていない。ウィリアムソンもコモンズの取引概念に対して，後継者が育たなかったので理論的発展がなかったと述べている（Williamson, 1990, p.187）。

もっとも，その理論は古典派経済学の枠組みを超え，しっかりと現実を見据えたものであり，プラグマティックな経営学の方法論に近いようである。

表 3-1　取引の範囲（Commons, 1950, p.57：訳書, 67 頁より一部加筆）

時間的順序	取引の種類(関与者の状態)			経済学の種類
	売買取引 市場契約* （法的平等）	経営取引 権限受容** （法的優劣）	割当取引 労使関係*** （法的優劣）	
交渉心理 (動機・意図・目的)	説得または強制	命令および服従	命令および服従	質的 (測らない)
未来の行動の拘束 (同意・契約・義務 行動のルール)	実行および支払 の負債	富の生産	富の分配	質的 (測らない)
拘束の実施 (経営・管理・主権)	価格と量	投下高および産出高	予算・租税 価格決定・賃金決定	質的 (測る)

(注)　この表では，原著に売買取引は市場契約関係*，経営取引は企業内の権限受容関係**，割当取引は企業内の労使関係***に相当することを福永が新たに加筆した。

(2) コモンズとテイラー

　コモンズはテイラーの科学的管理に関して理解があったのであろう。かなりのページを割いて紹介している（Commons, 1950, pp.98-100：訳書, 112-113 頁）。彼はテイラーシステムを導入している多くの工場を訪ね，貨幣価値に無関係な 1 人 1 時間あたりの生産高という能率概念に共鳴し，後の 1925 年にコモンズらが指揮したシカゴの衣料市場における失業補償のプログラムで採用した。彼は使用者による失業防止計画は，産業の能率を高めることによって誰も損失することなく利潤も賃金もともに増すであろうと主張した。ある監査役は，数年間にわたって衣料の「産出高」と，労働の「投入高」の記録，すなわち会社の 5,000 人の従業員の働いた全時間数とを比較した記録を集めた。その結果，5 年間に男女労働者平均の 1 人 1 時間の生産高は 100％増加したのであった。

　能率の増加はテイラーシステムによることは明白であった。労働時間を短縮することによって，また 1 時間当たりの賃金率を増すことによって労働者の疲労は実際に減少した。もし組合が従来労働者や経営者が行っていたさまざまな生産制限的な研究やその排除に経営者と協力しなかったならば，労働

節約の計画も採用できなかったであろうし，あるいは効果的にできなかったであろう。彼らは「会社の市民」であって，彼らにいっそう安定した雇用とより多くの年収とを意味する社内競争での成功を認めたからこそ，彼らは協力したのである。

コモンズは，これらの能率の増加をもたらしたことについての「功績」を，経営側にあるのか，労働組合側にあるのかと比較して計ろうとするのは価値あることではないと結論づけた。彼は，能率は経営者側と労働者側の共同能率であるとして，テイラーの弟子の助けを借りて，孤立した「経営」の観念のかわりに前述の「経営取引」の理念を発展させるようにすすめた。この理念を巨大産業の発達とともに，明らかに労働から切り離されつつあった法律的経済的立場と経営とタイアップさせようとしたのである。能率自体はテイラーの示したように計測することができる。これは投入と産出との比率であり，これをコモンズは1人1時間あたりの能率と名づけた。

また彼は同様に，『制度派経済学』のなかでテイラーの能率概念について言及する。

　ヴェブレンが能率の理論を展開しているころ，機械技師のフレデリック・テイラーが動作・時間研究をしていた。テイラーはアダム・スミスと同じく，1つの「公準」をもっていた。それは，労働の生産性をおおいに向上させることを達成するための諸利害の調和であった。彼は労働者の生産高抑制の方針に異議を唱えた。彼は組合の結成に反対したのではなく，出来高払いで賃金が減り，失業することを恐れているという本能に反対したのである。彼は労働者と雇用者の争う習慣を観察し，説得でなく暴力の使用や能率でなく交渉取引の使用，そして実際の生産高と満足のいく生産高とのギャップを見ていた。彼は疲労の極限を見て，要領の悪い働き方を見ていた。彼の主たる関心は，疲労の心理学的な問題にあり，最大限の生産高を出す工学的な問題にあった。それ以前の論者は，生産性概念以上のものを捉えていなかった。テイラーは，測定可能で汎用性のあるような狭く問題を規定する何かを見つけださねばならなかった。これらの制約は人間の

能力の改善という工学的な問題とより多くのやる気を引き出す経済的な問題とに集約された。テイラーにとって前者は，人間は商品ではなく機械であるという機械工学の問題とはまったく異なっていた。しかし，経済的な問題は，科学的管理を労働者に「売る」ということであった。このように，経済学は人間と自然との関係という工学的な問題に還元する。テイラーはマルクスやヴェブレンと同じく，すべてのいわゆる生産要素を注意深く退ける。すなわちその生産要素は，土地，資本，機械とする経済学者の生産性概念と混乱を引き起こすからである。生産要素は単なる道具にすぎない。生産性は，生産高と労働力の間の関係であり，管理と工場設備を含んでいるのである。それは，1人1時間あたりの生産高の割合である。これが能率である（Commons, 1934, pp.670-671）。

　実際コモンズはテイラーに会い，彼の人格と能力に深く感銘を受けているが[14]，コモンズのマネジメントという領域に関する視点はどのようなものであったのか。それは，『集団行動の経済学』の第12章「経営管理の戦略」に最もよくあらわれる。会社，組合および政党などの内部における集団行動の統制は，外界の他の組織および個々人の統制とともに，経済活動における経営と管理の戦略を作り上げるようなある観念をもたらした。これらの観念は①パワーの程度（degrees of power），②取引の速度（velocity of transactions）および③活動の適時性（timeliness of action）である（Commons, 1950, pp.170-183：訳書, 192-206頁）。

　①まず，パワーの程度について，コモンズはバートランド・ラッセルにしたがってパワーとエネルギーを区別する。物理学，天文学および化学において研究されるのはエネルギーである。しかし経済学における人間活動の諸力は，主として集団的行動を通して他人の活動の統御に関する個々人のパワーであるとコモンズはいう。これらの諸力は，種類や程度について大いに異なる。パワーの種類には道徳力，宣伝力，経済力や供給または需要の所有的統御を通しての交渉力があり，そして暴力の管理を通しての物理力がある。これらのパワーの程度は19世紀後半の経済学において次第に作り上げ

られた量と強度の区別を通じて認められた。目的物の量と，量を統御するパワーの程度との区別が経済理論化するには1世紀を要した。所有の希少性は，個人を支配する社会的なパワーとなった。そして，有力な状態は会社による財産の所有であった。こうして，効用の経済学は種類と量の差異から感情の強度の差異に移行した。後にそれは制度派経済学に変わってゆき，個々の所有者の間におけるパワーの程度から会社による集団的所有者間のパワーの程度の差に変わった。このパワーの程度の参入に応じて来たのが，「効用」から「機会」への移行である。

②次に取引の速度について，1858年に法律家，経済学者で英国銀行制度の研究者であったマクラウドは速度の観念をもって，富の生産の速力を「生産性」と名づけた。コモンズは，「生産性」の生産の速力としての意義のあいまいさを考えると，経済学に用いられる速度の3つの異なった意味があるという。(a)富の生産における生産高の速度であり，技術的意味であって，1人1時間で測られる。(b)商品および証券の所有権の変化の速度であり，ドルによって測られる。(c)銀行家によってなされる貨幣市場における銀行借用の創造ならびに取消しの速度であり，貨幣で測られる。これらの流通速度は現実には分離できないものである。しかしこれらは，別個に測ることができ，その行為と管理のための別々の機関がある。別言すれば，(a)はいわゆる生産能率であり，企業内の経営取引である。(b)は貨幣の流通速度であり，市場の売買取引である。(c)も貨幣の流通速度であり，金融市場の信用取引である。

③最後に行為の適時性について，経済学者ヴィクセルがインフレーションおよびデフレーションを防止するのに何をなすべきかについて語ったとしても，彼は責任をもっていつ，どこで，どの程度に，そしてどの程度の力でそれをなすべきかについては，教えはしなかった。この問題意識によってコモンズは適時性を発見した。これは速度の統制に関連していた。この人間行動に対する統御は「正しい」ことを正しい時刻，場所で，正しい程度の力で，そしてつねに前もって行うことに依存している。コモンズは事業家や銀行家を戦略的事務的取引として分類した。戦略的取引は統制の1つである。

これは「適時に」ということであった。事業家が「タイミング」と呼ぶものである。人は適時性と戦術の一般原則を理解することはできる。しかしそれは、その人の意思で決まってしまう。コモンズによれば、経済学は事前に適時に、自然力や事務的執務者を統御しようとする活動における意思の科学なのである。

このように、コモンズのいう ① パワーの程度、② 取引の速度、③ 行為の適時性はそれぞれ換言すれば、① 意思決定の際の力の加減、② 市場取引と企業内取引における意思決定の速度（能率）、③ 意思決定のタイミングである。要するに、企業家や経営者、管理者はその道徳力、宣伝力、経済力、交渉力や物理的力の使用の際のタイミングを機会主義的にみて行使することが能率の増進につながるというものである。これが経営者の戦略であり、経営管理の戦略なのである。経営者・管理者たる者は、企業内外の取引、すなわち割当取引（労使関係）、経営取引（権限受容関係）、売買取引（市場契約関係）において、そのもてるパワーをタイミング良く、効率的に行使することが求められるということである。

バーナードはその戦略的要因（制約的要因）の概念をコモンズから引用した[15]。またバーナードが意思決定の概念をコモンズからヒントを得ているということは、このようなコモンズの視点からすれば、必然的なものであろう。さらに、コモンズはテイラーに関してかなりの思い入れを込めて言及している。このことが意味するのは、コモンズがテイラーの科学的管理に傾倒していたというよりも、コモンズ自身が古典派や新古典派によらない学際的でプラグマティックなマネジメントのマインドをもっていたということであろう。このことは、以下のバーリ・ミーンズに関する言及にもあらわれる。

(3) コモンズとバーリ・ミーンズ

コモンズはまた、バーリ・ミーンズのアメリカの株式会社に関する研究を高く評価する。

両著者は経済学的文献の中に見い出されるべき歴史的研究の最善の一つの

ものを進めていると私は思う。それはカール・マルクスによって，最初に理解され得るものとされ，そして今やすべての教科書の一部分をなしている「産業革命」の慣用的な，経済的素描とともにおかれるに値するものである。それは「制度派経済学」の発展についての一章をなすものであり，むしろいっそう正しく「機械学的経済学」または「技術的経済学」と名づけるべき発展の慣習的諸章と並行に存在すべきものである（Commons, 1950, p.314：訳書, 354頁）。

バーリ・ミーンズの研究を制度派経済学の発展の序章と表現するコモンズは，かなりのページを割いて付録としてバーリ・ミーンズの著作について検討している。

バーリおよびミーンズは，幾百万の未組織的投資者との取引について，「経営」または「支配」の発生に関する彼らの詳細の説明において，この中心的問題の鍵を与える。彼らは「実体」としての会社と，株式社債の持主とを区別する。すなわち法律学説によって創造された人為的な人格と，支配的経営体によってこの実体の存在と優越性とを永存させる集団的行動に進軍させられている幾百万の株主および社債主との間の区別をする。これは私が「操作された集団行動」とよぶものの特別の場合であり，組織化された集団行動と，慣習による非組織的集団行動との中間のどこかにあるものである。この示唆された集団行動はほかにどこでも，すなわち政治にも，労働運動にも，また農民運動にも見い出されるであろう（*ibid.*, pp.299-300：訳書, 付録338頁）。

要するに，「操作された集団行動」とは，株主たちは実際に組織化された集団行動をしているわけでもなく，非組織的にバラバラに行動しているわけでもない行動であり，彼らはただ所有と経営の分離の状況に身を任せたまま同じような支配集団になっているということである。

証券取引委員会がもし能力不足かまたは適合の不足によって失敗するならば，このバーリとミーンズの著述は，革命的両極端に対し論議を提供する，研究的な科学的冒険として残るであろう。私は彼らの著述がすでにいたるところで，マルクスおよびレーニンのいわゆる資本主義の「自壊」についての結論を確証するものとして引証されていること，およびまた同等にアダム・スミスの時代以来資本主義は中間階級の投資者の節倹に依存しているといわれたが，このような階級の幾百万人の貯蓄を保護するには，普通選挙で選出された立法部は無力である，とのパレートおよびムッソリーニの結論を確証するものであるとして両方に利用されているのをみた。これが私の提議したい研究の方法である（*ibid.,* pp.298-299：訳書，付録 336-337 頁）。

　バーリ・ミーンズの著作の結論は私有財産の所有権が危機的な状況に陥るというものであり，資本主義の根幹を揺さぶるものである。したがって，彼らの著作は革命的両極端であるロシア革命や全体主義に至った理論的背景を説明するのに好都合である。コモンズは，バーリ・ミーンズの研究には終局の目的と暫定的な目的という2つの目的があることを指摘する。終局の目的とは，経済力と政治力との対立の研究に焦点をあてることによって，行政委員会の役割を提言するというものである。暫定的な目的とは，アメリカの会社が伝統的経済学では考えられもしなかったような地位への道を示すことにある。そこでは経営者が投資者や株主から分離され，企業の純利益を最大限に得て，これを分配する目的で産業を支配し統治するという特別の職分をもつのである（*ibid.,* pp.302-303：訳書，付録 341 頁）。前者は，政府当局から行政委員会への権限委譲であり，後者は株主から経営者への権限委譲である。おそらく，彼は最終的にはバーリ・ミーンズの研究を政治的著作であるとみなしているのであろう。

　このようにコモンズを法律や政治の分野に言及せしめるものは何か。それは彼自らアメリカ産業関係委員会などの行政の仕事に携わったこととも関係しているが，以下の叙述にもよく現れている。

社会科学については二種の研究が必要である。すなわち「法律学的」および「価値論的」のそれである。社会は組織であり，機構であり，すべての科学の主題たるの特性を示している。その諸原因は過去のものである。しかし社会科学の主題は人間である。それは他の諸科学の主題とは異なって将来を望む目的をもち，価値，評価，あるいは現在の諸活動に対して見い出される理由，すなわち経済学者の「現在価値」の理論などは将来の諸結果に対する期待にあるものである。正当にいうならば，法律学は上位の権威者によって，従属する個々人の間に将来の諸取引のために下された行動の諸法則を研究するものである。そして経済学は物理的科学に従った力学的原則から出発して，将来の行動のための活動法則に基づいた信用制度が，その学問の一部分として認められるようになった時以来「未来派的」となったものである (*ibid.*, pp.313-314：訳書，付録 353-354 頁)。

要するに，人間を扱う社会科学は法律学的研究と経済学的研究の双方の研究が必要であるというのである。アダム・スミス以来の経済学は一時，政治学と経済学が不可分の関係であり，名称も「政治経済学」としていた。しかし，マルクスが「経済学批判」をして，スミス以来の経済学を「古典派経済学」と名づけ，自らの経済学こそ「政治経済学」とした。またヴェブレンがマーシャルを「新古典派経済学」と名づけ，その後この学派が隆盛を誇るにつれて，コモンズは自らの経済学を制度派経済学と称した。制度派経済学は，経済学を狭義の意味には使用せず，広範な法律，政治，組織，制度を含む経済現象を扱うのである。

経営学が実践的な学問である限り現実から得た知見を理論化する，すなわち帰納論的方法論をとることはよくあることである。また一方で，新古典派経済学が理念型やモデルに基づいて演繹的方法論をとることはよくあることであるが，新古典派の行きづまりなどから経済学においてもコモンズのような帰納論的方法論によって議論を展開することが近年見受けられる。コモンズは，以下のように自らの経済学を位置づけている。

人間性をきわめようとするこれら多くの科学は，経済理論に基礎を提供することがますます多くなりつつある。けだし経済理論は自然的性質と人間的性質の双方を兼ねそなえるからである。一面において経済は人の自然にたいする関係であり，他面においてそれは人間の人間にたいする関係である。前者は技術経済であり，後者は経営経済および政治経済である。前者は我々に富の生産，交換および消費に関する理論をもたらし，これに反して経営経済および政治経済は分化された各種の学問領域における理論を提供するわけである（Commons, 1924：訳書, 4頁）。

近年，著しく発展している組織の経済学や進化経済学などの経済学は，コモンズの言葉でいえば経営的，政治的側面，すなわち人間的性質を取り戻すべく経営学に歩み寄っているともいえよう。

3．制度派経済学から経営学へ

これまで制度派経済学の2人の創始者であるヴェブレンとコモンズの理論を敷衍し，経営学との比較や系譜を探り，当時の時代背景を探ってきた。

ヴェブレンの理論は制度学派の企業論とでもいうべきものであり，それは，「市場から組織へ（MtoO）」パラダイムの系譜であるバーリ・ミーンズの株式会社革命論，バーナムの経営者革命論，ガルブレイスのテクノストラクチャー，新しい産業国家論，ドラッカーのマネジメント論，チャンドラーの「見える手」（visible hand）論に受け継がれているものと思われる。そして，その理論の根底は社会学，文明論であり，経営学を包摂する広範なものである。またコモンズの理論は，経営学，組織論，戦略論の源泉ともいうべきものであり，明示的にはバーナードの意思決定論やオーソリティ論に継承されているようである。その理論の根底は法律学，政治学と経済学との統合であり，プラグマティックな方法論は経営学そのものである。

ヴェブレンは「魂のない」営利企業の衰退を論じたが，コモンズは徹底して企業が存続すべく戦略を企業家や経営者に啓蒙した。同じ制度派経済学の

創始者でもここが根本的に異なっている。コモンズの方法論は経営学の学問的発展にとって有益な概念，たとえば「ゴーイング・コンサーン」や「取引」などを提供した。また，ヴェブレンの文明観は，バーリ・ミーンズなどのような経営学における「パラダイム論」に影響があったといえる。両者に共通するのは，ヴェブレンの有閑階級やコモンズの集団行動や取引のように企業の内部あるいは人間に焦点をあててその活動メカニズムをミクロ的に捉えたところにある。

　制度派経済学は，一般にどのような学派だったのであろうか。Eatwell, Milgate and Newman, ed. (1987) によれば，ホーリズム（全体論）[16]と進化主義がその特質であるとされ，以下の6つのテーマがその研究課題となる。

　① 社会変革論
　② 社会統制論と集団選択論
　③ 政府の経済的な役割論
　④ 技術論
　⑤ 資源配分の現実的な決定要因
　⑥ 価格を超越した価値概念の側面の強調

　ホーリズムと進化主義という特質は，後の章で述べるように，経営学の重要な要素である。ここでは，これらの各項目を経営学との関連で考察してみよう（表3-2）。①の社会変革論は，社会制度を変革する行動主義に基づくものである。それは，経済的パフォーマンスにおける本質的なインパクトと制度的な変化の過程の両方に焦点を当てる。そして，制度を与えられた何かではなく，人間が意図的また非意図的に造作した変化可能なものであるとみなす。これは経営学では，組織革新論や組織エコロジー論にあたるであろう。

　②の社会統制論と集団選択論とは，諸制度の理論である。制度の形成と運営に焦点をあて，権力構造の原因と結果および個人とサブグループの社会化された行動の両方を考察し，さらに経済が組織され統制されることを通して考察する。したがって，現実の組織や集団における制度の形成や運営に焦

点をあてるものである。これは，経営学では組織化論やグループ・ダイナミクス，組織パワー論などに相当するであろう。

③の政府の経済的な役割論は，政府自身と他の経済的に重要な諸制度が両方とも部分的に形成また改正される原則的な社会過程であるとして考察する。政治，法律，権利のシステムを他の経済システムと相互依存的なものとして取り扱うものであり，単なる経済的変数のみを取り扱うわけではない。これは経営学においては，非営利組織論などの分野にあたり，さらなる発展が期待されるものである。

④の技術論は，あらゆる資源の相対的希少性を前提として，経済構造の進化における原則的な推進力とパフォーマンスを重視し，諸制度の運営を考察する。また，現代経済の現実における精神性を創り出す産業化の論理の基盤を解明する。技術論そのものは，経営学において基底的なものであるし，また進化の推進力とパフォーマンスを重視し，精神性をも考慮するのは，経営学と軌を一にする。

⑤の資源配分の現実的な決定要因とは，市場ではなく組織の制度的な権力，すなわち組織内の基本原則である。これは，まさしく組織論や戦略論の領域であり，資源依存理論やコーポレート・ガバナンス論に相当するであろう。

⑥の価格を超越した価値概念の側面の強調とは，社会生活の慣習・習慣によって影響を与えられ提示された価値を強調することである。それは人間や社会の生活過程の観念において定着したプラグマティックで道具的な価値

表3-2　制度派経済学と経営学の比較

制度派経済学の研究課題	経営学の研究課題・研究領域
① 社会変革論	組織革新論，組織エコロジー論
② 社会統制論と集団選択論	組織化論，グループ・ダイナミクス，組織パワー論
③ 政府の経済的な役割論	非営利組織論
④ 技術論	技術論
⑤ 資源配分の現実的な決定要因	資源依存理論，コーポレート・ガバナンス論
⑥ 価格を超越した価値概念の側面の強調	価格を超越した価値概念の側面の強調

である。たとえば，次のような質問，その価値は「どこから来るのか」，「どのように検証されるのか」，「どのように変わるのか」などを経済学の中で考察するのである。これは，新古典派経済学が扱ってこなかったまさに経営学の領域である。

当時の経済学と生まれつつあった経営学は，どのような関連性をもっていたのであろうか。それは，1つにはテイラーやバーナードなど経済学者でない実務家が，実践から生み出したマネジメントという観念によってそれまでの経済学が扱っていた人間的側面を経営学の書物に著して継承していったと考えてもよいであろう。新古典派経済学者が経済の人間的側面を捨象しているのに対して，それ以前の経済学者であるスミス，ミル，マルクス，マーシャルなどは，いずれも人間的側面をその主著において書き表しているのである。このことは非常に重要な点である。

経営学は，古典派経済学と社会ダーウィニズムに影響を受けたマーシャルとテイラーによってその夜明けを迎えた。そして，制度派経済学のヴェブレンとコモンズはいずれも古典派経済学にみられる人間への深い洞察を享有していた。それらはバーリ・ミーンズやバーナム，ドラッカーなどの制度論的経営学に引き継がれ，そしてバーナードもその視点を享有していた。黎明期の経営学は，古典派経済学，そして制度派経済学と不可分な関係にあったのである。

注
1） ヴェブレンの経歴については，Hobson（1936）を参照した。
2） ヴェブレンは以下のように述べている。「機械制工業がしだいに地歩をえ，そして産業過程や市場の近代的な関連が発展するにしたがって，企業界の景気変動はますます複雑となり大規模となる。それと同時に，企業はますます抜け目のない市場操作の影響を受けやすくなった。産業上の効率とは別に，たんなる企業関係を通じての利益や損失の機会が多くなり，また大きくなるにしたがって，企業の金銭的側面がますます不断の注意を要するようになった。同じ事情はまた，営利企業の精神をよび起こし，また利潤のための組織的な投資を引き起こした。現代のような緻密で包括的な産業体制が十分に発展するとともに，企業の主な注意点は，かつては彼の生活がそれとむすびついていた特定の産業過程の古い形の監視や規制から，あまりもうからない事業からもうけが多い事業へと抜け目なく投資を再分配することとか，抜け目のない投資や，他の企業との結合による景気変動の戦略的な統御のほうに移っていった」(Veblen, 1904, pp.24-25：訳書, 22-23頁)。
3） Wren（1994），pp.22-23およびWren（2000）を参照。レンによれば，1430年頃に書かれ，

1468年頃に出版されたフライヤー・ヨハネス・ニーダー（Friar Johannes Nider）の「商契約慣習について」（De Contractibus Mercatorum）が企業倫理の問題について最初に言及されたものである。

4） ヴェブレンは以下のような表現をしている。「現代の政府の諸政策は，企業利益を促進することがその主な関心となっているのであるから，一つの『重商主義的』性格のものである。それは，16，17世紀の重商主義政策がおこなったように，商工業を育成することを目指す。もっとも『商工業』（trade）は，外国貿易以外の多くのものをふくむようになったのであるから，現代の政策は，この言葉が現在必然的にもっているような，いっそう包括的な意味での営利企業を目指す。しかし，関税，条約，州際商業規制，あらゆる『取引制限』を禁止する格率などをともなう現代の重商主義政策は，表面的には古いドイツの政治家の重商主義政策とよく似ているけれども，結局は，それらのものとは同じ性質のものではない。ヨーロッパ大陸に広くゆきわたっていた古い『重商主義制度』は，国王の利益のために考えられており，商業的利益の促進は，国王の権力や威信のための一つの手段であった。これに対して，憲法の規則のもとでの現代の重商主義は，商業的利得の目的のための手段として国王や政府に頼っている。憲法の規則や方法への移行とともに，このばあいの決定力や自主性は，国王の手から企業者の手へ移ってゆき，そして企業者の利害が王冠の利害を凌駕した」（Veblen, 1904, pp.285-286：訳書，226頁）。

5） ヴェブレンの所有権制度に関する詳細な言及は，『有閑階級の理論』にみられる。「所有権の根底にある動機は競争心であって，同じ競争心という動機は，それを生み出してきた制度がいっそう発展するなかで，また，この所有権という制度にとって重要な意味をもつあらゆる社会構造上の特徴が発展するなかで，つねに作用し続けるのである。……所有権は，生存に必要な最低限といったものとは関係のない根拠にもとづいて開始され，人間の制度として成長してきたのである。……所有権は，そもそも成功した襲撃の戦利品として保有される略奪品であることをもって始まった。……だが，個人的な所有という習慣が整合性を獲得し始めるやいなや，私有財産の基礎である，競争心にもとづく比較に対する考え方が変化し始めることになる。……日常的な社会生活と人々の思考習慣のなかで，産業的な活動がますます略奪的な活動にとって代わるにつれ，蓄積された富は，徐々にではあるが，ますます優越と成功の慣習的な象徴としての略奪的な武勇の記念物にとって代わってしまう。それゆえ，定住的な産業の成長とともに，富の所有は，評判や名誉の慣習的基礎としての意義や効果を相対的に高める。……相当量の財産の所有が，社会のなかで尊敬に値する地位にふさわしいものとして要求される」（Veblen, 1899, pp.25-29：訳書，37-40頁）。

6） 制作本能は，ワークマンシップ本能とも訳されているが，経済人概念との関連でいえば，ヴェブレンは，「ワークマンシップ本能を一次的＝生物学的人間性と捉え，経済人の概念にみられるような内容はあくまでも二次的で伝統的な人間性にすぎぬと位置づけることによって，人間性概念そのものを，いわば発生史的見地から立体的かつ重層的に把握し直している」（高，1991，54頁）。またヴェブレンは，制作本能と企業者との関連では以下のように言及する。「現在の経済理論においては，事業家は『企業者』（entrepreneur もしくは undertaker）という名によってよばれている。そして，彼の職能は，生産の経済や有用性を増進する意図をもって，生産過程を調整することであると考えられる。このような見解が健全であることは，あえて問うまでもない。このような見方は，大きな感情的な価値があるし，またいろいろな点で有益でもある。そこには，事実の記述として，多少の真理もふくまれている。企業者は，他の人と同じく，有用性の理想とか，同胞の生活方法を安易にしようとする希望によって動かされる。彼は，他の人と同じく，制作本能のようなものをもっている。もちろん，そのような希望は，他の多くの人に比べて，大企業を強く動かすことはない。他の人は，このような理想によって動

かされるために，実業界であまり成功していないのである。この種の動機は，企業の能率を害する。だから，企業者があまりにも強くそのような動機によって動かされることは，一つの弱点として非難すべきである。しかし，それでもなお人間同士の交渉や，共同体の利害との関係のばあいには，つねに平等，公正な取り扱い，勤労者の誠実といったような感覚が流れている。そして，このような本能は，程度ははっきりしないが，他人に不当な犠牲をあたえてえられる利益とか，しかるべき対価をあたえずにえられる利得を非難する」（Veblen, 1904, pp.41-42：訳書, 35-36頁）。

7) Toynbee (1972), 訳書, 第1巻, 48頁を参照のこと。
8) Weber (1920), 訳書, 246頁。
9) ヴェブレンによれば，「有閑生活を過ごすことは，固有の略奪段階をつうじて，とくに略奪段階の後に半平和愛好的な産業が発展してくる初期段階をつうじて，金銭的卓越の，したがって卓越した力の証拠として最も分かりやすく決定的なものとなる。もちろんこれは，つねに閑暇にいそしむ紳士が明らかに安楽かつ快適に生活できる，という前提の下でのことである。この段階では，富は主として奴隷から構成されており，豊かさと権力の所有に由来する利益は，主として個人的な奉仕と個人的奉仕の直接的生産物という形をとる。……生産的労働への従事は，貧困と隷属の刻印であるがゆえに，社会的に尊敬すべき地位と両立しえなくなるのである」(Veblen, 1899, p.38：訳書, 50-51頁)。
10) コモンズの経歴については，伊藤 (1975) を参照した。
11) Barnard (1938), pp.167-171：訳書, 175-180頁。
12) コモンズの言説は組織の行為準則を述べたもので，いわば命令を発する側の論理であり，バーナードとは正反対の立場である。もっともバーナードは，以下のようにオーソリティ概念と法律的概念との調和を考えていたので，完全にコモンズと異なるとは言い難い。「たとえば株式会社は国家の法律に従っているが，これは権威が実際に上から，すなわち上位組織から下へ伝わる場合ではなかろうか。しかしこれも，すでに述べたごとく個人が客観的権威を受け入れるのとちょうど同じ意味においてのみ正しいにすぎない。補助組織ないし従属組織は，法律に権威を与えるために法律を受け入れなければならない。……補助組織は事実上その行為の大部分に対する権威を，たいてい自身の『構成員』から個々に引き出している。構成員は『究極的』権威がなんであれ，命令を受け入れない場合にはやめるであろう。そしていかなる絶対的権威あるいは外部的権威も，最低限以上には必要な努力を強制することはできない。それでは能率的あるいは有効的な組織行動を維持するには十分でない。補助組織と独立組織の公式的権威の一部分を法律的起源に帰せしめたことから生じた重大な結果は，かかる組織の協働的努力のより大きな部分を支配している真の権威の性質をあいまいにしてしまったことである。しかしながら，非公式組織の要素，すなわち世論，一般的感情の要素にかなりの量的な差異がある。これは原則の違いではなく，たんに個人や公式集団に比較しての非公式組織の規模の差異にすぎない。強い個人は，もし意見が少数に限られているならば，その支配に抵抗しうるが，活発に敵意をもって表明された圧倒的多数の意見が問題になっているときには，ほとんど抵抗することができない。……民主政治では，正常な反応は政治活動を通じて法律や政府を変えることである。しかし，権威が基本的には多数派の同意と同様に少数派の同意にも依存していることを多数派は理解しえないとき，あるいは制度が独裁的か絶対主義的な場合には，その専制の企図は革命か内戦によって精算される。権威はつねに，それが適用される人とともにある。強制はこれとは逆の幻想を起こさせる。しかし力の使用は，まさにその事実によってかえって要請されている権威を破壊する。強制が使用されても，その力が受容されれば新しい権威，新しい情況，新しい目標が創造され，認められる。多くの人々は自分自身に対するすべての権威を，屈従するよりは死によって破壊してきたのである」(Barnard, 1938, pp.181-184：訳書, 190-192

頁)。
13) コモンズは制裁に関して以下のように述べる。「すべての組織は，集団行動の統合された力に方向を与えるべき権威を委された個々人を通して行動しなければならない。それらは組織の『役員』である。個人に対するそれらの関係の単純化された公式は，1人の個人または原告からの，他の個人すなわち組織の行為準則に反した行動をしたかあるいは今にもしようとすることを申し立てられた被告に対して集団力を用いてくれとの訴のそれである。宗教組織においては，これは異端に対する審判であり，株式取引所あるいは労働組合のような経済組織においては，生計を立てるについてもしくは富の獲得における公正でない行為あるいは慣行に対する審判であり，主権組織においては当時の主権組織が物理的力によって個人に課するすべての倫理的原則に従って不正または不公正であると申し立てられたなんらかの行為もしくは慣行に対する審判である。このようにして組織された各種の集団行動はみな政治体である。個人を法則に服従させるべく用いられた『制裁』の種類の相違のみであって，世論の道徳的制裁とか，あるいは財産の剥奪という経済的制裁とか，あるいはまた物理的力による肉体的制裁とかの別である」(Commons, 1950, p.40：訳書，47頁)。
14) コモンズはテイラーと会ったときの印象を以下のように述べている。「私が今までに知ったこれらの人のうち最大の人物は技術家であり，かつまた「科学的管理法」の発明者であるフレデリック・W. テイラーであった。私は科学的管理の専門家の会合に出席して大規模会社の仕事から発達した高級の仕事と強い人格を見たのである」(Commons, 1950, p.133：訳書，151頁)。コモンズがいかにテイラーに思い入れがあるかがわかる。
15) バーナードは，次のようにいう。「意思決定のために必要な分析とは，要するに『戦略的要因』を捜し求めることである。『戦略的要因』という概念は，ジョン・R. コモンズ教授から借りた言葉だが，それは科学的研究上で一般によく用いられている『制約的要因』という言葉に関連している。この言葉のコモンズ教授の用法は，［会社という］経済制度における管理的活動と交渉的活動という一定の局面に限られているが，この領域に限定する必要はない。そこに含まれる原則は，いかなる状態で意思決定が必要とされても同じである。戦略的要因の理論は，意思決定の正しい認識に必要であり，ひいては組織と管理職能の理解，たぶん同様に個人の目的行動の理解にも必要である。この理論をできるだけ一般的に述べれば，つぎのごとくである。もし一定時点に存在するなんらかの体系，一連の条件，あるいは情況の集合体をとりあげてみると，それは諸要素，諸部分，諸要因からなり，それらが合して全体としての体系，一連の条件，あるいは情況を形成していることが認められる。さて，もしわれわれが目的達成という見地から，この体系ないし情況の一群に接近すれば，諸要素ないし諸部分はつぎの二種類に区分されるようになる。すなわち，他の要因が不変のままならば，ある要因を取り除くか，あるいは変化させると，めざす目的を達成するようなその要因と，不変のままの他の要因とである。前者がしばしば制約的要因と呼ばれ，後者は補完的要因と呼ばれる」(Barnard, 1938, pp.202-203：訳書，211-212頁)。また，バーナードはつぎのコモンズの文章を引用し，自分なりにアレンジしている。「しかし制約的要因と補完的要因はたえず交代している。制約的要因であったものは，それがひとたびコントロールされると補完的要因となり，他の要因が制約的要因となる。自動車の運転に当たって，制約的要因は，あるときはスパークであり，あるときはガソリンであり，あるときは運転する人であるかもしれない。能率とはつぎのような意味である。——補完的要因の期待される作用によって総生産量を増大するために，正しい時，正しい場所，正しい量，正しい方式で可変的な制約的要因をコントロールすることである」(Commons, 1934, p.629)。「もしこの最後の文章を，われわれの用語法と，われわれのより広い主題に一致するように書きかえれば，つぎのようになろう。『有効的な意思決定とはつぎのような意味である——可変的な戦略的要因をコントロールすること，すなわち，目的が正しく再限定され，そして達成

されるように，正しい時，正しい場所，正しい量，正しい方式でコントロールすることである。』」(Barnard, 1938, pp.204-205：訳書, 214頁)。

16) ホーリズム (holism) とは一般に全体論，全体観と訳される。それが意味するのは，全体は各部分の総和ではなく，総和とは質的に異なるものである。したがって，システム論とも親和性があり，これからの経営学にとってこれは非常に重要なキーワードになると思われる。反対語としては，複雑な事象を細かな要素に分けて説明しようとする要素還元主義 (reductionism) がある。これは近代合理主義の原点であった。

第II部
経営学の系譜

第 4 章
制度論的経営学の系譜

　20世紀の大企業形成を促進した資本主義経済の発展プロセスは，市場神話の崩壊プロセスであると同時に組織神話の醸成プロセスでもあるとするならば（三浦，1995，53頁），現代文明は，19世紀末から20世紀にかけて市場の時代から組織の時代へと進化していったといっても過言ではないであろう。

　アダム・スミス以来の古典派経済学や新古典派経済学は，市場における自由競争によって秩序が保たれるとした。つまり，当時以来19世紀末まで経済学では，神の"Invisible Hand"（見えざる手）によって市場の均衡が保たれることが当然のこととみなされていた。しかし，19世紀の中盤以降のアメリカ企業における空前の規模と多様性の出現によって，市場だけではなく，組織も経済生活において重要な役割を担う時代となった。チャンドラー（Alfred D. Chandler, Jr.）は，組織の中での新しい技術と資源の効率的な利用の追求をその著書"Visible Hand"（見える手）の中で詳述した。つまり，彼は大規模に統合された資本主義とそれを運営するプロフェッショナルな「見える手」である経営者階級の出現の一般的な理論的歴史的背景を明らかにした。チャンドラーの規定は，新しい技術や拡大した市場が活動領域を可能な限り，いたるところに広げるということ，すなわち大規模で統合された企業のハイアラキーで仕事をする専門経営者による調整が，非統合型の小さな企業の調整されていない取引プロセスを補うということである。この規模の拡大と複雑性増大のプロセスの重要な結果は，基本的に訓練されていない不充分なファミリー企業のオーナー経営者から専門の経営者への転換であ

る。チャンドラーは，家族資本主義から経営者資本主義へと変革していったのを実証的に検証したのである（Warner, ed., 1998, pp.99-102）。

本章は，「市場から組織へ（MtoO）」パラダイムの系譜を概観する。すなわち，Invisible Hand から Visible Hand への制度的転換をチャンドラーの鉄道研究およびマッカラムの管理の実践をふまえて，バーリ・ミーンズ（Adolf A. Berle and Gardiner C. Means）の株式会社革命を敷衍し，さらには専門経営者の出現として，まさに組織の時代，あるいは経営者の時代となった20世紀の経営思想である，バーナム（J. Burnham），ゴードン（R. A. Gordon），ガルブレイス（J. K. Galbraith），ドラッカー（P. F. Drucker）の各思想を俯瞰する。

1．"Invisible Hand" から "Visible Hand" へ

(1) 経営者の時代[1]

アメリカの植民地時代には，フェリー，乗合馬車と荷馬車業者が唯一の輸送業者であった。道路は比較的少なく，その道路での旅行は肉体的にも非常な苦痛を強いたので，旅客と貨物の輸送はほとんど水路によって行われた。したがって，水上輸送企業の発展の中で一般輸送業は最もめざましい成長をとげた。また，専門化した企業，たとえば銀行家や法人銀行，保険会社，有料道路会社，運河会社，船舶管理人，定期海運会社，貨物輸送業者などは，すべて財の流れを促進した。これらの企業は，商人たちが一定の製品の取扱いと一定の職能とに専門化し，また専門化した業務をより効率的に遂行するのを助けた。さらに重要だったのは，財の輸送を風力や蓄力に頼っていたことであった。その結果，技術上の改善がほとんどなされなかった。1840年までに，駅馬車，運河船，帆船の速度，あるいはこれらによって運搬される貨物量が，輸送手段の設計の改善によって増大するということはなかった。蒸気力による陸上輸送は，1840年でようやく利用されはじめたばかりであった。アメリカでの最初の鉄道は，1830年代に営業を開始したにすぎなかった。こうした技術的制約のために，経済が急激に拡大し，その結果とし

て企業活動における専門化が発展したにもかかわらず，企業自身の内部における専門化は生じなかったのである。

　アメリカの商人たちは古いビジネスのやり方を変更する必要があるとは，まったく感じていなかった。1840年代までの帆船，汽船，運河船，駅馬車，荷馬車への投資は，少数の共同出資にすぎなかった。金融，保険，運輸などの専門業者の出現により，すべての事業を行う個人ビジネスは終息し，非個人的な委託販売業者にとってかわった。他方，都市は小規模で商業中心地が相互に遠く隔たっており，冬期を通じ内陸輸送が途絶するアメリカの農業経済においては，移動速度の遅さが企業の成長と商業における制度的変化の出現に対する最も大きな制約として存在したのである。

　鉄道と電信の発達によって，大量生産と大量流通にとって欠くことのできない規則的かつ信頼性に富む交通・通信手段が整備されることになった。ここで重要な点は，鉄道会社と電信会社は，アメリカで出現した最初の近代企業であったということである。そしてそれは，財とサービスの生産と流通に従事する企業を管理するうえでの，最も規範的なモデルとなったのである。すなわち，企業の資金調達と組織や管理，企業間の競争，企業の拡大がいかになされたか，であった。鉄道はその規模，活動の複雑性，影響力の浸透性のいずれにおいても最大であった。鉄道こそ近代企業の管理における先駆者であった。

　1840年までに鉄道管理者は，自社の路線で用いるすべての車両を所有し統制するほうがはるかに容易なことに気づいていた。また鉄道がアメリカの企業制度に目立つような形での衝撃を与えるようになるのは，1840年代後半から1850年代にかけて生じた全国的な最初の鉄道ブーム以後のことであった。1840年代に鉄道輸送の技術は急速に完成していった。技術が進歩するにつれて，鉄道は有望な陸上の輸送手段となっていった。鉄道は運河と道路から貨物の輸送を急速に奪ったばかりでなく，やがて，織物，原綿，穀物，石炭，その他の商品の輸送でも，他の交通手段と十分競争できるようになった。1840年代の10年間に建設された運河はわずかに400マイルであり，40年代末のアメリカ全国の運河総距離は4,000マイル弱であった。一方

同じ10年間に，600マイル以上の鉄道が操業を開始し，1850年までにその総路線距離は9,000マイルに達していた。運河その他の内陸水路に対して，鉄道がいち早く成功を収めた理由は明らかであった。運河の建設費用は，平坦な土地では鉄道建設費用よりもいくぶん少なかったが，しかし凸凹の多い地域では，鉄道の方が運河よりも安価だったからである。さらに鉄道は運河の水路とは異なり，豊富な水の供給を必要としなかったから，2つの都市の間をより直接的に結ぶことができたのである。こうして鉄道の出現により，人類の歴史上初めて貨物と旅客は，馬よりも早い速度で陸上を運ばれるようになったのであった。

　かつてニューヨークからシカゴへ行くのに3週間を要していた旅行者は，1857年までに2日間で行けるようになった。しかしながら，鉄道の持つ最大の強みは，旅客や郵便を運ぶ速度ではなく，信頼度が高く綿密に組まれた運行計画であり，いかなる天候にも左右されない商品輸送を荷主に保証する能力であった。しかも，利用可能な輸送設備の集約的な使用がいっそう可能となり，輸送の単位費用をも低減させた。これは単に技術革新だけでなく，組織革新によるものであった。蒸気機関車，鉄道車両，線路，路盤，停車場，円形機関車庫その他の設備の継続的な保全と修理はもちろん，貨物と旅客を安全かつ定期的に高い信頼度で輸送するためには，それ相当の管理組織を創設する必要があった。この管理組織の創設は，広範に広がる地理的区域にわたってさまざまな職能活動を監督する，一連の管理者を雇用することを意味していた。これらの企業を経営した人々が，アメリカで最初の近代企業の管理者となった。やがて，所有と経営は分離した。数十年間にわたり，この統合された鉄道システムは，世界最大の企業として存続したのであった。

(2) 管理の実践

　一般に，テイラーの科学的管理以前は，「成り行き管理」といわれ，組織的怠業が頻繁に行われ，管理といえるものではなかったというのが定説である。しかし，前節でみたように，アメリカの鉄道業は19世紀の前半にすでに近代企業となり，巨大化していった。その巨大企業の中で管理の実践を説

いた人物がいたことは，経営学ではあまり知られていない。そこで，本節ではその鉄道業に実際に管理者として従事し，数々の業績も残しているダニエル・マッカラム（Daniel McCallum）をとりあげ，「成り行き管理」の実情を把握してみたい。

当時，このように世界最大の企業となったアメリカの鉄道企業の中でも，ニューヨーク・エリー鉄道の事例は有名である。ダニエル・マッカラムは，ニューヨーク・エリー鉄道と深いかかわりがあった。マッカラムは，1815年スコットランドで生まれるが，その後ニューヨークのロチェスターに両親とともに移住している。彼は，家庭環境のために小学校の学歴しかないが，やがて大工や建築関係の仕事に携わるようになった。そして，橋の設計と特許（1851），建築家，橋の建設者，エンジニア（1851〜1854），ニューヨーク・エリー鉄道の総管区長（1854〜1856），マッカラム・ブリッジ・カンパニーの社長（1858〜1859），そしてアメリカ軍のディレクターと鉄道の総管区長（1862〜1865）でその職業生活を終えている（Ward, 1988, pp.246-247）。

マッカラムの人生は，ニューヨーク・エリー鉄道が1851年にハドソン川からダンカークまで開通して以来，急激に変化した。なぜなら，この会社は世界で最も長い鉄道路線（464マイル）をもつことになったからである。1854年までに，この会社は530万ドルの総収入があり，200以上の機関車と300以上の貨車を操業した。従業員は，4,700人を超え，管理部門の人々にとって新しい困難な経営上の問題がおこった。マッカラムは，1852年にサスクァハナ（Susquehanna）管区の管区長として入社し，1854年にその操業のすべての責任をもつ総管区長に昇進した。彼は，ライン上の管理の混乱状況に秩序をもたらそうとし，その過程の中で組織上，管理上の先例をつくった。それによってアメリカの鉄道業において競争心を植え付けたのである。

マッカラムは，ニューヨーク・エリー鉄道の"Superintendent's Report"（管区長報告書）の中で，さまざまな経験から効率的かつ成功に導くオペレーション・システムの諸原則を以下のように規定した（McCallum, 1856, p.102）[2]。

① 責任の正当な分担。
② 完全に同じく実行されるように与えられた十分なパワー，それはその責任が実際にその人格の中で現れる。
③ その責任が誠実に遂行されるかどうかを知る諸手段。
④ あらゆる義務の放棄の報告をすばやく敏速にすること，そうすれば邪悪なものはすぐに修正される。
⑤ このような情報は毎日の報告書，チェック表のシステムを通して達成されるが，それらは当の従業員を悩ますことなく，また彼らの部下に与える影響を少なくさせることもない。
⑥ 全体として，1つのシステムの採用は，総管区長がエラーをすぐに発見することを可能にするだけでなく，怠慢な人もまた，指摘できる。

簡潔に言えば，① 責任の分担，② 責任の遂行，③ 責任遂行のチェック，④ 義務放棄の迅速な報告，⑤ 報告書のチェック，⑥ エラーの発見と無責任者のチェックである。これらは，ほとんど職務責任に関するものである。責任を部下に任せることにより，部下はその職務を果たす。もし，その職務の責任を上司が持っており，部下が持っていなかったならば，十分な成果は得られないことは，今日の経営学および実務界でも周知の事実である。当時の労働者のインセンティブは，かなり低いものと想像できるが，「義務の放棄」すなわち，職務責任の放棄は，ラインのストップにつながることの非効率性をマッカラムはあらためて原則として規定し，訴えたのである。また，毎日の「報告書作成」や「エラーの発見」という発想もすでにあり，マッカラムはかなりの問題意識をもっていたと推測できる。

同じ報告書の中でマッカラムは，貨物輸送の効率的な管理（economical management）を以下の5つにまとめている（*ibid.*, pp.104-105）。

① 動力源を最大限に効率的に利用すること。
② ビジネスの緊急度に合わせたレベルに運行速度を調整すること。
③ 所有車両の運行をコントロールし，そこから最大限のサービスが引き出せること。
④ 車両自体の重量を減少させることによる効率的な貨物輸送がなされる

こと。
⑤ 摩滅を減少させることによって所有車両の修理コストが削減され，実際に使用可能な輸送が相応に増えること。

すなわち，①動力の効率利用，②緊急度に合わせた運行管理，③運行管理からのサービス，④重量制限による効率輸送，⑤摩滅を減少させることによる修理コストの削減である。ここでは，economical management という語句を使っているが，マッカラムにとっては，マネジメントの観念が当時，重要なものであったことは疑いない。management だけでは，マッカラムの報告したい趣旨が伝わらないものと考え，economical という言葉を付加したのであろう。

マッカラムは，自らの経験から管理者の役割を以下のように指摘している。

> 私が示した経験によって，いくつかの部門に対する貨物輸送の相対的コストを決定するような坂の勾配，レールの線形，状況に関連するデータを備えることができる。そして，提案したいことは，できるだけ必要な調整がなされ，部門の報告をチェックし，現実の結果がどれだけ（計画と）離れているかを確かめる視点を持つことである。この比較によって，大いなる経済のもとでビジネスをする管理者に見せられるようになり，誤りのない方法で彼が占めているその地位に対応する能力，適合性の指標になる。管理コストによって1つの部門と他部門の詳細を比較し，特に過剰なコストを指摘することは価値のあることであり，十分な経済効果があらわれていないという問題に注意を注ぐことができる。また，他人より抜きん出るという誇れる競争精神を高揚させる効果を持つことが期待される（*ibid.*, p.107）。

ここに現れているのは，現場における管理体制すなわち，原価計算，業績評価，部門化，そしてモチベーションマネジメントである。つまり，管理者はこれらのすべてを管理する必要があることをマッカラムは訴えたのであ

る。そしてさらに，彼は大規模化した鉄道会社の特定的問題についても言及している。

　一般に，以下のことが認められよう。鉄道会社は，収入と支出のさまざまな項目をコントロールする同じ手段をもってないということである。というのは，鉄道会社はビジネスを管理する当人の手の届く範囲内にあるが，個人の能力に限定されるからである。また一方，屈辱的な状況がある。それは，鉄道会社は私企業によってなされるであろう同じ経済（観念）で特にビジネスを運営していないということである。それは，そうする力を持っていないということを示すものでは決してない。個人の努力と同様に，鉄道会社のあらゆる点において努力をする必要があるのは，サービスのすべての段階で個人的な責任の確固たるシステムを構築することだけである (*ibid.*, p.108)。

　つまり，当時の鉄道会社は，それぞれの管区の管区長の能力に限定されていたのであって，会社全体としてのシステム的管理体制まで整備されていなかったのである。マッカラムのシステムは，経営者的観点からはうまくいったのだが，労働者側には受け入れられなかった。機関士たちはマッカラムを容認しなかった。29人の機関士が解雇された。マッカラムが決めた安全性を無視したからであった。6カ月間ストライキが継続し，彼は機関士たちを職場に戻すことができず，1857年に社長とともに辞職した。もっとも彼は，在職中にアーチ型トラス橋の発明・特許をとっていたので，その後マッカラム・ブリッジ・カンパニーを設立し，アメリカ中に橋を建設した。1862年，彼は南北戦争に際し，北軍に必要な鉄道の管理を陸軍長官から要請され，戦後彼は，陸軍少将になって，アトランティック・グレートウェスタン鉄道とユニオン・パシフィック鉄道のコンサルタントになった (Wren, 1994, p.78)。

　このように，マッカラムは鉄道会社において管理というコントロールの必要性を力説し，実際に行動したのだが，結果的には，労働者側に受け入れられることはなかった。それは，時代が早すぎたといえばそれまでである。し

かし，少なくともこの時代にマッカラムほどの経営者・管理者はいなかったであろう。そして，理論的にも責任・権限の一致の原則，権限の委譲，ライン・スタッフ組織，業績評価，原価計算，地域部門化，システムによる管理，モチベーションマネジメントなど現代にも生きている諸原則の原型をすでに見出すことができる彼の業績は，テイラー以前の管理の実情を如実にあらわしている。つまり，テイラー以前の管理を「成り行き管理」と簡単に片付けて，見落としがちな当時の時代背景を看過されてはならないということである。結果的には，「成り行き管理」と呼べるかもしれないが，管理という問題に果敢に挑戦したマッカラムの業績に対してわれわれは，経営思想史においてもっと重要な位置づけをしてもよいであろう。

2．所有と経営の分離と株式会社革命論
――バーリ・ミーンズとバーナム――

(1) 所有と経営の分離

　バーリとミーンズは，所有と経営の分離の問題を提起した経営学の古典『近代株式会社と私有財産』(1932)を著した。バーリは，1895年にボストンに生まれ，ハーバード大学に学んだ。1925年にはハーバード大学ビジネススクールで金融論の講師を勤め，その後1927年にコロンビア大学ロースクールで会社法の教授となった。その間，国務長官やブラジル大使等の政府の要職にも就いた法学者であり，政治家でもあった。主著の他には，『20世紀資本主義革命』(1954)，『財産なき支配』(1959)，『アメリカ経済共和国』(1963)等がある。一方，ミーンズは，1896年コネティカット州ウィンダムに生まれ，バーリと同様にハーバード大学に学んだ。卒業後2年間，中近東援助のスタッフとしてトルコに滞在したが，1924年再びハーバード大学大学院に戻り経済学を学んだ。大学院修了後は，農務省顧問，国家資源委員会等のニューディールの経済問題を担当する政府のスタッフとなり，民間のエコノミストとしても活躍した人物であった[3]。

　前節で言及したように，アメリカにおいて鉄道企業は19世紀後半まで大

繁栄を続けたのだが、19世紀末からは製造企業、すなわちGMやデュポンに代表される大企業にその王座を奪われるのであった。そこでは、事業部制に代表される厳然たる組織運営がなされ、まさに経営者の時代のあけぼのとなった。そして、所有と経営は分離することとなった。そもそも、所有と経営の分離とは何か。いうまでもなく、それは株式所有の分散化により支配持ち株比率が相対的に低下することであり、結果的に所有者と経営者が人格的に分離することである。

バーリ・ミーンズによれば、この所有と経営の分離に至った要因として次のことを指摘する (Berle and Means, 1932, pp.66-68：訳書, 84-86頁)。

① 所有権の地位が積極的動因の地位から消極的動因のそれへと変化したこと。
② これまで所有権に付随していた精神的諸価値（満足感）も、所有権から分離してきたこと。
③ 個人の富の価値は、彼自身、および、彼の努力とはまったく関係のない諸力（経営者の行為や市場の行為）に依存するようになったこと。
④ 個人の富の価値は、たえず変動するのみならず、継続的な評価も受ける。
⑤ 個々の富は、組織的市場を媒介として極度に流動化されるようになったこと（株式会社の有限責任）。
⑥ 富は、直接にその所有者が使用することができるというような形態を、ますます取らなくなっていること（所有者の市場との結びつき）。
⑦ 株式会社制度では、産業用富の所有者は、所有権の単なる象徴（株式債権）を手に取るにすぎず、一方、その力、つまり過去には所有権の不可欠な部分であった責任や実体は、その手に支配力を握った人々からなる別の集団（経営者）に移行されたこと。

簡潔に言えば、①所有権の地位の低下、②所有の満足感の低下、③富の価値の無力化、④富の価値の継続的評価の対象化、⑤富の価値の極端な流動化、⑥富の使用の制約化、⑦富の所有の非実体化である。つまり、所有と経営の分離の論理的帰結は、株式所有者の地位の低下と富の価値の低下で

ある。ここにいう積極的動因とは自らの意思で所有権を行使できるということ、そして、消極的動因はすでに自らの意思では所有権を行使できないということを意味する。つまり、株式の所有者はその所有の満足感も薄れ、所有者の意思とはまったく関係のない経営者の諸力に任せる他はなくなるのである。その背景には、株式市場で株の売買によって自由に個人の富が流動化し、自らの財産を所有することが、すなわちパワーを持つことではなくなったということにある。株式会社制度における大企業では、その経営の責任を経営者に委任し、株主は株を所有している間だけの有限責任となった。19世紀中盤のアメリカ鉄道企業においては、すでにダニエル・マッカラムのような株式を所有しない管理者が存在し、その企業の意思決定を左右するような仕事をしていたという事実から、所有と経営の分離の発端はこの時代に始まったと考えても差し支えないであろう。

　しかし、バーリ・ミーンズよりもはるか以前に所有と経営の分離について論及したのはヴェブレンであった[4]。しかし、ヴェブレンは19世紀末から20世紀初頭にかけて当時の企業の行き過ぎた独占に対して、ある種の脅威を覚え、企業の衰退論まで言及した。ヴェブレンの時代には、アメリカでは1882年にスタンダードオイルが創立され、トラストの先駆となった。そして、1890年にはシャーマン反トラスト法が制定されたが、独占および寡占の勢いは衰えるどころか拡大する一方であった。

　約30年後のバーリ・ミーンズはヴェブレンの企業衰退論とは違う見解を持っていた。彼らの実証研究は、周知のごとく大企業における経営者の実質的支配についての画期的な業績となった。つまり、ここに30年の間のアメリカにおける大企業体制の変化が読み取れる。いわゆる両大戦間期の好況がアメリカの経済社会を豊かにし、大企業の経営者という存在が社会的にも認知された時期であったといってもよいであろう。つまり、経営者の地位が相対的に向上し、社会的な評価も得られるようになったのである。バーリ・ミーンズは、経営者の社会的評価の上昇につれて、経営者の社会的責任が問題となるということ、しかも21世紀の問題としてすでに以下のように予見していた。

経済組織のパワーが増大し，そのパワーが少数者の掌中に集中されるに比例して，パワーの所有者の地位は段々と目につくようになり，責任を持つパワーに対しての要求はますます直接的となってくるのである。どのようにしてこの要求は有効なものとなってくるのだろうか。この問いに答えるためには，次の世紀の歴史を先見することになるであろう……もし株式会社制度が存続すべきものとすれば，大会社の「支配」は，会社の様々な集団の多様な請求権を平準化しながら，その各々に，私的貪欲よりもむしろ公的政策の立場から，所得の流れの一部分を割り当てる純粋に中立的な技術体に発達すべきである，ということを考えることができ，否むしろ，このことは殆ど必須と見られるのである (*ibid.*, pp.353-356：訳書, 446-450頁)。

経営者あるいは企業の倫理は，今日ではいうまでもなく大きな社会問題となっている。バーリ・ミーンズが企業の所得の一部を中立的な技術体，すなわち社会に還元すべきという見解をすでに表明していたということは，注目すべきことであろう。

(2) 株式会社革命論

大企業の所得やその支配は，社会において中立的なものに移行すべきだという議論は，21世紀の大企業のあり方に重要な示唆を与えるものである。企業は，アダム・スミスの合理的経済人仮説の時代から20世紀の間にあらゆる組織よりも巨大化し，多国籍化し，影響力を行使してきた。今や大企業は，単なる利潤追求のみの企業目的からの脱却の時期にかかっている。バーリ・ミーンズの議論の系譜は結果的にバーナムの経営者革命論へとつながっていくのだが，バーナムの議論は現在からみれば，いささか大企業に対する過剰な評価が含まれていることは否めないであろう。バーナムは1905年生まれで，プリンストン大学やオックスフォード大学卒業後，ニューヨーク大学の政治哲学者であった。その後彼は，1930年代の中頃にトロツキストで保守派の反共産主義者のリーダーとなり，共産主義革命が全体主義になると

結論づけ，資本主義と社会主義は共産主義になるのでなく，「経営者革命」という第三の途に到達すると論じた。また，バーナムによれば，スターリンの共産主義，ヒットラーのファシズム，ルーズベルトのニューディールは，中央計画委員会，主要産業の国家所有，効率追求と合理化によって特徴づけられるものであり，利潤や経営者の支配階級によってではない（Fox and Kloppenberg ed., 1998, p.95）。ところが，バーナムは次のように企業が国家に取って代わるという。

　資本主義社会の支配者たちは，他のどの社会においてもそうであるように，経済を支配する者であったし，彼らは政治行政機構に役職を占める者ではなかった。しかしことの性質からいって，政治行政機構に職を占める者は，限られた自己の分野でいかに位が高かろうとも，全社会過程のなかでは，経済を支配する者に従属している。……産業の将帥は，その機能のゆえに，同時に国家の役人である。最高計画委員会は，まぎれもなく政治・経済的機関である。資本主義社会においては，資本家が国家を間接的に支配した。つまり，必要とされれば，私経済に対する資本家支配をバックアップし，資本主義経済，社会および法律的諸関係を励行させる。経営者社会になると，経営者が国家となる。支配階級は経営者だということは，それは国家官僚制だということとほとんど同じである（Burnham, 1941：訳書, 164-165 頁〔傍点は福永による〕）。

　バーナムの経営者概念は，行政官，専門家，指導的技術者，宣伝専門家，テクノクラートなどを指す。しかも，その経営者革命論は，ナチズム，ファシズム，スターリニズム，ニューディールのイデオロギーを同列に扱っており，その経営者概念のあいまいさとともに，managerialism（経営者主義）に対する過度の期待から生じた議論であろう[5]。しかし，バーリ・ミーンズの株式会社革命論は，理論的に高く評価されている。バーリ・ミーンズは株式会社革命論を，以下のように規定している（Berle and Means, 1932, pp.45-46：訳書, 55-56 頁）。

① 極端にまで小さな個人企業の競争的単位の大きな群団としての立場よりも，これら大単位体の立場において考察することが，重要である。
② 複占の原理は自由競争の原理より以上に重要である。
③ 生産はいよいよ益々，使用のために生産するものとなって，販売のために生産されるのではなくなった。
④ 資本の本質が変化する。資本は有体財からなるのでなく，過去につくられかつ将来活動可能な諸組織からなりたつようになってくる。
⑤ 生産が盲目的な諸経済力によって統御されるような社会が，極く少数の個人の終局的支配下で生産が行われるような社会に変化する。

要するに，株式会社革命とは株式会社における ① 大企業化，② 寡占化，③ 大量生産，④ 資本の流動化，そして ⑤ 経営者による支配下での生産というキーワードで代表される革命である。そこでは，すでに株主による資本所有のもとでの支配は，雲散霧消し過去のものとなったという主張である。換言すれば，市場の時代から組織の時代へと変化してきたといえよう。古典派経済学や新古典派経済学では，組織は国家のことを意味し，市場の調整役としてしかみなされていなかったことに対して，バーリ・ミーンズはこの株式会社革命論で，「市場」対「企業」という図式があらたに必要になったということを証明する十分の論拠を示したのである。

3. 専門経営者の出現

(1) ゴードンのビジネス・リーダーシップ論

ゴードンは1908年に生まれ，1934年ハーバード大学でPh.Dを取得後，ハーバード大学，カリフォルニア大学バークレー校講師を経て，1947年に教授となった。学外では戦時生産局，アングロ・アメリカン連合資材局の職員などの要職を経験し，会社組織，価格理論，貨幣・信用および景気変動の領域において顕著な業績を残した経済学者であった[6]。

ゴードンのビジネス・リーダーシップ論は，バーリ・ミーンズの議論とは異なり，実質的には経営者支配になっている大企業経営者の行動に一歩踏み

よったものとなっている。彼は，企業内部の最高経営層や利害者集団の機能を意思決定概念やリーダーシップ概念で分析した。さらに，金銭的インセンティブや非金銭的インセンティブなどの今日的なテーマにも言及しており，バーリ・ミーンズの著作に並ぶ経営学の古典である。

巨大企業の出現に伴い，経営構造は著しい変化を生じた。経営職能の分担，上下階層の間の命令受容関係の複雑化，企業外部の利害者集団の発生など，今日では当然のごとくいわれる現象が20世紀の半ばにはすでにアメリカでは問題になっていた。ゴードンによれば，会社における「企業者」とは誰かという問題に対して若干の考察が行われてきているが，これまでいかに委任され，分担されているかに関して統御と責任の問題が多くの研究によって裏付けられてはいなかった。そして，この重要な端緒がバーリ・ミーンズにおいて開かれたが，もっともこの研究は，特に大企業において重要な決定がいかにして，誰によってなされるかを詳細に規定していなかったという。まさに，このゴードンの指摘は的を射ていた。

ゴードンの問題提起は以下のとおりである（Gordon, 1945, pp.10-11：訳書，11頁）。

① 旧式な1人経営が相対的に重要でなくなり，巨大な団体的民僚組織（corporate bureaucracy）がそれにとって代るにつれて，リーダーシップ職能上にいかなる事態が起こったのか。

② 「被傭経営者」（hired managers）が基礎的な経営上の諸決定を行い，今日多くの経営の所有者（株主）は，ほとんど彼らの会社の生産物が何であるかすら知らない様な，責任分担と権限委任との世界において，ビジネス・リーダーシップとは，実際何を意味するのか。いかなる種類の決定ならびに活動がリーダーシップ職能に包含され，どれが除かれるのか。

③ リーダーシップ職能に含まれるべき特定種類のリーダーシップ活動と意思決定を所与として，高級経営担当者，下級経営担当者，取締役，大株主，小株主，銀行家，その他大会社の業務に何らかの影響を及ぼしうる集団等のうちで，誰が現実にこの役割を果しているのか。

④ 現在の会社のビジネス・リーダーシップの機構は，その精巧な分業と責任の委任とをもって大規模産業を構成している，巨大な，個人を離れた存在となった企業を指導するに当たっていかに効果的なのか。

すなわち，彼は ① 官僚制組織におけるリーダーシップ職能の問題，② ビジネス・リーダーシップ職能の意味，③ ビジネス・リーダーシップの担い手の問題，④ ビジネス・リーダーシップの効果を問題にしている。そして，彼は有名なビジネス・リーダーシップ論を展開する。ビジネス・リーダーシップとは，「企業を組織し指導する職能であり，経営の諸活動の進路を規定するところの諸決定をなす職能である。個々の事業を経営することによって，全体として，指揮者達は，全一体としての経済機構における活動の進路を方向づける」(Gordon, 1945, p.5：訳書, 5頁) のである。したがって，「一般に大会社におけるビジネス・リーダーシップには，会社の諸活動に対し，強い衝撃を与うべき重要なる経済的可変条件に影響を及ぼす諸決定の発案ならびに採択（これらの決定を行う人の選任を含む），および調整ないし組織の創造ならびに維持が含まれている」(*ibid.,* p.53：訳書, p.58)。

つまり，ビジネス・リーダーシップを発揮する人物とは，現代経営学でいうトップ・マネジメントのことである。また，彼はリーダーシップに関連して，パワー，影響力との関係についても論及する。ゴードンによれば，利害者集団とは，株主，金融者集団，国家機関，競争者，供給者，顧客，労働者集団，知的職業者集団（弁護士，技術士，会計士）などである。つまり，これら外部利害者集団は，パワーをもつが同時に企業に対する影響力も持っている。しかし，彼らはリーダーシップとは無縁なのである。

ゴードンは，バーリ・ミーンズのように経済学的な論理ではなく，経営学的に企業をとらえた。企業を単なる企業家の所有するものではなく，経営者のリーダーシップすなわち，経営者の自己裁量に関することまで考慮に入れ，さらに取締役会の機能の強化を主張したという点では今日のステークホルダー論やコーポレート・ガバナンス論などの先駆的な研究としてもっと高く評価されてよいであろう。

(2) ガルブレイスのテクノストラクチャー論

　ガルブレイスは，1908年カナダ生まれで，20世紀アメリカの制度派経済学者のうちで最も有名な人物である。彼の仕事の多くは，初期の制度派経済学者ヴェブレンのものと似ており，現代経済における企業の重要な役割のインプリケーションを探求しようと試みた。一方で，彼はケインズ主義に対して初めて意義を唱えた最初のアメリカ人であり，一貫して政府は財政政策，価格政策や所得統制を混合して総需要のレベルを抑制するべきであると唱えた。ガルブレイスの初期の専門は，農業経済であり，1940年にはアメリカ農場局同盟の経済研究部長であった。しかし，いち早くケインズのマクロ経済学の重要性に目をつけ，1939年にはすでに農場収入の議論の中で，国民所得のレベルの重要性を説いていた。彼は，金融政策や完全雇用の手段としての公共事業の有効性よりも財政政策の方を重視した。そして，1941年から1943年まで政府の物価統制者として勤務した経験から，『物価統制の理論』(1952) を著した。また，同じ年に『アメリカ資本主義』も著し，彼の現代企業の分析がここから始まった。そこでは，19世紀の競争的な環境から寡占に置き換わったのだと主張した。彼にとっては，産業の集中とともに拡大する企業の唯一のチェック機関が労働組合であり，「対抗相手」でなければならなかった[7]。

　彼の最も有名な著作『豊かな社会』(1958) では，ケインズ主義は，生産の拡大によるあらゆる社会病理を治癒しようとする誤った哲学に発展したと論じた。生産の成長を維持するためには，企業は広告やマーケティング技術を使って欲求を掘り起こさなければならない。彼によれば，この私企業の生産の奨励は，公共部門の犠牲にあり，私企業の豊かさと公共部門の貧困さとの社会的不均衡を生み出すのである。

　『新しい産業国家』(1967) では，アメリカの大企業は「テクノストラクチャー」なる集団が影響力を行使するようになったと主張した。

　現代法人企業の勃興，現代の技術および計画化により必要とされる組織の出現，ならびに資本所有者の企業統制力からの分離に伴って，地歩の確立

した産業会社では，事業家はもはや個人としては存在していない。……すなわち企業の指導力としては，事業家に代って経営陣が存在するようになったのだ。……その範囲は，法人企業の大部分の上級職員から始まり……筋肉労働者のところまで広がっている。それは，集団による決定にたいして専門化した知識，才能あるいは経験を提供するすべての人々を包摂しているのだ。企業を指導する知性，すなわち企業の頭脳をなすのは，この広い範囲の集団であって，経営陣の小集団ではない。集団によるデジション・メーキングに参与するすべての人びと，あるいはこれらの人びとが形成する組織にたいしては，今までのところ名称が存在していないので，私はこの組織を「テクノストラクチャー」と呼ぶことを提案する(Galbreith, 1967：訳書, 98-99頁)。

企業は経営者によって運営されているのであって，所有者によって運営されているのではない。所有と経営の分離は，ガルブレイスのいうテクノストラクチャーを生み出した。いわゆる知識労働者を含め，また特定の技術をもつ熟練労働者まで包摂する。ガルブレイスは，企業の外の科学者，技術者，教育者がテクノストラクチャーとともに影響力を行使するという。ガルブレイスのテクノストラクチャー概念は，バーナムの経営者概念に近いものの，バーナムほどラディカルではなくより洗練された形で提起されている。ここに市場の時代から組織の時代へと進化していった姿がある。

(3) ドラッカーのマネジメント論

ドラッカーは，1909年ウィーンに生まれ，1930年代まではヨーロッパでジャーナリストかつエコノミストとして生活していた。その後，ナチスの迫害を逃れるために1938年にアメリカに移住した。1942年にはベニントン大学，ニューヨーク大学教授の地位を得て，2003年までクレアモント大学教授であった。アメリカでは，研究者，著述家の他，GM，IBM，GE，シアーズローバックなどの経営コンサルタントとして活躍した。彼は，企業を政治的社会的制度として強調した。彼の著作の中で最も有名な概念は，目標

管理 (MBO) であるが，彼の論考は産業社会論，産業文明論，産業思想論，経営思想論，経営哲学まで広範なものである。

1936年，ドラッカーは処女作『経済人の終焉』を発表し，なぜ，ヨーロッパにファシズムのルーツがあったのかを明らかにし，ファシズムの経済的源泉の研究として高く評価された。彼の第2作『産業人の未来』(1942) は，第2次世界大戦中に出版されたものだが，戦後の世界の本質をかなりの正確さで予想したものであった。この時から，彼の関心は政治や社会の研究から特定の組織の研究に移っていった。第3作『会社の概念』(1946) では，彼の提示した組織のタイプが政治，経済，社会の将来をリードするであろうと叙述した。第2次世界大戦前，アメリカにおけるマネジメントは，科学としてのマネジメントとして考察したテイラーやフォードによる諸原則に負っていた。ドラッカーは，リベラルなヒューマニストという背景からマネジメントを科学としてみなす代わりに，経営者の職務のすべての基礎になる原則であるマネジメントの一般原則を模索したのである[8]。

> 前世紀の末頃になると，商業中心社会が解体しかかっていること，産業組織は社会の手に負えなくなっていることが次第にはっきりして来た。しかし商業中心社会が崩壊したのは，1918年――または1929年――からあとのことである。とにかくいまでは，その社会は機能を活かす社会ではなくなっている (Drucker, 1942：訳書, 22頁)。

もちろん1918年はロシア革命であり，1929年は世界大恐慌である。これ以降は，時代が変わったという認識である。つまり，これは産業社会論である。以下の引用をみると，産業社会論から産業組織論，企業制度論へシフトしていることがわかる。

> 現代産業組織の社会現象として代表的なものは，大量生産工場と株式会社である。流れ作業方式は代表的物的環境，株式会社は代表的社会制度である。18世紀から19世紀初期にかけて村落や商業都市が占めていた地位に

大量生産工場が入れ替わった。荘園や市場の地位に株式会社が入れ替わった。……また株式会社の経営が産業組織における決定的権力，代表的権力になった (*ibid.,* 訳書, 69頁)。

ここで，経営者の権力が問題となってくる。つまり，ドラッカーは，バーリ・ミーンズ以来の経営者支配論よりももっと踏み込んだ「権力論」を当時は主張していた。

いまの経営上の権力は正当でない権力だというのがそれである。正当な権力は，社会が見て権力の正当な基礎と納得する根本原理にもとづくものでなければならない。ところが経営上の権力はどう見てもそういう根本原理にもとづいていない。経営上の権力はそういう原理によって統制されていないし，制限されてもいない。また誰にも責任をおわない (*ibid.,* 訳書, 89頁)。

すなわち，経営者は株主の財産権にもとづく権力から独立した独自な存在であり，株主の権力は自らその行使を放棄せざるを得ない状況である。なぜなら，株式の所有者は株主の分散化によって経営する権力を行使できなくなったからである。その後ドラッカーは，マネジメントを経営者や管理者の課題，責任，実践として，多岐にわたる著作を数多く出版していった。

前述した以外では，邦訳名として羅列すれば，『新しい社会と新しい経営』(1950)，『現代の経営』(1954)，『変貌する産業社会』(1959)，『明日のための思想』(1969)，『創造する経営者』(1964)，『経営者の条件』(1967)，『断絶の時代』(1969)，『マネジメント──課題・責任・実践──』(1974)，『イノベーションと企業家精神』(1985)，『新しい現実』(1989)，『非営利組織の経営』(1990)，『ポスト資本主義社会』(1993)，『明日を支配するもの──21世紀のマネジメント革命──』(1999)，『ネクストソサエティ』(2002)などがある。このように彼は，60年以上にわたって広範な領域の著作を書き続けた。近年は知識社会論，イノベーション論，非営利組織論，リーダー論，未

来社会論まで論じている。したがって，その理論の本質をつかみにくいことは否めないが，実は非常にシンプルである。つまり，以下の6つの質問を問い続けることが彼の問題意識であった。それは，経営管理機能すなわち，マネジメントとは何かということである（Wren, 1998, p.232）。

① われわれのビジネスは何か？
② 顧客は誰か？
③ 顧客は何を買うのか？
④ 顧客にとって価値あるものは何か？
⑤ われわれのビジネスの将来は何か？
⑥ そして何をするべきか？

これらをあらためて整理すれば，①企業とは何か（戦略ドメインの策定），②顧客のセグメンテーション化，③顧客ニーズの把握，④顧客満足（CS）の追求，⑤ドメインの再定義，⑥企業の社会的責任（CSR）やステークホルダーの重視などであろう。

これらの項目は，まさにマネジメントの本質を表している。彼の理論は日本においては，経営学界はもとより実務界にかなりの程度浸透している。その論考は，マネジメントの理論というよりも文明論的であり，また処世術的でさえある。ドラッカーは，経営者，管理者，あるいは従業員が組織の時代において重要な果たすべき役割について説いた。つまり，バーリ・ミーンズ以来の経営者支配がいかにして現実の企業あるいは非営利組織の中で正当性をもつのか，そして経営者・管理者，また従業員がなすべきことは何か，ということを提示したのである。

4．制度論的経営学の貢献

これまで，チャンドラーのいう"Invisible Hand"による市場の社会から"Visible Hand"による企業あるいは組織の社会へと移行したという言説に基づき，経営者支配を実証研究したバーリ・ミーンズ，経営者のリーダーシップを提起したゴードン，「テクノストラクチャー」の影響力を提起した

ガルブレイス，経営者の権力の正当性を唱え，マネジメント概念を追究したドラッカー，といわゆる「制度派経営学」の流れを敷衍した。もっとも，「制度派経営学」(Institutional Management Theory)なる領域はアメリカ経営学では存在しない[9]。しかし実際は，制度派経済学に刺激された日本の経営学者がこれらの学派を「制度派経営学」と命名したというのが始まりである（藻利，1962；岩尾，1972）。本章で論じたように，これらの学派の論者はドラッカーを除けばすべて経営学者ではない。だからこそ，アメリカ経営学ではそう解釈されているのであろう。したがって，本章ではあえて，経営学の意味を広くとらえて婉曲に「制度論的経営学」と呼称することにした。

前章で論じたように，制度派経済学の研究課題，すなわち，① 社会変革論，② 社会統制論と集団選択論，③ 政府の経済的な役割論，④ 技術論，⑤ 資源配分の現実的な決定要因，⑥ 価格を超越した価値概念の側面の強調などの特質は，経営学あるいは組織論そのものといっても過言ではないほど類似していた。この研究課題あるいは方法論は，20世紀初頭の "Invisible Hand" による市場の社会から "Visible Hand" による企業あるいは組織の社会へと移行したという時代背景を反映している。しかしながら，この言説は，経営学の中では現在では，かつてほど重要視されていない。われわれ経営学者は，「制度」の研究をどのようにしてきたのであろうか，また「制度」をどのように扱うべきであろうか。この問いは経営学にとって非常に重要である。なぜなら，後の章で明らかになるように，組織の経済学が1970年代から登場し経営学固有の研究領域に新たに参入するようになったからである。

本章で記述した「市場から組織へ（MtoO）」パラダイムの系譜の特徴は，所有と経営の分離，株式会社革命，ビジネス・リーダーシップ，テクノストラクチャー，専門経営者・管理者・知識労働者などというエポックメイキングな時代における株式会社の制度的構造を叙述したところにある。また，制度派経済学の始祖であるヴェブレンは，アメリカ独占資本主義批判から出発した制度論的な，そして経営学的な議論を展開したところにその特徴があった。彼の制度概念は，精神態度や習性であるとともに生活と人間関係の特定

の体系であった。制度論的経営学のなかでもバーリ・ミーンズは，株式会社における所有と支配の問題を提起した[10]。しかし，ゴードンからバーナム，ガルブレイス，ドラッカーへと至るにつれて，彼らの論考は，企業論，経営学，経済学はもとより，産業社会論，社会体制論，文明論にまで言及していった。つまり，株式会社あるいは企業や行政体，その他の組織における人間の精神態度や思考習慣にまで言及するようになったのである。それは，そもそもヴェブレンの文明論的な論考にその端緒があったことを指摘しておきたい。

　彼らの思想に共通するのは，現代社会に対する旺盛な批判精神であり，とりわけ新古典派経済学に対する痛烈な批判である。バーリ・ミーンズのバーリは法学者，ミーンズは経済学者，バーナムは政治哲学者であった。また，ゴードンやガルブレイスも経済学者であった。唯一経営学者であったドラッカーは，アメリカ経営学において特異の存在であった。彼は組織と経営のマネジメント概念を発明したといわれるが，経営学という領域を超えた彼の論考は制度論的経営学の特質をそのまま映し出しており，日米共に研究者の間では賛否両論あるものの影響力の大きさにおいては，テイラーやバーナードに匹敵するものであろう[11]。制度論的経営学は，経営学の領域を広範なものにすることに大いに貢献したといえよう。

注
1) この節は，Chandler (1977) の訳書（上巻）の 54-162 頁の中で鉄道に関して叙述されている箇所を抜き書きした。ただし，一部訳書とは異なる訳を採用した。
2) このマッカラム報告書の資料が収められている『ニューヨーク・エリー鉄道年報 1855 年版』は，チャンドラーが 1965 年に編集出版した "The Railroad; The Nation's First Big Business," という本の PartⅢ : The First Modern Corporate Management の 1) Creating an Early Management Structure に掲載されている。
3) バーリとミーンズの略歴は，Berle and Means (1932) の邦訳版の「訳者まえがき」や正木・角野 (1989) などを参照した。
4) 以下の叙述が参考になる。「資本化の方法は，経営と産業設備の所有とのあいだの，ほぼ一般的な分離をもたらす。おおまかにいえば，株式会社組織のもとでは，産業資材の所有者は，その経営にたいしてなんらの発言権をももっていない。そして，優先株が資本の大きな構成要素であるばあいには，このような所有者の側における支配の疎外は，きわめて不可避なものであるかもしれない。優先株は，実際，それが代表する財産を，普通株の所有者に永久に預託する方策であり，そして，これからの受託者は，一定の条件のもとでは，その預託者にたいして，その財産の管理の責任を負わない。この点で，所有者の，その財産にたいする財産関係は極度

に薄弱となる」(Veblen, 1904, pp.146-147 : 訳書, 116-117 頁)。
5) この managerialism（経営者主義）の概念を現代の経営学に適用したのが，バーナード研究者の William G. Scott 教授である。1999 年 5 月の筆者の直接のインタビューでは，その著 Scott (1992) のタイトルにある Managerial State の概念は，明確にバーナムによると明言している。
6) ゴードンの略歴は，Gordon (1945) の邦訳版の現著者紹介を参照した。
7) ガルブレイスの略歴は，『マネジメント思想ハンドブック』である Warner, ed. (1998) を参照した。
8) ドラッカーの略歴は，『マネジメント思想ハンドブック』である Warner, ed. (1998) を参照した。
9) 2000 年 3 月，Daniel A. Wren 教授への筆者の直接インタビューによる。
10) バーリ・ミーンズは『近代株式会社と私有財産』では，基本的には価値的に中立な叙述をしているが，法学者バーリと経済学者ミーンズの間には，ずれがあった。つまり，前者は保守的で後者は進歩的であった。バーリは，当初は経営者支配によって経営者の権力が強大となっていることに戦慄を覚えていたのである。ところが，ミーンズはその後，株式会社支配論にはあまり触れていない（正木・角野, 1989）。したがって，バーリ・ミーンズがともに経営者権力に嫌悪感を抱いていたとする Scott (1992) の叙述は正確なものではない。ただし，バーリもミーンズも現代社会に対する旺盛な批判精神があったことは想像に難くない。
11) 欧米の経営学史に関する唯一の雑誌である *Journal of Management History* 誌は，2000 年の Vol.6, No.1 と Vol.6, No.2 の 2 号にわたってドラッカーについての特集号を組んでいる。その内容は，ドラッカー理論における企業倫理と社会的責任を扱った Bowman and Wittmer (2000)，ドラッカーが非営利組織や行政組織について論じたことを積極的に評価した Gazell (2000) や，逆に行政組織の知識労働者概念に対して批判を展開した Guy and Hitchcock (2000)，また，行政学の立場からドラッカーの論文の良否を問うた Hays and Russ-Sellers (2000)，ドラッカーのアプローチは政治学的なものであるとした Dahlin (2000) や公共選択理論であるとした Garofalo (2000) である。なお，ドラッカーは 2005 年に永眠した。彼の死の直前に日本でドラッカー学会が設立されていたことを特記しておきたい。

第 5 章

現代組織論の系譜

　現代組織論は今,経営学の中でも最も発展している分野であることは,疑いないであろう。それは,1980年代以降,組織論の中でもそこから分岐していった戦略論に特に当てはまる。なぜならば,1990年代以降日本においてケース研究に基づいた戦略論に関するテキストや研究書が数多く出版されていること,そして一定の成果をあげていることで,容易に証明されよう[1]。その意味で経営戦略論は,これから最も注目されるであろう分野であることは想像に難くない。

　現代組織論は今,戦略論の分岐・発展によってますますその領域を拡大し,また一方で,経済学から組織論への参入によってその領域の存在意義を問われているといっても過言ではない。換言すれば,組織論の現在は,まさに混沌とした状況にあるといえよう。1960年代にクーンツ (H. Koontz) が当時の経営学の状況をマネジメント・ジャングルと表現したように,今日の組織論はまさに「組織論のジャングル」といえるほど,多様なアプローチが存在し,それぞれのアプローチがそれぞれの「ジャングル」の木々となり,全体を展望しにくくなっているのは事実である。

　本章では,現代組織論が「ジャングル」の状況に至った歴史的な系譜をまず,ウェーバー (M. Weber) に求め,さらにバーナード (C. I. Barnard),サイモン (H. A. Simon),マーチ・サイモン (J. G. March and H. A. Simon),サイアート・マーチ (R. M. Cyert and J. G. March) の各理論を素描する。そして,それらが「組織論のジャングル」の巨木であったことを明らかにする。次に,クーンツのマネジメント・ジャングルを敷衍し,「組織論のジャ

ングル」の様相を先人がまとめた現代組織論の系譜によって概観し，企業・市場・組織それぞれの概念の関係性を整理する必要性を主張する。

1．組織論の生成

(1) ウェーバーの正当性概念

　現代組織論をその「生成」と「成立」に分けると，現代組織論の「生成」は，通常，人間関係論に端を発していると考えられることが多く，現代組織論の「成立」をバーナードに求めることが多い（角野，1998）。また，バーナードは現代組織論あるいは近代組織論の始祖ともいわれることも多い。しかしバーナードは，社会学の泰斗ウェーバーの直接的な影響はないにしろ，間接的な影響はあったことは確かである（加藤，1996）。もちろん，バーナードに影響を与えた理論家は，ウェーバーだけではない。ヘンダーソン（L. J. Henderson），メイヨー（E. Mayo），コモンズ，パレート（V. Pareto），パーソンズ（T. Parsons），フォレット（M. P. Follett），レスリスバーガー（F. J. Roethlisberger），ディクソン（W. J. Dickson），ホワイトヘッド（A. N. Whitehead），デュルケム（E. Durkheim）などがあげられる（Scott, 1992, pp.92-93）。しかし，現代組織論ではなく，組織論の「生成」となると，ウェーバーの官僚制理論が最初に最も洗練された形で提唱され，後の公式組織論に後継されることになったことに異論はないであろう。

　ウェーバーの官僚制理論の基本的概念は，支配の正当性論である。支配概念は，後に譲るとして，正当性とは何か。ウェーバーによれば，すべての生活行動一般の自己義認ないし自己正当化の要求という一般的事態である（Weber, 1922a, 訳書, 28頁）。換言すれば，正当性とは便宜的につくられた信仰である。たとえば，ある2人の人間の運命が健康・経済状態・社会的地位などで差異がある場合，恵まれた方の人間は自己に有利なこの対照を「正当」なものとみなし，自己の状態を自分の功績によって得たものと考え，相手の状態を自業自得のものとみなすことはよくあることである。つまり，自分には正当性があって他人には正当性がないという観念である。ウェーバー

は，さらに正当性を保証するものとして，伝統的信仰，感情的信仰，価値合理的信仰，合法性信仰の4つの信仰に分類する。これが，それぞれ伝統的支配，カリスマ的支配，合法的支配に直接間接につながっていくのだが，問題はこの正当性概念が個人だけでなく組織にも適用できるということである。個人における正当性は，自己の言動をよいものだと信仰しながら他者を批判し，自己防衛する場合の拠り所になりうると同様に，組織における正当性は，組織のつくり出すものはよいものだという信仰に基づくものであり，他の組織を非難，あるいは組織防衛する場合の拠り所になりうるということである。

こうして，さまざまに異なった動機を持つ個人からなる組織は，いったん公式化すれば，その組織行動に疑いを持つことは可能であるが，秩序維持の観点からはそれを覆すことは非常に困難を要する。昨今の大企業組織や政府官僚組織の不祥事は，その観点からみれば当該組織の中の当事者の葛藤が手に取るようにわかる。バーナードの組織人格と個人人格の例を出すまでもなく，ウェーバーはその正当性概念によって，あらゆる組織における人間の葛藤をすでに当時から見抜いていたのである。1970年代のドイツ組織論の「ウェーバーへの回帰」を初めとして，近年イギリス社会学もウェーバーの官僚制モデルによる分析に前向きな検討をしはじめ，フランス社会学でも経営組織論の評価がファヨール，テイラー，クロジェ（M. Crozie），ウェーバーを中心にみられ，またアメリカでも「新組織人」への問題提起がなされるなど，依然として，ウェーバーの枠組みは有効であることが伺える（鈴木, 1993）。

ウェーバーの正当性に関して，その現代性を問うとすれば，その本質である「信仰」が組織のメカニズムに組み込まれているということであろう。このいかんともし難い組織のメカニズムからわれわれは，逃れることができないということから，官僚制の問題はウェーバーの時代に限らず，現在においても生きていることは明らかである。

このウェーバーの正当性論に基づく公式組織の理論は，実質的にはバーナードが，非公式組織と対比した形で完成させているが，官僚制理論は次の

2つの理由で組織論においての出発点として位置づけるのに意味がある（山倉, 1989）。まず第1に，ウェーバーが官僚制についての「ものの見方」を提供したことにある。ウェーバーは，官僚制の個人・社会への影響力という問題への解を与え，官僚制の射程を明確にした。第2に，ウェーバー以後の官僚制理論の展開はまずウェーバーに対する批判・修正というかたちで行われたという点である。つまり，ウェーバーの理論はそれほど影響力が広範であったのである。第1の点に関してさらにいえば，官僚制理論がサイモンの組織影響力論へつながっていることは改めていうまでもない。サイモンは，ウェーバーほど組織を否定的に考察していないが，組織による個人への影響力という点では，同じ現象について言及しているといえる。また，第2の点に関してさらにいえば，マートン（R. K. Merton）の機能分析によって官僚制の意図せざる結果が明らかにされ，官僚制を実証研究していくことでウェーバーの理論を引き継いでいった。その後，この研究は，ブラウ（P. M. Blau），グルドナー（A. W. Gouldner），セルズニック（P. Selznick），クロジェなどの社会学者が継承していくこととなった。これらは，組織の構造機能分析を代表するものであり，1960年以降は官僚制そのものを分析対象とし，官僚制の構造とそのダイナミクスを研究する組織構造論として発展していくことになる。

(2) ウェーバーの組織論

ウェーバーの官僚制理論は，支配の社会学として展開される（Weber, 1922b）。ウェーバーによれば，支配とは，ある内容の命令を下した場合，特定の人々の服従が得られる可能性である。また，権力の概念は，社会学的にはあいまいなことから，人間のいかなる事情も，状況次第で自分の意志を貫徹するような立場に立たせることがあるので，支配の社会学的概念は，もっと厳密なものであることが必要であるという。したがって，この段階での支配の定義は千差万別の形をとる。

また，ウェーバーは規律という概念を規定する。規律とは，ある命令を下した場合，習慣的態度によって，特定の多数者の敏速な自動的機械的な服従

が得られる可能性である。また，規律という概念は，批判や抵抗のない大衆的服従の習慣をも含むものであり，支配という事実は，他の人々に対して効果のある命令を下す人間の現実的存在にのみ依存するもので，行政スタッフや団体の存在に必ず依存するとは言えないが，少なくとも，すべてノーマルな状態では，両者のいずれかに依存している。ある団体のメンバー自身が，効力ある秩序によって支配関係に服従している場合，この団体をウェーバーは「支配団体」と呼んでいる。

　しかし，この定義では支配のあらゆる形式・条件・内容について包括的な議論を行うことは不可能だとして，ウェーバーは次の2つの相互に対立する支配の類型を提示する。1つは，利害状況による，とりわけ独占的地位による支配であり，もう1つは権威，すなわち命令権力と服従義務による支配である。前者の純粋型は市場における独占的支配であり，後者の純粋型は家父長の権力・官職的権力・君主の権力である。そして，そのうえでウェーバーは，この後者の意味の支配概念に限定して，支配の3類型の議論へとすすんでいくのである。

　もっとも，この2つの支配概念は，市場と組織という観点からすれば，非常に説得的でインプリケーションが豊富な議論である。すなわち，利害状況による支配は，市場における支配・独占を意味し，権威による支配は，組織における支配を意味するものであり，このウェーバーの支配概念を援用すれば，市場と組織の問題を同じ次元でウィリアムソンらとは違った視点から考察することが期待できよう。

　市場において独占的な地位にある企業が，他の企業に対して命令するということは，現実にはあり得ないことであるが，前述のウェーバーの「支配団体」という言葉にあるように，支配概念は規律概念とも考え合わせると，その団体内部だけでなく，その外部にも影響を与えるという意味も含まれているのである。つまり，結果的に独占企業の思うがままになっていることは，ウェーバーの時代においてもあり得たのは事実である。実際，ウェーバーの時代から第1次世界大戦までの時代，ドイツにおいても，アメリカほどではないにしろ，急速な産業化と組織化がみられ，具体的には，次のような社会

経済的な変化が起きていたのである。それは，技術的に発達を遂げた生産方式による労働生産性，労働力の増大，資本蓄積，新しい需要による商業の容易化と発展，大経営の確立であった。

　もちろん，ウェーバーは，国家という行政官僚制だけが人間の葛藤を生むとは考えてはいなかった。企業という産業官僚制もまた，このような社会経済的な変化にしたがって人間を社会不安に陥らせることを認識していた。また，彼は東洋には，インド，中国，イスラムなどの高い文明があったのになぜ西洋に近代資本主義が成立したのか，という問題意識に基づき，『プロテスタントの倫理と資本主義の精神』(Weber, 1920) を著した。そこでは，正当な利潤を組織的合理的に追求するという資本主義の精神と禁欲的プロテスタンティズムとの関連性を資本主義の成立過程の中に見いだした。つまり，現世における禁欲的な労働が絶対的な自己目的（天職）となり，来世には幸福になれる（永遠の生命）というものであり，その背景には信じるものは救われるという個人主義的な自己確信があったのである。そして，この禁欲的労働によって正直な仕事が貴族的な消費を嫌悪し，生産者にも労働者にもこの精神が行きわたり資本が形成・蓄積され，産業官僚制組織がつくられるようになった。しかし，いったん資本が形成・蓄積され，合理的組織がつくられると，今度は以前の宗教倫理は不要なものとなり，利潤追求のために合理的経営をしなければならなくなる。こうして，われわれのよく知るところの資本主義となるのである。

　ウェーバーの組織論は，通常，官僚制理論として理解されているが，それにはとどまらず，文明論的色彩があることは明らかである。同じことが，同時代のヴェブレンの思想にもあてはまる。ヴェブレンは，独占に対する批判をし，さらには企業の衰退論まで考察した (Veblen, 1904)。彼はマルクス主義者ではなかったが，アメリカにおいてマルクス主義的思想を進展させていった原動力になっていることは，疑いない。欧米においても，また日本においても，近代的官僚制すなわち大規模組織のすさまじいまでの拡大とそれに対応する人間のとまどいは，企業における支配－服従関係，あるいは権限－受容関係，換言すれば人間対組織，人間対人間の葛藤の問題が，19世

紀末から20世紀初頭にかけて噴出し始めた。この時代を組織論の生成の時代と規定することには，何ら不都合はないであろう。次節は，このウェーバーの組織論が社会学的な意味において源流と思われるバーナード・サイモン理論をそれぞれ組織におけるオーソリティの問題に焦点を当てて議論を進めることにする。

2．組織論の発展

(1) バーナードとサイモンの組織論[2]

いわずと知れたウェーバーの支配の3類型（オーソリティの3類型）[3]は，被支配者が命令を正当なものとし，かつ支配者も正当性を意識することが前提となっている。つまり，支配は支配者と被支配者とにおいて，支配の正当性の根拠によって内面的に支えられているのである。オーソリティの受容という側面は社会学的には常識の部類に入るものであり，ウェーバーがあえて強調する必要を感じなかったものである。そこへバーナードが受容説を唱えて，受容の側面が強調されることとなった。しかし，ウェーバーは，正当性の信念を動揺させるときは重大な結果が生ずるのが常であるという。つまり，良くも悪くも正当性に対する信念あるいは信仰がある限り組織の秩序は保たれる。組織の秩序が保たれ官僚制が行きすぎると自立的行為の余地がなくなり，「精神なき専門人，心なき享楽人」（Weber, 1920：訳書, 246頁）が横行する。ここには，オーソリティの受容の強調はない。

バーナードによれば，「オーソリティとは公式組織におけるコミュニケーション（命令）の性格である。それは組織の貢献者あるいはメンバーによってその貢献する行為を支配するものとして受け入れられるものであり，また組織に関して彼がなすことなすべきでないことを支配し決定する。この定義によれば，オーソリティには2つの側面がある。第1は主観的，人格的なものであり，コミュニケーションを権威あるものとして受容することであり，（中略）第2は，客観的側面――それによってコミュニケーションが受容される伝達そのものの性格――である」（Barnard, 1938, p.163：訳書, 170頁）。

この定義の後，バーナードはオーソリティの主観的側面すなわち受容が本質であると論じ，命令がオーソリティになるかどうかの決定は受令者の側にあるという受容説を展開する。そして，① 命令を理解すること，② 命令が組織目的と矛盾しないと信ずること，③ 命令が個人の利害と両立すると信ずること，④ 精神的肉体的に命令に従いうること，という命令受容の4条件を掲げる。

この命令受容の4条件が成立するような環境は，現実にはありえないものである。通常命令を出す上司の方が部下よりも経験が豊富なので，部下が理解できない場合でも任務遂行上，命令を一応受容してから仕事に取りかかり，後でわからないことがあれば上司にきくなり，他の同僚にきくなりするのが現実である。また，命令が組織目的と矛盾せず個人の利害と完全に一致することはほとんどありえない。精神的肉体的に命令に従うことができるかどうかは，実際に仕事をしてみなくてはわからない。上司はいつも簡単な仕事ばかりよこすわけではない。かえってその本人には不可能と思えるような仕事をよこす場合が多い。

もちろん，バーナードはこの現実を熟知していた。そこでバーナードは，オーソリティ維持の3条件を掲げる。それは，① 命令受容の4条件が成立している，② 命令を無意識に反問することなく受容する，③ 共同体意識が成立し，命令を受容することが規範となる，である。バーナードはこの ③ について，命令が周囲の規範によって受容されることを仮構という（上位オーソリティの仮構）。つまり，オーソリティは組織の上方から流れてくるという観念に対して，① の命令受容の4条件が成立するような理想的な状態を組織は目指すべきであるという論理を補強する概念装置として，あえて「仮構」と唱えたのである。そして，② の命令がどんなものでも比較的無関心に受け入れられる領域（無関心圏）を規定することによってオーソリティの維持が保たれることを強調した。

このように，バーナードは受容説，すなわちオーソリティの主観的側面（受容）の強調，上位オーソリティの仮構によって，組織における自立的行為を奨励しているように見えながら，実は無関心圏の概念によってオーソリ

ティの否定不能を説いている。バーナードは，実はウェーバーとは異なり，経営者による組織統治の必要性を主著で表現したかったのである。つまり，バーナードにとって「経営者の役割」は，オーソリティの主観的側面（受容）を考慮し，従業員のためにその貢献に見合った誘因を創出し，モチベーションを向上させ，無関心圏を拡大させることであったのである（Scott, 1992）。

これに対してサイモンは，周知のようにバーナードの意思決定論や組織均衡論を継承し，オーソリティ論の主観性や道徳的リーダーシップ論は継承しなかった。しかし，サイモンは，系譜的にバーナード理論の流れを汲んでいることは衆目の一致するところである。

サイモンは，『経営行動』においては，組織における意思決定過程を研究した。すなわち，意思決定論と組織影響力論が彼の主題である。個人に対する組織の影響力の原則は，組織において安定した期待が形成されることと組織メンバーの行動の連携・刺激・方向づけを提供することの2つあるという（Simon, 1947）。

組織は，人間の合理性の達成にとって欠くことのできないものである。もし，人間の心理が熟考する際に課している厳しい制約がなくなるとしても，個人は，意思決定をするには，彼の属している組織された集団の影響を受けねばならないのである。組織成員である各個人は，トップ・マネジメントからその末端の作業員に至るまで意思決定をする。トップ・マネジメントは新規事業，取締役人事，資金調達などのさまざまな意思決定をする。しかしながら，彼は1人では決してその意思決定はできない。組織自身が，彼に意思決定できるようにさまざまな影響力を行使しているのである。トップ・マネジメントでさえ組織から意思決定前提を供給される。ましてや，末端の作業員に至っては，トップから決定された前提が組織のコミュニケーション・ネットワークを通して伝達される。たとえば，その作業員のある部品の注文の量とタイミングという意思決定に対して影響を受けることになるのである。このように，サイモンは，意思決定論を軸にしながら，組織の生理学的分析を試みたのだが，それが具体的に展開されるのは組織影響力論において

である。

　サイモンによれば，組織影響力には，オーソリティ，コミュニケーション，訓練，能率の基準，組織への一体化（忠誠心）という5つの形態が存在する。つまり，オーソリティは影響力の一形態と規定する。また，そのオーソリティの定義は以下の通りである。

　　オーソリティとは他人の行為を左右する意思決定をする権力として定義されよう。それは，一人は「上役」，他は「部下」という二人の個人の間の関係である。上役は部下によって受容されるという期待をもって意思決定を行ない，それを伝達する。部下は，かかる意思決定がなされることを期待し，そして部下の行動は，その意思決定によって決定される（*ibid.*, p.125：訳書，162頁）。

　ここでいう期待は，影響力の原則にあるように，組織がその成員に対して協働的行為を要請し，各成員の行動が統合化された結果，お互いに相手の行動が予測可能になることを意味している。つまり，この上司と部下という関係は特定の組織に属しているので，相手の客観的な合理的行動が期待できるのであって，まったく見ず知らずの人であれば，ほとんど期待は不可能である。オーソリティの規定に関して注意を要するのは，サイモンによれば，権力がコミュニケーション――たとえば，上司と部下の間の口頭の伝達，メモ，記録，あるいは非公式的なうわさなど――を通じて上司から部下になされ，そして部下がそれを受諾したとき，オーソリティが発生したといえるということである。この点に関する限り，バーナードのオーソリティ概念を継承したということができる。また，コミュニケーションとは，組織のあるメンバーから別のメンバーに意思決定の諸前提を伝達するあらゆる過程である。したがって，組織におけるコミュニケーションは上下左右に伝達される。上司からの命令は，コミュニケーション・ネットワークのほんの一部であるにすぎない。

　また，『人間行動のモデル』（Simon, 1957a）では，権力・権限・影響力

は，すべて非対称的な関係であり，それは因果的な関係であると規定している。もっとも，この著作では権力と影響力との概念的差異までは言及していない。さらに，トンプソンとスミスバーグ (V. A. Thompson and D. W. Smithburg) との共著『行政学』(Simon et al., 1970) では，オーソリティ受容動機として，①正当性，②制裁，③信頼，④一体化という4つの形態をあげている。正当性，制裁，信頼，一体化は，この順番で計画・統制の可能性の程度の序列を意味する。つまり，①正当性を貫くことやフォーマルな制裁を行うことは，組織や上司がコントロールできる。正当性と制裁を比較すれば，正当性は明らかにコントロール可能であるが，②制裁は，構成員に対してコントロール不能な部分が若干存在する。しかし，③信頼は専門的能力――例えば，商品に関する知識の豊富さや技術的な能力にすぐれていることなど――に基づく部分についてのみ有効である。つまり，そのような知識や技術を向上させて，部下を従わせることはできる。しかし，それには限度があるのである。また，④一体化はある程度操作可能であるといえる。というのは，個人の忠誠心は，前述の組織影響力によって組織が植えつけることが可能である。しかし，個人の心理に関わる問題であるので，あくまでも「ある程度」しか操作できないのである。

　サイモンは，信頼に基づくオーソリティと一体化に基づくオーソリティとが結合するとカリスマ的リーダーシップになると言及していることから，オーソリティ受容動機の中の③の信頼や④の一体化は影響力であるといっても差し支えないであろう。また，②の制裁はまさに権力であるといってよい。しかし，①の正当性に基づくオーソリティは，ウェーバーの議論で述べたように，そう単純なものではない。サイモンによれば，正当性とは，幼少時からの教育による価値，なかでも「ゲームのルールに従う」という価値に従って行動するということである。このルールによれば，組織のメンバーが階層上の上位者のもつオーソリティに従うことに正当性があるのである。

　また，産業における人間関係論的アプローチに関するシンポジウムのための論文「オーソリティ」(Simon, 1957b) の中でも，オーソリティ受容動機

に言及している。そこでは，正当性の動機については，それが他の種類のオーソリティに浸透し，増幅作用をもつことが強調されている。つまり，組織階層上の上位者のもつオーソリティに従うことが正当性をもっているという観念をもつことによって，従わないときは制裁が下されること，上位者は信頼すべきこと，組織と一体化すべきことを当然のものとして受け入れるようになるのである。

このように，サイモンのオーソリティ概念は，命令が受容されてはじめてオーソリティが成立するという1点のみバーナードの概念を継承しているが，総体的にみれば，むしろウェーバーの支配（オーソリティ）論に近いことがわかる。それは，オーソリティは一種の権力であり，組織に参加する限りは影響力を受けることは避けられないという見解である。バーナードは，権力概念を避けようとした。しかし，サイモンのオーソリティ論は，ウェーバーのように正当性の概念を重視した。もっとも，正当性の概念に関してはサイモンよりもウェーバーの方がはるかに奥が深いが，逆に言えば，サイモンはウェーバーよりも組織の意思決定過程を詳細に記述し，個人の認知的側面を強調したものであるといえよう。

(2) マーチとサイモンの組織論

マーチ・サイモンの『オーガニゼーションズ』(March and Simon, 1958)の訳者である土屋守章は，翻訳版が出版された1977年にこの著作は組織研究の最高峰であると，述べている。さらに，それから30年たった現在でもその組織研究での地位はゆるぎないことは誰しも認めるところである。これは基本的には，バーナード理論やサイモン理論における意思決定論を引き継ぎ，組織の諸現象や組織の中での人間行動を解明しようとしたものであるが，その後の組織論や経済学，社会学に与えた影響は，はかり知れないものがある。そして，何よりも，マーチ・サイモン自身が1993年の第2版で，35年たった今でもこの本は書き直す必要がないほど重要であると述懐している（March and Simon, 1993, pp.1-2）。これまで，本章で支配あるいはオーソリティを中心に述べてきたウェーバーやバーナード・サイモンに比べ

て，組織における概念規定をはるかに広範にわたってしており，以下の6つのさまざまな点においてその理論がすぐれて普遍的であったといってよい。

まず第1に，組織を社会的制度として重要視したことである。今でこそ，組織と市場に関する経済学の著作は多いが，当時からすでに組織と市場を比較検討している。現代社会の多くの組織以外の影響過程の特徴が「拡散性」であるのに対して，組織の中の影響過程の特徴は「特定性」であると指摘している。そして，組織の中で行われる取引は，市場におけるよりもはるかに高度に，前もって計画され，前もって調整されている。つまり，組織における調整の方がはるかに予測可能性があるのである。

第2に，組織の分業と調整という古典的組織論の問題に対して実証研究という視点をもたらしたということである。これは，まさにローレンシュ・ローシュ（P. Lawrence and J. Lorsch）などのコンティンジェンシー理論に反映されているといってよい。ローレンシュ・ローシュは，環境と組織との関係を念頭に置き組織における分化と統合という概念に焦点を当てた。分化概念は組織の内部の分業に限らず，組織外部環境との関係にも適応できる。また，分化と同時に統合の問題を重視し，部門間のコンフリクトの問題に言及している。このコンフリクト概念もマーチ・サイモンが最初に取り上げたものである。

第3に，コンフリクト概念は，問題解決，説得，バーゲニング，政治的工作という4つの主要過程によって対応すると規定する。そして，組織間コンフリクトはバーゲニング行為，連合行為などを論ずるゲーム理論によって解明される余地があると，すでに1958年の段階で述べているのである。現在の経済学の分野でのゲーム理論がこのコンフリクト概念からどう影響を受けているか，明らかではないが，少なくとも理論と実証をすすめる必要性があると明言しているところに，マーチ・サイモンの慧眼がある。また，組織論で議論されているパワー・ポリティクスの概念は，ほとんど彼らの議論を出発点としているか，まったく見落としているかのどちらかであろう。

第4に，最大化基準に対して満足化基準を規定したことである。これは，いうまでもなく，人間の意思決定は，満足できる代替的選択肢を発見し，そ

れを選択することと関係し，例外的な場合のみ最適の選択肢に関係しているということである。組織の経済学や新制度派経済学などの組織論への参入に際して，ほとんどの論者が満足化基準を無視し，最大化基準のままであるという事実を，組織論者は追究すべきである。というのも，次に述べる合理性の限界と密接な関係があるからである。

第5に，人間の認知能力に限界があるために，合理性を追求しようとしても，それには限界があるという「限定合理性」という概念である。この概念はサイモンの『経営行動』以来，一貫して論じられているし，近年の組織の経済学，新制度派経済学などにも浸透してきた。新古典派経済学のよりどころである完全合理性は，サイモンによって修正されつつあることは疑いない。もっとも，この概念は，コモンズとその影響を受けたバーナードの制約的（戦略的）要因概念が発端であるということは確かな事実である。

第6に，組織革新の概念である。この概念は，戦略論において近年，多く論じられているが，マーチ・サイモンほど詳細に言及しているものは皆無に近い。たとえば，マーチ・サイモンは「最適ストレス」概念を用いて希求水準と達成水準の差が小さいとき，すなわち「最適ストレス」の状況にあるときに，革新は生まれるとする。そして，革新の制度化，革新の時機，革新のためのプログラムの形成などさまざまな議論を展開している。

以上のように，マーチ・サイモンの業績は，その後の組織論の基礎となったばかりでなく，いまだにこの著作を越えるものは登場していないというのが現状である。この著作以降，組織論はより詳細な分化をし始めた。つまり，この著作はウェーバー，バーナード，サイモンから続くジャングル形成の巨木だったのである。もっとも，この著作以降，次に述べるサイアート・マーチの業績は企業行動論としての1つの到達点であると考えられる。

(3) サイアートとマーチの組織論

サイアート・マーチ編著『企業の行動理論』(Cyert and March, 1963)は，経済学・統計学者のサイアートと政治学・社会学者のマーチを中心に，経営学，社会心理学，哲学の各分野の研究者からなる学際的著作である。そ

して，企業の実態調査をもとに価格と生産量に関するモデル，合理的経営者行動のモデル，信託投資行動のモデルなどの新しいモデルを開発した。しかもそれらは，現実の企業に適応可能なものであり，非常に高い評価を受けたものである。理論の核となるものは，マーチ・サイモンの満足化基準と限定合理性である。したがって，これまで述べてきた系譜に続くものであることは明らかである。サイモンを中心とする彼らは，サイモンの属するカーネギー・メロン大学（当時のカーネギー工科大学）にちなんで，カーネギー学派と呼ばれている。彼らの中に，後に新制度学派の旗手となるウィリアムソンがいたことは，有名であり，この著作の中で「合理的経営者行動のモデル」という1つの章を執筆している。

もっとも，この著作から29年たった1992年の第2版では，ウィリアムソンの論文やその他いくつかの論文，たとえばコーヘンとセルバークの「価格と生産量決定の一般的モデル」やクラークソンの「信託投資行動のモデル」などが削除されるかわりに，マーチが執筆したエピローグが加わり，改めてこの著作の意義を再確認している（Cyert and March, 1992）。

マーチによれば，この著作の核となるアイデアは，限定合理性，不完全な環境とのマッチング，そして未解決のコンフリクトである（*ibid.*, pp.214-215）。不完全な環境とのマッチングは，歴史の非効率性を強調し，環境と組織にしたがうルールとの間の一致点は，ゆっくり進化するか，あるいは不確定であるということであり，組織適応過程の特定化の重要性を強調する。つまり，経済的行為者によって使用されるルール，形態，慣行は，行為者がおこす環境の設定の需要によって特に決定されるわけではないということである。それに対して，新古典派による企業論は，競争原理に基づいており，その企業組織のルールの組織間の差異はその環境の差異や組織形態の差異に求める。また，未解決のコンフリクトは，組織の利害とサブグループや個人の利害との間の関係は，継続的に交渉されまた再交渉され，その一貫性はほとんど達成されず，維持することは困難であるという仮定に基づいている。つまり，経済組織は，雇用契約によっては完全には決定されない利害が対立する多様な行為者を包含するというものである。これに対して，新古典派によ

る企業論は，経済的行為者は自己利害を追求するが，その企業に内在する利害のコンフリクトは無視されるか，最初の契約を通して従業員は企業家の利害追求に同意するものとして解決されているものとみなすのである。

　もっとも，マーチによれば，これらのアイデアは1963年当時にはどれも新しいものではなかった（*ibid.*, p.215）。しかし，この企業の理論は，実質的には無限定でコンフリクト・フリーの合理性の理論であり，効率的適応の理論であるという。また環境とのマッチングの過程は，予期された効用の最大化であり，企業内部の問題は，協働するチームの構成員間の効率的調整の問題であるという。

　サイアートとマーチの組織論は，学説的には，新古典派経済学の企業理論，すなわちマーシャルの企業理論の系譜とウェーバー，バーナード，サイモン，マーチ・サイモンと続く組織論の系譜との統合である。マーシャルは，彼以前の論者と同様，規模に対し明らかに収益が増大することに深い感銘を受けた。またマーシャルは，内部経済と外部経済の概念を導入することで，生産コストの歴史的低減を説明しようとしたが，これこそまさに当時の数十年の理論的展開にとって重要となった「内部経済」の方法によって，組織規模が組織のパフォーマンスに及ぼす効果についての考え方の萌芽となった。しかしながら，この理論展開は企業がもつ他の組織上の側面を無視したのであった（*ibid.*, pp.10-11）。

　組織論は，サイアート・マーチによれば3つに分類される。ウェーバーの官僚制を中心とする社会学アプローチ，アージリスやリッカートなどの組織現象に対する社会心理学アプローチ，バーナードやサイモンなどの経営者の問題に焦点をあてる意思決定アプローチである。しかしながら，組織論の問題点として以下の3点をあげ，そしてその限界を指摘する（*ibid.*, pp.16-19）。

① 組織論は企業理論と異なり，経済的な問題に焦点を当てない。
② 組織論は，プロセスの研究（組織内で何が進行しているか）に重点をおく。
③ 組織論は企業理論と異なり，総計を考慮しない。

組織論は企業に関する新しい理論に対して，非常に断面的なバイアスだけ

を備えているという。社会学的アプローチと社会心理学アプローチは，企業理論の諸目的か，個々の企業行動を予測する目的のいずれかと，それもごくわずかの関わりしかない問題を重視した。また意思決定アプローチは，組織が織りなす前後の関係の中での意思決定プロセスについて，実質的な理論を展開したが，この理論を，企業をとりまく特定の環境条件に適用することもなく，またこの理論を，その企業活動を特性づける特定の決定変数に細かく適用することもなかったという。

そこで，サイアート・マーチは次の課題に取り組み，この著作で1つの理論を形成することを目的としたのである（*ibid.*, 1992, p.19）。

① 企業を基本的研究対象とする。
② 価格，生産量，資源配分といった決定に関する企業行動の予測を研究目的とする。
③ 組織における意思決定の現実のプロセスに重点をおくことを基本的研究態度とする。

このように，サイアート・マーチの組織論は，組織論の系譜からいえば，ウェーバー，バーナード，サイモン，マーチ・サイモンを継承しながら新古典派経済学との結節点に位置していたといえよう。

以下の節では，1960年代のクーンツのマネジメント・ジャングルから始まって，その後近年までの組織論の発展を系譜的に整理したものを素描し，経営学および組織論における諸学派の乱立状況を「組織論のジャングル」として概観する。

3．組織論のジャングル

(1) クーンツのマネジメント・ジャングル

周知のように，クーンツは1960年代前半にすでに，経営管理論においてマネジメント・ジャングルの様相を呈していると指摘した（Koontz, 1964）。クーンツは，次の6つに分類している。

① 管理過程学派：ファヨールを始祖とし，管理者の機能（計画化，組織

化，人員配置，指揮，統制）に注意を向け，これらの機能から複雑な経営の実践にもあてはまる基礎的な原理をつくり出した。
② 経験学派：経営管理を経験の研究，すなわちE. デール（E. Dale）のように具体的な政策を事例研究として比較検討する。
③ 人間行動学派：ホーソン実験に端を発した人間関係論に始まり，リーダーシップ論，行動科学へと続く人間相互間の関係を研究の中心とする。
④ 社会システム学派：バーナードを始祖とし，サイモン，マーチへと続くマネジメントを社会システム，すなわち文化的相互関係の体系とみなす。
⑤ 意思決定論学派：意思決定，すなわちいろいろな代替案の中から行動の方針や考え方を選択することへの合理的アプローチをとる。
⑥ 数理学派：マネジメントを数学的モデルおよび数学的過程の体系として理解し，オペレーションズ・リサーチに代表される。

しかし，クーンツは，自らの管理過程学派の正当性を主張し他の学派を批判したのであった。クーンツからみて経営管理論がジャングルの様相を呈しているその多くの理由は，論者がお互いに理解しようとしなかったこと，さらには相互理解への嫌悪によるという。そして，この混乱の収拾のために経営学者がなすべき次の4つの点を提起する。まず第1に，マネジメントを特殊な学問の領域として定義づけること。第2に，経営学を他の学問と統合しなければならないこと。第3に，経営学の用語の多くを明確にしなければならないこと。第4に，積極的に原則を蒸留し，テストしなければならないこと。

しかし，サイモンはこのクーンツの問題提起に疑問を呈した。すなわち，どんな精巧な仕事でも分業は行われなければならないし，物理学のような成熟した学問でさえ真実であるという点を強調し，指摘した。経営学のさまざまなアプローチは，敵対的な対立する学派としてではなく，同じ研究の協働的な参加者としてみなすべきであるとした。つまり，経営学はジャングルの状況にあるのではなく，整然とした並木という状況にあるとした。

サイモンは，すでに『経営行動』(Simon, 1947) の中で管理過程論の徹底的な批判を行っているが，クーンツに代表される管理過程学派，すなわちいわゆる古典的管理論による経営管理論の統一のもくろみを受けて立ち，高らかに現代組織論のまさに学際的な側面を強調したのであった。そして，周知の通り，サイモンはノーベル経済学賞を受賞し，1970年代以降，経営管理論や経営組織論からコンピュータ・サイエンス，人工知能，認知科学の研究に没頭したのだが，1980年代から1990年代にかけて，再び経営学，組織論，あるいは経済学の領域で言及するようになった。管理過程学派は，長らくアメリカ経営学，経営管理論の標準的なテキストとして，評価され，受け入れられてきたが，現在のところ，クーンツのいう統一理論が存在しているとは到底いえないような状況である。

では，現在の経営管理論は，どのように分類されているのであろうか。数ある分類の中で稲葉元吉の分類がもっとも簡潔に整理されているものであろう（稲葉, 1991）。それは，以下の通りである。

① 古典派的管理論：科学的管理法（テイラー），管理過程論（ファヨール）
② 集団論的管理論：人間関係論（メイヨー，レスリスバーガー），重複集団論（リッカート（R. Likert））
③ 組織論的管理論：近代組織論（バーナード），意思決定論（サイモン）
④ 環境論的管理論：条件適合理論（ローレンシュ・ローシュ，バーンズ・ストーカー（T. Burns and G. M. Stalker）），組織間関係論（フェファー・サランシック（J. Pfeffer and G. R. Salancik））
⑤ 戦略論的管理論：企業戦略論（アンゾフ（H. I. Ansoff）），事業戦略論（ポーター（M. Porter））

稲葉は，『経営学(2)管理論』という経営管理論のテキストの中での「管理論の発展」という章において，この分類を行っているのだが，このテキストの「はしがき」には，近代管理論と組織論は同じものとされている。そして，このテキストの意図は，管理論ではなく，組織論こそが人間性尊重と生産性向上の両立の解決の道を示してくれるものであると明言している。テキ

ストの看板は，管理論なのだが，中身は組織論というわけである。もし，近代管理論＝組織論であるとすれば，組織論のジャングルという状況がまさに今，経営学の中でおきていることは確かなようである。

では，組織論は現在，自らの学問をどのように分類しているのであろうか。次節は，このことを確認することにしよう。

(2) 組織論の現在

組織論の領域の解釈は，論者によってかなり異なっているのが現状である。

スコット（W. R. Scott）は，現代組織論を4つの時代区分に分けて，論じている（Scott, 1981）。まず，1900年から1960年までをクローズド・システム・モデル，1960年から1970年以降をオープン・システム・モデルと位置づける。そして，その中でも1900年から1930年までを合理的モデル（類型Ⅰ），1930年から1960年までを自然的モデル（類型Ⅱ），1960年から1970年までを合理的モデル（類型Ⅲ），1970年以降を自然的モデル（類型Ⅳ）の4つに区分する。

その議論を踏まえて，森本三男は，クローズド・システムとオープン・システムを組織の基本概念として，規範的なクローズド・システムは類型Ⅰ（1900～1930）と位置づけ，具体的な組織論に官僚制組織論をあげる（森本，1998）。記述的なクローズド・システムは類型Ⅱ（1930～1950）と位置づけ，具体的な組織論に人間関係論的組織論をあげる。規範的なオープン・システムは類型Ⅲ（1960～）と位置づけ，具体的に状況組織論（コンティンジェンシー理論）をあげる。記述的なオープン・システムは類型Ⅳ（1950～）と位置づけ，具体的に行動科学的組織論をあげる。

表5-1　支配的理論モデルとその時期（Scott, 1981）

クローズド・システム・モデル		オープン・システム・モデル	
1900～1930	1930～1960	1960～1970	1970～
合理的モデル	自然的モデル	合理的モデル	自然的モデル
類型Ⅰ	類型Ⅱ	類型Ⅲ	類型Ⅳ

表5-2 組織論の類型 (森本, 1998)

理論志向＼組織概念	クローズド・システム	オープン・システム
規範的	類型Ⅰ 1900〜1930 (官僚制組織論)	類型Ⅲ 1960〜 (状況組織論)
記述的	類型Ⅱ 1930〜1950 (人間関係論的組織論)	類型Ⅳ 1950〜 (行動科学的組織論)

　また，高橋正泰は，組織論ではなく経営組織論の系譜として，まず科学的管理法の系譜を取り上げる（高橋，1998)。科学的管理法は，産業合理化運動，無駄排除運動を経て，その対象を工場における生産過程から財務，販売，人事へと拡大されていったが，系譜的には結局，能率向上のための工場管理の技法として，生産管理論として発展し，さらにそれが経営工学へと発展していった。チャーチ（A. H. Church)，ムーニー・レイリー（J. D. Mooney and A. C. Reiley）らの職能研究を中心とする伝統的組織論は，ファヨールに端を発する管理過程論の枠組みの中にあり，形式主義的な組織構造と設計のメカニズムに焦点をあて，普遍的組織原理を導きだし，調整の原則を軸にしながら，諸原則の体系化を試みた。その系譜は，コンティンジェンシー理論に集約される。また，人間関係論は，結果的にいえば第1次世界大戦後の産業心理学や人事管理論と第2次世界大戦後の行動科学の橋渡しの役割を果たした。重要なのは，ホーソン工場でのさまざまな実験によって非公式組織の存在，すなわち感情の論理の発見が社会人仮説という人間観を提示したことである。それに続く行動科学は，レヴィン（K. Lewin）らに始まるグループ・ダイナミクスの研究やリーダーシップの研究へと至り，1960年代には組織行動論として展開されている。また高橋は，近代組織論の始祖であるバーナードの前に，社会学者のウェーバーの官僚制理論の重要性にふれる。官僚制理論は，後の社会学の構造－機能分析の重要な基礎となるばかりでなく，経営組織論においても公式組織の研究の重要な基礎概念を提供しているとする。その後のバーナード，サイモン，マーチ・サイモン，サイアー

ト・マーチについては，経営組織論，意思決定論，組織行動論，企業行動論の先駆的業績であり，現代のこれらの分野の各理論はすべて彼らの理論が基盤になっていることは，いうまでもない。コンティンジェンシー理論は，ベルタランフィの一般システム論に端を発する社会システム論に影響をうけ，組織と環境との相互関連において，また組織のさまざまな下位システムとの間の適合関係を問題にした。1970年代に最も盛んに論じられ，管理過程論，組織行動論，伝統的組織論，組織構造論の各系譜を受け継ぐ組織デザインという新たな経営組織論の一分野を形成する契機となった。また，マーシャルのミクロ経済学の企業理論がサイアート・マーチの企業の行動理論に間接的ではあるが継承されていることを示し，ヴェブレンやコモンズの制度派経済

図5-1 経営組織論の系譜（高橋，1998，26-27頁：一部省略）

年代	1900	1910	1920	1930	1940	1950	1960	1970	1980	1990
経営組織論	科学的管理法 Taylor, Gantt, Gilbreth		→ 生産管理論				経営工学			
			管理職能論・原則論 Fayol, Church	→ 管理過程論 Urwick, Davis, Koontz-O'Donnell				コンティンジェンシー理論 Lawrence-Lorsch		
			総合的産業経営論	→ 伝統的組織論 Mooney-Reiley						
		産業心理学 人事管理論 Metcalf		→ 人間関係論 Mayo, Roethlisberger, Dickson	→ 行動科学					
					近代組織論 Barnard, Simon March-Simon		組織行動論			
		官僚制理論 Weber		組織の構造機能分析 Merton, Gouldner, Parsons		組織構造論				
	ミクロ経済学の企業理論 Marshall					企業の行動理論 Cyert-March				
	制度派経済学 Veblen, Commons			制度派経営学 Berle-Means, Drucker Burnham						
			文化人類学					組織文化論		

第5章　現代組織論の系譜　147

学がバーリ・ミーンズ，バーナム，ドラッカーなどの制度派経営学に影響を与えていることなども示している（図5-1）。

この高橋の経営組織論の系譜に対する理解が，おそらく最も一般的なものであろう。しかし，政治学，経済学，社会学を含む広い意味での組織論は，そう単純に学説を整理できるものではない。次節は現象としての「組織論のジャングル」をピュー・ヒクソン（D. S. Pugh and D. J. Hickson）の研究から遡って考察することにしよう。

(3) 組織論のジャングル

ピュー・ヒクソンは，組織論の諸学説について1964年以来，版を重ねて紹介している（Pugh and Hickson, 1993）。最新のオムニバス版では，組織論の学説を組織構造論（The Structure of Organizations），組織環境論（The Organization in its Environment），組織機能論（The Functioning of Organizations），組織管理論（The Management of Organizations），組織意思決定論（Decision-Making in Organizations），組織人論（People in Organizations），組織社会論（The Organization in Society）の7つに分けて，各論者を紹介している。それぞれの論者を羅列してみると以下のようになる。

① 組織構造論：ウェーバー／グルドナー／ピュー＆アストングループ（D. Pugh and the Aston Group）／ウッドワード（J. Woodward）／ジャックスとグレーシャー研究（E. Jaques and the Glacier Investigations）／ミンツバーグ（H. Mintzberg）／チャンドラー

② 組織環境論：バーンズ／ローレンシュ・ローシュ／トンプソン（J. D. Thompson）／フェファー・サランシック／マイルス・スノー（R. E. Miles and C. C. Snow）／ハンナン・フリーマン（M. T. Hannan and J. H. Freeman）／ウィリアムソン／ホフステッド（G. Hofstede）

③ 組織機能論：バーナード／ブラウン（W. Brown）／ヴィッカーズ（Sir G. Vickers）／バッキ（E. W. Bakke）／エツィオーニ（A. Etzioni）／シルバーマン（D. Silverman）／（組織実践家：パーキンソン（C. N.

Parkinson)／ピーター (L. J. Peter))

④ 組織管理論：ファヨール／アーウィック・ブレック (L. F. Urwick and E. F. Brech)／テイラー／ブレイバーマンと労働過程論争 (H. Braverman and the 'Labour Process' Debate)／フォレット／ドラッカー／スローン (A. P. Sloan)／ピータース・ウォーターマン (T. J. Peters and R. H. Waterman)／オオウチ (W. Ouchi)

⑤ 組織意思決定論：サイモン／マーチ／リンドブロム (C. E. Lindblom)／ブルーム (V. H. Vroom)／クロジェ／タンネンバウム (A. S. Tannenbaum)

⑥ 組織人論：メイヨーとホーソン実験／リッカート・マグレガー (R. Likert and D. McGregor)／ブレイク・ムートン (R. R. Blake and J. S. Mouton)／アージリス (C. Argyris)／シャイン (E. H. Schein)／ハーズバーグ (F. Herzberg)／フィドラー (F. E. Fiedler)／トリストとタビストック研究 (E. Trist and the work of the Tavistock Institute)／ローラー (E. E. LawlerⅢ)／カンター (R. M. Kanter)

⑦ 組織社会論：ミッシェル／バーナム／ホワイト (W. H. Whyte)／ボールデイング (K. E. Boulding)／ガルブレイス／シューマッハー (E. F. Schumacher)

オムニバス版では，1964年の初版にはみられなかった章として組織環境論と組織決定論が加わっている。また，初版に組織構造論に配置されていたエツィオーニは，オムニバス版では組織機能論に配置されている。同様に，組織構造論に配置されていたバーンズは，組織環境論に，組織構造論に配置されていたトリストとタビストック研究は，組織人論に配置されている。組織人論に配置されていたジャックスとグレーシャー研究は，組織構造論に，組織機能論に配置されていたファヨールは組織管理論に配置されている。組織管理論に配置されていたサイモンは，組織意思決定論に，組織機能論に配置されていたマーチは，組織意思決定論に，それぞれ再配置されている。また，新しく追加された論者としてミンツバーグ（組織構造論），チャンドラー（同），ローレンシュ・ローシュ（組織環境論），トンプソン（同），

フェッファー・サランシック（同），マイルス・スノー（同），ハンナン・フリーマン（同），ウィリアムソン（同），ホフステッド（同），ヴィッカーズ（組織機能論），シルバーマン（同），ブレイバーマンと労働過程論争（組織管理論），ピーター・ウォーターマン（同），オオウチ（同），リンドブロム（組織意思決定論），ブルーム（同），クロジェ（同），タンネンバウム（同），シャイン（組織人論），フィドラー（同），ローラー（同），カンター（同），ミッシェル（組織社会論），シューマッハー（同）があげられている。

　この改変は，もちろん基本的には，コンティンジェンシー理論や意思決定論など初版以後30年間の各アプローチの研究成果の発展によるものと思われるが，一部アプローチの枠組みを再度見直して，いっそう包括的な分類となっている。ここで重要なのは，ピュー・ヒクソンがこれらのアプローチに何ひとつ批判的な分析をしていないということである。つまり，彼らは読者であるわれわれ研究者が批判的な分析をすることを期待しているのである(Pugh and Hickson, 1993, p.viii)。クーンツの経営管理論のジャングルと比較してみれば，その違いは自ら明らかである。クーンツの管理過程学派の経営管理論の統一へのもくろみが崩れ去った現在，組織論のジャングルがまさに存在するということの象徴ともいえよう。

　このことを意識して，明瞭に整理しているのが塩次喜代明である（塩次，1995）。塩次は社会学の見地によるバレル・モーガン（Burrell and Morgan, 1979）の分析をもとに，組織論の分類を行っている。現象への接近方法が主観的か客観的か，あるいは現象への視点が秩序や統制（regulation）を重視する立場か急進的な変動（radical change）を重視する立場かによって4つのセルにそれぞれ機能主義，解釈主義，急進的構造主義，急進的人間主義のパラダイムを配置したバレル・モーガンの分類に，さらに自ら経営組織論の領域を補っている。この分類からすると，いわゆる経営組織論は，統制重視の客観的アプローチである機能主義に集約されていることがわかる。

　機能主義以外のアプローチをみてみよう。近年，特に注目されているK. ワイク（K. Weick）の『組織化の社会心理学』（Weick, 1979）のような組織認識論，またはポスト・モダンの組織論やウルリッヒ・プロプスト編『自己

組織化とマネジメント』(Ulrich and Probst, 1984) に収められている多様な自己組織化論，また，日常的な出会い，集まり，パフォーマンス，会話などの対面的相互行為に焦点をあてたシンボリック相互作用論のゴッフマン (E. Goffman) は，統制重視の主観的アプローチ（解釈主義）の代表的なものである (Goffman, 1959)。また，マルクスとウェーバーの接点を探求しようとするコンフリクト理論のダーレンドルフ (R. Dahrendorf) は，変革重視の客観的アプローチ（急進的構造主義）の代表的なものである (Dahrendorf, 1959)。社会学のフランクフルト学派は，批判理論の中心をなしているが，日常的なコミュニケーション行為に潜在し，それを可能にしている規範的な背後のコンセンサスあるいは，相互承認という合理性の原理を再構成したのはハーバマス (Habermas, 1974) である。これは，変革重視の主観的アプローチ（急進的人間主義）の代表的なものである。

　このように考察してみると，機能主義アプローチがいかに狭いアリーナの中で研究しているかがわかる。と同時に，今まさに組織論のジャングルが形成されているということがわかる。もっとも，組織の経済学といわれる昨今の新制度派経済学の台頭について，言及し分類に入れているものは現在のところ存在しない。また，稲葉の管理論の分類にあるように，アンゾフやポーターなどの戦略論的管理論，いわゆる経営戦略論が組織論の中でどう位置づけられるのかを詳細に整理しているものも存在しない。

　ウェーバー，バーナード，サイモン，マーチ・サイモン，サイアート・マーチの理論の骨格は，正当性の概念からはじまり，支配，オーソリティ，意思決定，組織影響力，制度としての組織，コンフリクト，満足化基準，限定合理性，組織革新，企業行動など現代組織論の原型となる基礎概念の宝庫である。現代組織論のジャングルに位置するそれぞれの学派は，この系譜が少なくとも本流であったことを認めざるを得ないであろう。

　そしてこの組織論のジャングルを整理している先人のものをレビューしてみると，どの論者も依然として組織を論ずるすべての領域をカバーしているとはいい難い。つまり，組織論がもっている学際的な側面からすると，当然経済学との関連が問題にされなければならない。経済学では，市場という概

表5-3 組織論の分類 (塩次, 1995, 5頁:一部修正)

	客観的接近	主観的接近
統制重視	機能主義 個人・集団レベル ・グループ・ダイナミクス ・モチベーション論 ・社会的学習論 ・意思決定論 組織レベル ・社会システム論 ・官僚制の理論 ・コンティンジェンシー理論 ・資源依存論 ・ポピュレーションエコロジー論	解釈主義 個人・集団レベル ・社会的行為論 ・エスノメソドロジー ・シンボリック相互作用論 組織レベル ・組織認識論 ・自己組織性の理論
変革重視	急進的構造主義 個人・集団レベル ・無政府共産主義 組織レベル ・コンフリクト理論 ・マルクス主義的組織論 ・社会進化論	急進的人間主義 個人・集団レベル ・批判理論 ・フランス実存主義 組織レベル ・反組織論

念が重要なキーワードである。したがって，組織と市場という概念の対比は，当然組織論でも議論されなければならない。

　筆者は，組織を論ずるすべての領域をカバーする系図を描くことを目標とはしていない。組織論の整理には，市場，企業および組織の概念的位置づけが必要であると考えているのである。それは，まさにウェーバーの支配の概念に遡る広範な社会学的な視点である。またその視点は，ウィリアムソンをはじめとする組織の経済学がもっているものであり，経済学的視点でもある。そして，経営戦略論の現在の発展は，まさにこの組織と市場という視点に基づいて出発していることは明らかである。この市場・企業・組織の概念的関連性を整理し直してみることは，組織論のみならず経営学にとってもおおいに意義があるものといえよう。

注

1) テキストとしては，ケースをふんだんに取り入れた経営学のテキストである東北大学経営学グループ（1998）や，経営戦略論のテキストとしてこれまでになくダイナミックなものに大滝・金井・山田・岩田（1997）がある。また，情報・サービス産業と製造業のケースを初めて日本型グループ経営としてまとめた寺本編（1994），寺本編（1996）がある。そして「ケースブック日本企業の経営行動」としてシリーズ化し，4巻にわたって日本の産業を本格的なケース集としてまとめた伊丹・加護野・宮本・米倉編（1998）がある。さらに，研究書としては，トヨタ自動車の組織能力と創発プロセスを実証分析した藤本（1997），日本の半導体・コンピュータ産業のイノベーションを論じた佐久間（1998），業界標準をめぐる企業戦略を論じた浅羽（1995），成熟産業の技術転換と企業行動を分析した新宅（1994），継続的な新製品開発と企業成長の戦略を提示した延岡（1996），事業進化の経営を論じた寺本・小松・塩次・清家（1998），日本企業の新規事業開発を実証分析した加護野・山田・（財）関西生産性本部編（1999），ケース分析から複雑適応系というコンセプトを提案した河合（1999）などがある。これらの文献は，1990年代のものであるが，2000年以降もケースに基づく経営学のテキストが多数出版されていることは周知の通りである。

2) バーナード理論は福永（1995a），86-88頁による。また，サイモン理論は福永（1991），182-186頁による。ただし，いずれも一部修正している。

3) ウェーバーの支配の概念は実質的にオーソリティの概念と同じものとみてよい。ウェーバーは広義の支配の2つの類型として利害状況（独占的地位）と権威（命令権力と服従義務）による支配をあげている。そして，狭義の支配として権威による支配を規定している。したがって，この狭義の支配をオーソリティと呼んでもさしつかえない。

第6章
現代組織論と組織の経済学

 近年の経済学の分野で,組織の経済学といわれる分野,特に新制度派経済学[1]の成長には著しいものがある。取引コスト経済学,エージェンシー理論,所有権の経済学,新しい経済史,比較制度分析論など分析のアプローチは異なるが,これらは新古典派経済学では扱われてこなかった制度や組織の問題に対して言及していることに共通点がある。特に,ウィリアムソンの取引コスト経済学は,サイモンの限定合理性(bounded rationality)概念から導出したものであり,その意味で組織論の現代経済学に果たした役割は大きい。また,青木昌彦の比較制度分析は,日本企業の構造・制度の特性を統一的・包括的に明らかにしたものであり,これまで経営学で長年議論されてきた日本的経営論の集大成といっても過言ではない(Aoki and Dore, 1994;青木,1995;青木・奥野,1996)。
 新古典派経済学は,基本的には市場のみに議論を限定し,制度あるいは組織は考察の対象から外していた。組織論は,いうまでもなく組織現象を構造的・機能的に分析する学問であり,その対象は組織に限定される。新制度派経済学は,この隙間を埋めるべく登場したものであるといえる。しかしながら,その理論的インプリケーションは組織論にとって必ずしも有益なものばかりとはいえないように思われる。逆に,経済学的手法によって組織を分析することで新制度派経済学のますますの発展を促すことになったようである。この新制度派経済学の組織論への参入によって,われわれ経営学者あるいは組織論学者は組織論固有の研究内容と研究方法を再確認する必要性に迫られているのである。本章では,まず現代組織論と新制度派経済学との関連

性を主としてサイモンとウィリアムソンのそれぞれの理論を比較検討しながら考察し，さらに組織論，制度派経済学，新制度派経済学の間の歴史的な関連性を整理し，現代組織論と組織の経済学の方法論を展望する。

1. ウィリアムソンとバーナード・サイモン

(1) ウィリアムソン理論

ウィリアムソンは，周知のように新制度派経済学の旗手として非常に著名である。特に『市場と企業組織』，あるいはバーナード・サイモン理論に関して論及した編著 Organization Theory: From Chester Barnard to the Present and Beyond （組織理論：バーナードから現在そしてそれを越えて）は，経済学領域からの組織論領域への新規参入としてかなりの影響力を持っている（Williamson, ed., 1990）[2]。

ウィリアムソンは，当初はサイモン，サイアート，マーチを中心とするカーネギー学派に属していた。サイアート・マーチ編著『企業の行動理論』の中の論文「合理的経営者行動のモデル」（Williamson, 1963）や最初の著書『裁量的行動の経済学』（Williamson, 1964）では，利潤最大化目標に代わる新しい企業目標の提示をめざしていた。そこではマーチ・サイモンの組織スラック概念（March and Simon, 1958）をもとに経営者の裁量モデル，すなわちモデルの変数にスタッフ（一般管理費と販売費），経営者の役得，裁量利潤を導入した企業理論を打ち立てた。しかしそのモデルには，自己利益追求と客観的合理性が貫かれ，部分的には利潤最大化基準が保持されていた。

ウィリアムソンは，1966年から1969年にかけて，反トラスト問題のエコノミストとして米国法務省に勤務した経験から垂直的統合やコングロマリットの分析・研究に着手していた。2作目の『現代企業の組織革新と企業行動』（Williamson, 1970）では，前作と同様に経営者の裁量的行動すなわち経営者の目標・動機を主張する傍ら，職能別組織（U形態）と事業部制組織（M形態）の組織形態の比較分析を行っている。その結論は事業部制組織に沿って大企業を運営することは，職能別組織よりも利潤最大化基準にマッチ

するというものであった。この時点では，サイモンの限定合理性概念は，文字通り「限定的な」意味で導入されていた。組織規模が拡大し組織階層数が増大するのに伴うコントロールロス（統制上の損失），すなわち協働する能力に限界があるために内部的統合のための費用がかかるというものである。当時ウィリアムソンにとっては，チャンドラーの『経営戦略と組織』(Chandler, 1962) を読んで感銘を受け，事業部制組織と効率の問題を分析することが当面の課題だったからである。

　1960年代末から1970年代初めの経済学では，医療や保険制度などの非市場形態での資源配分問題，内部労働市場問題，情報の非対称性などがクローズアップされていた。ウィリアムソンは，この状況から取引の研究に進み，『市場と企業組織』の完成に至るのである。この著書の下地となったのが，コモンズの取引概念（Commons, 1934）[3]，コースの市場コスト概念（Coase, 1937），ハイエクの不確実性と情報の問題（Hayek, 1945），そしてサイモンの限定合理性概念（Simon, 1947）[4]である。

　コモンズは，第3章で言及したようにヴェブレンと並ぶ旧制度派経済学の代表者である。コモンズは，取引を希少性，メカニズム，そして行為準則の世界において，贈与，取得，説得，強制，詐欺，命令，服従，競争そして支配したりする2人以上の意思であると定義した（Commons, 1924）。そして，経済学の研究に対する制度概念の中心的な寄与は，集団行動の重要性を考え，説明することにあるとみていた（Commons, 1950）。コースのいう市場コストの概念についていえば，1937年の論文では，market cost（市場利用のコスト），また，1960年の論文ではcost of market transaction（市場取引のコスト）と言っている（Coase, 1960）。ウィリアムソンがコースのこの概念を言い換えたのである。誤解されやすいが，コースはtransaction cost（取引コスト）という概念を自ら明確に使用しているわけではない。ハイエクは，不確実性と情報の問題に関して，われわれ人間の持つ知識や情報，集められたデータは不完全で，その知識は限られており，局所的な知識であり，しかも，そうした不完全性や限定性は，中央の集権的な計画によっては克服できないという。そして，サイモンの限定合理性概念は，いうまでもな

く，人間の行動は合理的であろうとしても限界があるという意味である。

この『市場と企業組織』では，標準的・伝統的なミクロ経済学の非現実性を説き，取引コスト概念の重要性を強調している。しかしながら，またウィリアムソン自身の新制度派経済学は伝統的な分析（新古典派）に取って代わるものではなく補完するものとみなすことを，強調している（Williamson, 1975）。

『市場と企業組織』は，周知のように大反響を呼び，経済学や組織論領域の他に企業論，産業組織論，多国籍企業論，労働経済学，労務管理論，マーケティング論，経営史，独占禁止法など広範囲にわたる領域に組織と市場についての新しい視点を開いた。ウィリアムソンは，*The Economic Institution of Capitalism*（Williamson, 1985）以降，自らの経済学を取引コスト経済学と称し，『エコノミックオーガニゼーション』（Williamson, 1986），*Antitrust Economics*（Williamson, 1987），*The Mechanism of Governance*（Williamson, 1996）などを刊行している。

ウィリアムソンが1980年代後半以降，自らの学派を新制度派経済学と言わなくなったのは，おそらく他の類似した制度に関するアプローチの隆盛が背景にあると思われる。たとえば，所有権アプローチのエッゲルトソンは，自らのアプローチを New Institutional Economics ではなく，Neoinstitutional Economics と明言し（Eggertsson, 1990, Preface），またヴェブレンの制度主義を重視するホジソンは，自らの著書のサブタイトルを『現代制度派経済学宣言』（A Manifesto for a Modern Institutional Economics）と銘打っている（Hodgson, 1988）。また，青木昌彦は日本経済システムの内部構造やその仕組みのもつインセンティブ効果や相互関係を理論的に明らかにしたが，自らのアプローチを比較制度分析（Comparative Institutional Analysis）としている（青木・奥野，1996）。いずれも，Institution（制度）がキーワードである。

1988年にカリフォルニア大学バークレー校で行われたバーナード・セミナーを主催したウィリアムソンは *Organization Theory* をまとめ，組織論領域に新たな一石を投じた。この著者たちは，組織論はもちろん，人類学，

政治学，経済学，社会学などまさに組織を探求する研究者の学際的な集合である。ウィリアムソンがいうように（Williamson, 1990, p.9），経済学と組織論の実りある対話が，特に日本において次第に具体化しつつあるかどうかは別にして，組織論にかなりのインパクトを与えたことは間違いない。このように，ウィリアムソンは第一義的には経済学者であるが，組織論領域に大きく踏み込んでいる。なかでも，この著作中の論文 "Chester Barnard and the Incipient Science of Organization"（チェスター・バーナードと初期組織科学）はバーナード理論およびサイモン理論に直接言及しており，組織論プロパーに対するウィリアムソンの考え方がよくわかる。次節はウィリアムソン理論とバーナード・サイモン理論との関係をこの文献に従って敷衍してみたい。なお，1995年の改訂版では "Transaction Cost Economics and Organization Theory"（取引コスト経済学と組織論）が加わっているが（Williamson, 1995），本章はこの論文は対象としていない。なぜならば，この改訂版における論文は，新旧制度学派経済学の広範な文献サーベイによって取引コスト経済学の位置づけを試みたものであり，本章で扱うウィリアムソンとバーナード・サイモンの比較をするには適切ではないからである。

(2) ウィリアムソンのバーナード・サイモン理論評価

ウィリアムソンは組織の経済学の動向についてケネス・アローの言葉を引用している。

組織の経済学の分野に関しての疑問は，サイモンの研究はなぜ直接的な成果として現れなかったのか，またヴェブレン，コモンズ，ミッチェルなどの旧制度学派はなぜ成功しなかったのか。それはこの問題の固有の難しさにある。それに対して，著しく発展している新制度学派は伝統的な経済学の問題である資源配分や利用の程度に解答を与えようとせず，むしろなぜ経済的制度が現れてきたのかそのしくみを明らかにしようとしている。それは非常に超ミクロ経済的な理論である（Williamson, 1990, pp.182-183)[5]。

そして，ウィリアムソンは，この超ミクロ経済的な理論である自らの新制度派経済学，すなわち取引コスト経済学は組織論，特にバーナード・サイモン理論に恩恵を受けていることを明言し，そしてそのうえで組織論の概念枠組みとの違いを次のようにいう。

まず第1に，分析単位の違いである (ibid., p.187)。サイモンは分析の基本単位として意思決定前提を提起したが，この単位は非常にミクロ分析的で制度経済学者が関心をもつ経済組織 (economic organization) の問題を検証するのに必要なものではない。これに対して，コモンズはコンフリクト，相互依存，秩序を同時に扱い，取引を分析の基本単位であるとした。このコモンズの分析の基本単位は，社会や組織の問題を「富の分配」から生ずる社会問題，たとえば階級，貧富の差，犯罪などの社会問題の分析に用いられている。しかし，コモンズもその後継者も次のステップに進むことはできなかった。取引はセミミクロ的な分析単位であり，取引コスト概念を設定することで応用可能な分析単位になるとウィリアムソンはいう。したがって，市場と組織を比較するという組織の研究にこれまでにないオペレーショナルな方法で展開が可能となったのである。このように，ウィリアムソンはサイモンの意思決定前提概念に対する取引概念の優位性を主張している。

第2に，満足化概念と経済化（あるいは節約）(economizing) 概念との違いである (ibid., pp.188-189)。サイモンは，完全合理性に対して限定合理性，最大化に対して満足化を提示したことで経済学と対峙している。取引コスト経済学は限定合理性を取り込んでいるが，その主たる成果はあらゆる複合的な契約は必然的に不完全であるということである。また，経済化（節約）という概念は幅広く組織を含むものと解釈でき，経済学と組織論の両方に役立つものであるという。すなわち，サイモンの満足化概念では，経済学と対立してしまい，組織論プロパーから一歩も外にでられないということである。

第3に，組織論におけるパワー・パースペクティブな雇用契約とウィリアムソンのいう不完備契約 (incomplete contract) の違いである (ibid., pp.183-184)。契約時に将来起こりうるすべてのことまで詳細に規定することは不可

能であるとする不完備契約の理論では，価格，技術，契約保証がすべて同時に問題とされる。不完備契約では，最終需要や生産要素価格の関数を事前に明示したり合意を得たりすること（価格の側面），技術の進歩（変更）によって後になって製品の設計変更の問題がでてくること（技術の側面），多大な努力とコストにかかわらず，起こりそうなすべての結果を合理的に包括する契約（契約保証）は，不可能であるとする。ウィリアムソンは契約について，1回限りの契約，短期契約の反復，そして垂直的統合の3つに分けて考察をする。したがって，組織論のパワー・パースペクティブな雇用契約は雇用関係を重視することによって近視眼的であるが，不完備契約はそうではないとウィリアムソンはいう。雇用関係と他の契約関係との違いがあるということを認めるのだが，一般的に労働，商品，資本などの市場にかなりの類似性があるという事実を強調している。そして，このことを強調したその結果として，雇用関係にのみ焦点を当てるよりも組織へより広いアプローチを展開できるという。実際，取引コスト経済学で用いている基準となる取引は雇用関係ではなく，垂直的統合である。

　繰り返していえば，ウィリアムソンはサイモンの限定合理性概念を用いて取引コスト経済学を標榜し，満足化基準ではなく経済化（節約）基準によって取引を考察している。そして，契約については，不完備契約を主張し，サイモンを含めた組織論のパワー・パースペクティブな雇用契約とは一線を画している。価格，技術，契約保証が契約時には不完全な形でしかなしえない，ということは，雇用契約だけの問題ではなく，むしろ垂直的統合という組織と市場の幅広い問題へのアプローチを可能とする認識なのである。ウィリアムソンはこの点を強調し，雇用契約の特殊性をことさら取り上げない。

　私見によれば，このウィリアムソン理論の第1の分析単位に関しては，現在の新制度派経済学の隆盛からみると，取引概念は意思決定前提概念よりも有効性があることは否定できないが，サイモンは意思決定前提概念をこの数十年間，認知科学の研究の中で彫琢してきたことは看過すべきではない。サイモンは意思決定前提概念をもとに，1950年代後半から人間行動の一般理論として展開させ，1960年代から1970年代前半にかけて認知科学の成果に

基づくコンピュータによる人間の問題解決の研究へと発展させた。そして，1970年代後半から1980年代にかけて直観的認知や科学的発見のシミュレーションの研究へと発展させた。このサイモンの研究関心の広がりは，サイモンが組織論や経済学を放棄したのではなく，むしろ組織と経済の領域へ戻ってくるための「迂回」であったというべきである。というのも，サイモン自身，認知科学の手法を用いることでより現実に組織現象や経済現象をとらえ直すことができると確信していたからである（高, 1995）。このサイモンの研究の足跡をみると，ウィリアムソンらの新制度派経済学とは異なる深い次元から組織における人間行動を考察していることがわかる。

　第2の点に関していえば，サイモンの限定合理性概念を用いながら，満足化基準を捨てて経済化（節約）基準を採用しているということに関しては，論理に一貫性がないということができる。Economizingはあいまいな概念であり，合理性一般を言い換えたものであると思われる。限定合理性概念と満足化基準は，人間の意思決定行動にとっての基本的要素であり，切っても切り離せない関係なのである。すべての現象を経済主体の合理的選択として解釈する新古典派の思考様式に則って，合理的に選択しようとしてもそれには限界があるというサイモンの主張をごく限られた意味に借用したにすぎない。これは，まさに基本問題であって，雇用契約と不完備契約という，かなり広範囲であるが，相対的には特殊な問題にからませるのは不適切であろう。結局，この議論は職能別組織と事業部制組織の組織形態の比較分析を行い，事業部制組織を採用する大企業が利潤を最大化するとした『現代企業の組織革新と企業行動』と基本的に同じ論調であり，その他の著書でも脈々と流れている合理性の基準は最大化基準であると思われる。

　また，第3の点に関して言えば，ウィリアムソンは最初から垂直的統合の議論を想定して，不完備契約の概念を設定しており，組織論のパワー・パースペクティブな雇用契約を重視する立場と基本的に対立するものである。したがって，議論がかみ合っていないということがいえよう。これは，ウィリアムソンがサイモンの組織論から援用可能な理論だけを部分的に取り入れていることの証左であろう。

第6章 現代組織論と組織の経済学　161

(3) サイモンのウィリアムソン理論評価

サイモンは，1991年の論文 "Organizations and Markets"（組織と市場）の中で雇用契約について次のようにいう。

従業員の効用関数において，労働は通常マイナスの効用であり，レジャーはプラスの効用である。なのになぜ，従業員は一生懸命働くのだろうか。このような雇用契約から導き出されるモチベーションの問題に対して新古典派経済学は，従業員は企業のオーソリティを受容することによって効用を最大化すること，すなわち命令を受容することで当該の利益を最大化するために一生懸命働くのだというように解釈する。しかし，この回答では，雇用契約がどのようにして強化されるのかという新たな問題に直面してしまう（Simon, 1991a, p.26）。

サイモンは，この従業員のモチベーションの問題に対する新制度派経済学のアプローチに以下のように疑問を呈している。

新制度派経済学，特にウィリアムソンは，取引コストという概念でこの問題に取り組んでいるが，その取引の交渉のためのコストは，説明される必要のない外生変数として取り扱われる。つまり，ある種の限定合理性を行為の中に導入し，合理性の限界という外生的概念によって効用と利潤最大化という魔法のように非現実的な (magical) 領域内に理論をとどめることを可能にしている。新制度派経済学の基本的な特徴は，市場と交換の中心性を残したままだということ，そして説明するために必要な理論ならば，補助的な外生的仮説を多面的に取り入れるということである (*ibid.*, pp.26-27)。

サイモンは，組織論研究者[6]として組織の市場に対する優位性を「組織経済」という用語で説明している。それは2つの点で市場経済とは異なるという。1つは，従業員が「組織経済」の生産の主体であるという点である。も

う1つは，市場取引よりも組織のオーソリティ関係を強調するという点である。要するに，「組織経済」は現代経済のビジネスの大部分が組織によって遂行される理由を明らかにし，組織間の関係において市場の果たす役割や，組織と消費者の関係において市場の果たす役割を明らかにするのである(*ibid.*, pp.28-29)。そして，その「組織経済」の具体的な公準としてサイモンは，オーソリティ，報酬，忠誠心（一体化），調整を取り上げ，これらによって現実の組織における現実の人間が動機づけられるという（傍点は福永による）。

組織におけるオーソリティは，特定の行為を命令するためだけに使用されるのではなく，むしろ主としてそれを使用するのである。命令は引き起こされるべき結果という形，あるいは適応されるべき原則という形，あるいは目標の制約という形をとる。命令が出されるのは最終目標からのみであり，最終目標に到達する手段からではない。たとえば，蝶番（ちょうつがい）を修繕するように命令された機械工は，蝶番を修繕するあらゆる知識や技術を使用しなければならない。（中略）従業員は代替的選択肢を評価し，それらから選択するだけではなく，意思決定の必要性を認識し，アジェンダ，すなわちこれから実践する予定表にそれを乗せて可能な行為の発生を探索するのである。仕事をうまくこなすことは主として命令に対する反応の問題ではなく，組織目的を推進するために主導権を握るという問題なのである。命令は通常，特定の具体的行為を明記するのではなく，従業員が責任ある意思決定をするための前提を与えるのである。すなわち，オーソリティは意思決定前提を伝達するために使用されるのである(*ibid.*, pp.31-32)。

新制度派経済学は，雇用主を将来に対する不確実性に対処する存在とし，従業員を単に無関心圏内で受容する存在としてみなし，雇用によって雇用主と従業員のそれぞれの行動の取引コスト（交渉コスト）を大いに削減できると考える。しかしサイモンは，この雇用契約の理論の彫琢がもっとなされる

第6章　現代組織論と組織の経済学　163

必要があるという (*ibid.*, p.31)。ここでサイモンが問題にしているのは組織の効率性である。組織の効率性を強めるものとして第1にあげられる利潤動機は，組織目標に置き換えられる。それは組織への一体化，物的報酬や管理監督を含むものであり，それらのすべては従業員が組織目標に向けて働く動機づけになるのである。もちろん，この枠組みですべてが解決できるわけではない。サイモン自身も認めているように，たとえば，営利組織，非営利組織あるいは行政組織がいつうまく機能するようになるのだろうかという問題，あるいは市場競争が効率的に遂行できるように組織をいつ訓練する必要があるのかという問題に直面する。確かにこれは難問であるが，この問題について，サイモンは机上の理論ではなく現実の組織現象の観察からしか解決できないと言っている (*ibid.*, p.43)。

　このサイモンの「組織と市場」論は，近年の新制度派経済学の台頭に対する組織論研究者としてのアンサー論文であり，われわれにとっては意義あるものである。サイモンは現代経済において，なぜ組織が市場に優位なのかの例として，火星人が地球を望遠鏡で見たときの組織と市場における人間の行動をあげ，組織に従事する人間が圧倒的に多い事実を次のように説明している。

　その訪問者が，宇宙から地球を社会構造が映し出される望遠鏡で見たと仮定しよう。企業は，立体的なグリーンのエリアで映し出され，内部のかすかな輪郭が部局を区分している。市場取引は，企業をつなぐ赤いラインとして見え，市場間の空間にはネットワークが形成されているものとして映し出される。企業の内部（そしておそらく企業間）にはまた，青白いラインが見える。オーソリティのラインはさまざまなレベルの従業員と上司とをつないでいる。その場面をもっと注意深く下まで見ると，グリーンの集団の1つが分かれているのが見えるかもしれない。企業は，その部門の1つを取り出すとまた企業のように見えるのである。（中略）訪問者がアメリカ，ソ連，中国の都会，ヨーロッパのどこを見ても，その下の大部分の空間はグリーンのエリアの中にあるだろう。それは，その居住者のほとん

どすべての人が企業の境界の内部で働く従業員であるからである。組織はその景観の大部分を占める地形であるといえよう (*ibid.*, p.27)。

また，前述したように，サイモンは他に組織の効率性を強める動機としてオーソリティ，報酬，忠誠心（一体化），調整という組織経済の公準をあげている。もっとも，この議論は基本的には『経営行動』(Simon, 1947) における組織影響力論とあまり変わりはないともいえよう。しかしながら，1993年の論文 "Altruism and Economics"（利他主義と経済学）では，まず利他的行動の進化論的説明を行う。

進化論における利他主義は，行為者の適応性を減少させる一方，他者の適応性を高めるという行動を意味する。もし，他者の適応性に対する利他主義者の貢献の総和が，利他主義者による失った適応性よりも大きい場合，利他主義は他の集団との競争において利他主義者の集団の生き残りの可能性は増加するだろう。もっとも，一般には，兄弟や子供などの近い親族に対する利他主義のように，彼らの適応性に十分な貢献をする場合に子孫が繁栄する。というのは，人間は近い親族に対して，利他主義的遺伝子が働き，それらを繁殖させるからである。ところが，他人に対しては，利他主義者は大部分の遺伝子が利他主義的ではない。それは，全体として集団の適応性を高める場合であってもそうである。なぜなら，その全体の集団が成長するにつれて，その中の利他主義者たちはしだいに利他的でなくなりその集団の当初の利点が消え失せるからである (Simon, 1993, p.156)。

では，どうして利他主義は組織と結びつくのであろうか。サイモンは，これを限定合理性に基づく組織への「従順性」(docility) と結びつけて考えている。人間は，自らの適応性のために最適に行動しているわけではない。人間が限定合理性しか遂行できないというのは，1つの公理である。「限定合理性があるからこそ，従順性が進化の競争において人間の適応性への貢献をするのである。この『従順性』とは，ある主要な選択の基盤として，示唆，

推薦，説得や社会的なチャネルを通して得た情報に依存しやすい傾向をいう。……われわれはまわりの人々から学習することによって，かなりの程度においてしたいことができる。それは，われわれ自身の経験，われわれのために良いとか良くないとか，からではない。このような行動は，われわれの適応性におおいに貢献するのである。なぜならば，社会的な影響力は一般に，われわれに『われわれ自身にためになること』をアドバイスしてくれるし，このアドバイスのもとになっている情報はわれわれが単独で集めた情報よりもはるかに良いからである。結果的に，人々は非常に大きな程度の従順性を示すのである。概して，従順性は適応性に貢献し，その結果，進化の競争で非従順性を排除するのである」(*ibid.*, pp.156-157)。

　サイモンは，この人間行動における広範な利他主義は，まさに進化論的メカニズムの観点からみた人々の限定合理性と従順性に由来することを強調している。もちろん，組織の中での利己主義の部分は残存する。この組織への一体化すなわち，従順性が動機づけとなり，大企業組織の生存能力の説明が可能となるという。それは，もちろん現代経済の秩序化を市場と分かち合ってのことである (Simon, 1997b, p.199)。

　このサイモンの議論は，市場と組織の問題に関しての理論的な展開可能性がおそらく十分にあると思われる。従順性と結びついた利他主義の理論は，組織を分析するのはもちろん，市場においても分析可能である。なぜなら，市場においても利他主義は存在すると考えられるからである[7]。市場は，もちろん基本的には利己主義に基づいて動いている。市場における利他主義は，組織における利己主義と同じように表にはなかなか現れてこないもう一つの側面である。すなわち，組織と市場の両方において利己主義と利他主義は共存していると考えることができる。「組織における人間の利他主義」と「市場における人間の利己主義」，そして，その隠れた側面である「組織における人間の利己主義」と「市場における人間の利他主義」とは，互いに補完しあっている関係にあるように思われる。いずれにしても，この議論は経済学の根本原理である利己主義とまさに対立するものであり，相当慎重で深い検討がなされる必要がある[8]。

以上のようにウィリアムソンとサイモンは，以前同じカーネギー学派に属しながら，新制度派経済学の旗手と組織論の巨頭として組織と市場をめぐって論争を展開した。ウィリアムソンが比較の対象にあげた取引概念，経済化基準，不完備契約概念とサイモンの意思決定前提概念，満足化基準，パワー・パースペクティブな雇用契約概念は同一の次元での議論にはならない。しかし，まったく接点がないというわけではない。ウィリアムソンは組織論のパワー・パースペクティブな雇用契約について，他の契約関係との違いを認め一定の理解を示しているが，雇用契約の特殊性にこだわらず，不完備契約として垂直的統合の問題に議論の矛先を向けるのである。ここが，ウィリアムソンとサイモンの顕著な相違点の1つであろう[9)]。すなわち，ウィリアムソンは雇用契約の特殊性，換言すればオーソリティ，あるいは一体化の問題に関して無関心なのである。ともあれ，サイモンは2001年に他界した。その後，ウィリアムソンが組織論領域において顕著な業績をみせるのであろうか。

2．現代組織論と組織の経済学の位置

　サイモンは，市場経済における取引関係に対応するものとして組織経済におけるオーソリティ関係を強調した。ウィリアムソンは取引コスト概念を用いて組織と市場を分析した。それは市場の論理で組織を分析しようとするものであった。それに対してサイモンは，利他主義，すなわちそのメカニズムである従順性と限定合理性の概念を用いて組織と市場を分析しようとした。サイモンがいうように，1990年代前半まではウィリアムソンが主宰する新制度派経済学の方が勢力を誇っていた（Simon, 1991a, p.27）。しかしながら，2000年以後サイモンを後押しする研究が進行し，組織論や意思決定論の既存の文献が経済学の考慮に入れられるようになってきた。つまり，サイモンの限定合理性概念を援用した研究がめざましく発展しているのである。たとえば，2002年にノーベル経済学賞を授賞したバーノン・スミス（Vernon Smith）とダニエル・カーネマン（Daniel Kahneman）の行動経済学は新た

な経済学の領域として非常に注目されている。行動経済学とは，必ずしも合理的ではない人間の心理や行動の特性を考慮して経済学を再構築しようとする学問である10)。このように，分析ツールとしては取引コスト概念よりも限定合理性概念の方がはるかに汎用可能性があることが次第に証明されつつあるようである。

　ところで，いわゆるミクロ経済学のいう市場概念は，需要と供給が出会うことで財の価格が形成される場所であった。それは企業を単なる「点」として，すなわち技術的な生産関数を通じて生産諸要素を生産物に変換する単位としてとらえるにとどまり，「組織」という広がりに関心を寄せなかった。すなわち，市場そのものの構造や市場における企業と企業の関係，あるいは企業と卸売，小売商，消費者との関係などはまったく考慮に入れられていなかったのである。新制度派経済学では一応，企業の「組織」という広がりに関心を寄せている。取引概念で分析すれば，市場そのものの構造や市場における企業と企業の関係などは，ある程度明らかになる可能性がある。しかしながら，戦略論のような，「非常に超ミクロ経済的な」分析は望むべくもないのである。

　ここで，第5章で論じた現代組織論の系譜の中の高橋（1998）をもとに，現代組織論と組織の経済学の位置づけを整理しておこう（図6-1）。バーナードが，意思決定論のもとになった制約的（戦略的）要因の概念をコモンズから引用していることは周知の通りである。その後の組織論の発展は，第5章で詳細にレビューしているので，ここであらためて言及するまでもない。バーナードやサイモンなどから発展した組織論の系譜は現代組織論の主流であり，組織論アプローチと位置づけることができよう。

　組織論から広く経営学に視点を移せば，バーリ・ミーンズは，1920年代から1930年代に株式会社の所有が個人から会社を運営する一部の少数者支配集団に移行したという変革を実証的に分析し，これを産業革命に匹敵する株式会社革命と称し，今日のコーポレート・ガバナンス論の基礎を築いた（Berle and Means, 1932）。この思想は，ヴェブレンからかなりの影響を受けていることは明らかである。というのも，ヴェブレンの制度派経済学は，

168　第Ⅱ部　経営学の系譜

19世紀末の独占問題や企業の生成とその発展について述べていたからである（Veblen, 1904）。これに続くバーナムは，所有と経営の分離が進行すれば，資本主義は社会主義に移行するのではなく経営者社会（国家）になると論じ，『経営者革命』を著した（Burnham, 1941）。ゴードンは，この流れの

図6-1　組織と市場を軸にした組織論の系譜（高橋, 1998, 26-27頁より一部加筆修正）

年代	1900	1910	1920	1930	1940	1950	1960	1970	1980	1990	2000
経営組織論	科学的管理法 Taylor, Gantt, Gilbreth	→	→	生産管理論	→	→	経営工学	→	→	→	戦略論(OtoM)
	管理職能論・原則論 Fayol, Church	→	→	→	→	管理過程論 Urwick, Davis, Koontz-O'Donnell	→	→	コンティンジェンシー理論 Lawrence-Lorsch	→	
	総合的産業経営論	→	→	→	伝統的組織論 Mooney-Reiley	→	→	→	→	→	
	産業心理学 人事管理論 Metcalf	→	→	人間関係論 Mayo, Roethlisberger, Dickson	→	→	行動科学	→	→	→	組織論(O)
				近代組織論 Barnard, Simon	→	→	組織行動論 March-Simon	→	→	→	
	官僚制理論 Weber	→	→	組織の構造機能分析 Merton, Gouldner, Parsons	→	→	組織構造論	→	→	→	
	ミクロ経済学の企業理論 Marshall	→	→	→	→	→	企業の行動理論 Cyert-March	→	組織の経済学(MvsO)	→	
	制度派経済学 Veblen, Commons	→	→	制度論的経営学 Berle-Means, Gordon Burnham, Drucker	→	→	Chandler	→	→	→	制度論(MtoO)
	文化人類学	→	→	→	→	→	→	→	→	→	

（注）戦略論アプローチのキーワードは「組織から市場へ（OtoM）」，組織論アプローチのキーワードは「組織（O）」，制度論（企業論）アプローチのキーワードは「市場から組織へ（MtoO）」，組織の経済学アプローチのキーワードは「市場対組織（MvsO）」である。ここでいう組織の経済学とは，取引コスト経済学，エージェンシー理論，所有権の経済学，新しい経済史，比較制度分析論などを含む。ただし，特にこの図の1990年以降は，あくまでも組織論（経営学）の分類を試みたものであり，便宜的なものである。したがって，後の章で提唱する進化論的経営学は含まれていない。あえて言えば，進化論的経営学はどの領域からもアプローチが可能である。

経営者支配論に一歩踏み込んで，大企業の株を自らはほとんど所有しない経営者たちのリーダーシップ職能に着目した（Gordon, 1945）。ドラッカーは，特に初期の著作『経済人の終わり』や『産業人の未来』においてファシズムの批判をし，さらに新大陸アメリカにおいて新しい産業社会を模索した。そこでは，社会を支える大企業経営者の権力の正統性を問題にした（Drucker, 1939; 1942）。その後，ドラッカーは知識社会論，イノベーション論，非営利組織論，リーダー論，未来社会論まで論じた。しかしそれらの本質は，マネジメントとは何かということであった。この一連の学派は一般には制度派経営学とよばれている。もっとも本書では，制度論的経営学と位置づけた。

また，その他に経営学者ではないが，一部の経済学者もこの流れに位置すると思われる。その中でもガルブレイスは，現代社会における大企業の経済的社会的政治的影響力に関連して，その内部のテクノストラクチャーとよばれる専門的な知識を持つ労働者に着目した（Galbraith, 1967）。経営史家のチャンドラーは，制度としての企業の歴史についての一般的法則「組織は戦略にしたがう」を導きだし，大企業制度の起源から成熟までの歴史的な位置づけとそれに伴う経営者資本主義，すなわち大企業の経営者という visible hand（見える手）が市場を支配する諸力である invisible hand（見えざる手）に取って代わったそのプロセスを明らかにした（Chandler, 1962; 1977）。また，『スケールアンドスコープ』では，その経営者資本主義の米英独の比較を試みた（Chandler, 1990）。彼らの理論は制度論とよばれている。制度論的経営学あるいは制度論（企業論）アプローチのグループは，経営学の中でも「市場から組織へ（MtoO）」が研究対象であると考えられる。

バーナードの組織論の1つの特質は，組織をオープン・システムとしてとらえたところにあった。また，社会学の領域のパーソンズやホーマンズらの研究も組織をオープン・システムとしてとらえて考えていた。しかし，一般的には1960年代に社会科学全般の中で生物学者ベルタランフィの『一般システム論』などに代表される社会システム論が注目され，システム・アプローチが普及していったと考えられている。このような状況を反映し，経営学の分野に1970年代からコンティンジェンシー理論が生成していったので

ある（角野, 1998）。コンティンジェンシー理論は，現在は衰退しているようであるが，それに続くと思われる戦略論は，1980年代以降，活発な議論が続いている。これは，ある意味では，戦略論が狭い意味での組織論では対応できなかった市場の問題との関連を扱っているからであろう。逆に言えば，コンティンジェンシー理論の衰退の原因は，組織の外部の規定を環境という非常に広い概念から出発したからであろう。チャンドラーの命題「組織は戦略にしたがう」が，今日の戦略論の出発点となったのである。社会システム論からコンティンジェンシー理論，戦略論へと続くグループは，経営学の中でも「組織から市場へ（OtoM）」が研究対象となっているといえよう。これらは戦略論アプローチとでも名付けることができよう。

経済学についての学説的な系譜の研究は，経済学の分野で十分になされているものとして，ここでは省略したい。ただ，1つだけいえることは，一般に経済学は，市場と組織の問題を「まず市場ありき」という前提から出発しているということである。つまり，市場がまずあることを前提にして，「組織はどうして存在しているのか」あるいは「組織はなぜ必要なのか」の研究，すなわち「市場対組織（MvsO）」の議論がなされてきたといってもいい。このグループは組織の経済学アプローチと名付けることができよう。

このように学説史的に概観すれば，経営学を含めた組織論と組織の経済学のルーツがヴェブレンやコモンズの制度派経済学，あるいはさらに遡ればマーシャルのミクロ経済学にあることは，容易に推察できる。もっとも，組織論を社会学としてみれば，ウェーバーがルーツであると考えることもできる。組織論と組織の経済学は現在では異なる領域であるが，20世紀初頭ではまだ未分化の段階であった。現在，経済学の研究領域が市場機構のワーキングであり，経営学の研究領域が組織機構のワーキングであるとするならば（稲葉, 1994），この1世紀の間でこの分野の学問分化がいっそう進んだということがわかる。

近年における経済学の組織論への参入はとどまることを知らず，1997年，青木昌彦の比較制度分析のグループであるミルグロム・ロバーツの*Economics, Organization and Management*（Milgrom and Roberts, 1992）が翻訳

された(邦訳『組織の経済学』)。この本は第2章で言及したように,米国で大学の経済学部とMBAコースでのこの分野のテキストになっている。これは1980年代以降,経済学の分野で最も発展したゲーム理論をもとに「組織」という制度を分析したものであり,組織論プロパーの研究者にとっては必読の一冊といってもいい。また,ベサンコとドラノブとシャンリーの *Economics and Strategy* (Besanko, Dranove and Shanley, 2000) も翻訳された(邦訳『戦略の経済学』)。こちらは,長期費用関数,短期費用関数,需要の価格弾力性,あるいは消費者余剰などの経済学の概念を用いて戦略論のテキストとしたものであり,戦略論プロパーの研究者にとって必読の一冊であろう。ただ,問題はこの議論を組織論や戦略論研究者がどう位置づけるかである。日本においては必ずしも経営学者と経済学者の対話がなされているとはいえないのが現状である。経営学と経済学の対話を実現するためには,経営学研究者による経済学アプローチの検討,また「組織と市場」に関する学際的方法論の研究がなされる必要があると思われる。

3. 組織論と経済学の方法論

経営学者あるいは組織論者の固有の研究内容と研究方法については,現在のところ,これがそうだと断言できるものは,残念ながら存在しない。組織論の組織研究の方法論としては,実証主義的研究(構造機能主義的研究)と解釈学的研究(解釈社会学的研究)に別れ,アンケート調査・インタビュー調査などの実証研究や文献研究が中心である。しかしながら,その方法論は組織論に固有のものではない。特に,日本の組織学会の最近の動向をみてみると,前者の研究が多くなってきているように見受けられる。それは,ある意味では当然のことと言っていい。なぜなら,サイモンがいうように,組織そのものがうまく機能している,あるいはうまく機能していないというシステムの問題については,机上の理論ではなく現実の組織現象の観察によって解明が可能だからである。一方,経済学における組織研究への方法論は,ゲーム理論,取引コスト理論,所有権理論,比較制度分析,行動経済学,進化経

済学などがあり，これらの多彩なアプローチによって組織の経済学を完成させようとしている。組織論研究者としては，これらの刺激的な議論を単なる違う専門用語を持つ別世界のことと片づけることは避けなければならない。

　ウィリアムソンの合理性の基準は，サイモンの限定合理性を部分的に使用しており，最大化基準のままにとどまっている。その方が，理論の複雑性を回避するためには，はるかに都合がよいからであろう。新古典派経済学は，総じて高等数学を駆使して理論の精緻化をはかり，現実から乖離してしまった。その反動で現在の組織の経済学の隆盛を招いているといえよう。

　組織論と経済学のそれぞれの交流は，すでに欧米においては始まっている[11]。それは前述したように，限定合理性に関する議論が中心である。また日本においても，一部の経済学者の間でかなり議論されているようである。重要なのは，これからその議論を欧米のように組織論研究者と共にする必要性があるということである。そうでないと学際的研究にはならない。組織論あるいは経営学は，サイモンの限定合理性概念を自明のこととして，ことさらこの問題を議論の対象としない。しかし，経済学者は最近になって，特にこのサイモンの概念に注目してきた。それは，ある意味では，経済学の理論吸収力の旺盛さあるいは機会主義的態度を示唆している。

　企業あるいは組織というフィールドは，非常に魅力的な研究分野である。経営学にとって固有の問題である生産・研究開発・人事雇用・コーポレートガバナンス・コンプライアンス・社会的責任等の企業原理に関する研究領域，売上高・経常利益・市場シェア・時価総額・ブランド価値・売上高営業利益率等の市場原理に関する研究領域，あるいは組織の形態・組織の寿命・個人行動特性等の組織原理に関する研究領域など理論的にも現実的にも未解決の課題が山積している。組織論あるいは経営学研究者は，これらの課題に対して経済学に限らず周辺諸科学の方法論を学び，さらなる経営学の発展に尽力すべきときに来ているであろう。

注
1）　一般に「新制度派経済学」（New Institutional Economics）という場合，2つの学派が含まれている。1つは制度に関するさまざまなアプローチを試みているグループを総称する意味の

学派である。また，新制度派経済学は取引コスト経済学，エージェンシー理論，所有権の経済学のみを指す場合もある。そして，もう1つはウィリアムソンが初めて，1975年の『市場と企業組織』(Williamson, 1975) でこの言葉を用い，取引コストを分析のキー概念とする狭い意味での制度について研究する学派である。本章では，後者の意味の新制度派経済学であるウィリアムソンの議論に限定する場合は「取引コスト経済学」(Transaction Cost Economics) ということにする。というのも，現在，制度経済学系の雑誌では，すでに「新制度派経済学」(New Institutional Economics) という統一的な学派名が定着しているからである。たとえば，*The Journal of Institutional and Theoretical Economics* では，1984年以来毎年，新制度派経済学に関するシンポジウムを開催し，この雑誌に掲載している。トピックスとしては進化論，取引コスト経済学，契約理論，経済史などの学際的研究である。

2) 本章の原案作成中に次の邦訳版が出版されたが，引用箇所は基本的には，福永が原書から翻訳したものである。飯野春樹監訳『現代組織論とバーナード』文眞堂，1997年。また，本文中ではこの著作を Organization Theory ということにする。

3) また，次の文献も取引概念について述べている。Commons (1924), pp.65-142 および Commons (1951), pp.43-57 を参照。

4) この著作の初版 (1947) 以降第3版 (新版1976年) まで，正確には，本文中には bounded rationality という表現はなく，bound of the area rationality あるいは limit of rationality という表現が使用されている。実質的には，第2版 (1957) の序文で使用されたのが最初であると思われる。最新の第4版 (1997a) は，各章にそれぞれコメントを付加したものであり，本文中には bounded rationality が多用されている。詳細は，Simon (1997a)を参照。

5) 原典は，次のアローの論文を参照。Arrow (1987), p.734.

6) サイモンは，研究生活の当初 (1930年代) においては，政治学専攻であった。そして，サイモンの母校であるシカゴ大学の学風と彼自身の才能によって，政治学以外の社会科学や人文科学などを次々とマスターしていった。しかし，彼が当時から最も研究したいと思っていたのは経済学であった (Simon, 1991b, p.51)。そのことからすると，「組織論研究者としてのサイモン」というようにサイモンの研究分野を一意的に限定してしまうのは，誤解を招くかもしれない。サイモンは，経済学者でもあるのである。

7) 市場における人間の利他主義の例としては，ある企業が生成期からずっと特定の業者と長期間取引しているケースが考えられる。取引相手が昔からの幼なじみであると，お互いにまるで組織内の人間であるかのような利他的な行動をとることがある。長いつきあいということで，その企業にとっては高い見積もりでも受け入れてしまうケースは多い。その組織内部の個人は，取引先の個人と親しいし，利他的な行動，すなわち相手の適応性を増すよう働きかけることになる。もちろん，そのような利他的な行為はお互いに行っている。その場合，それがもし本来の市場競争であったならば，その企業はおそらく取引できなかったかもしれない相手と取引していることになり，最大化基準を達成できなくなってしまっているのである。これもれっきとした市場取引である。

また，市場における人間の利他主義としてのもう1つの例としては，Linux の事例がある。Linux は Windows のサーバーの代替 OS としてさまざまな大企業ですでに採用されている。Linux の特徴は，フィンランドのヘルシンキ大学の学生であったリーナス・トーバルズという若者が作った UNIX タイプの OS である。しかも，そのソフトは全世界の開発者に向けてインターネット上にオープンにされ，次々と改良され誰もがアクセスし自由に使用できるものである。彼は利益を求めていたのではなく自らの楽しみで制作したものであり，この事例は明らかに利他主義的な行動である。

8) なお，このサイモンの利他主義と従順性の議論は，本書8章において経営学における進化論

的アプローチの動向の1つとして「進化倫理学アプローチ」に位置づけ,さらに考察をすることになる。
9) さらにまた,ウィリアムソンとサイモンは,組織の概念に関して根本的に対立している。ウィリアムソンは組織と市場について,あいまいな概念規定のまま議論を展開している。彼は,組織も市場も制度であるという立場をとり,それは取引コストで代替性をもつという。また,市場のことを市場組織 (market organization) と言い換えている箇所もある (Williamson, 1990, p.186)。これでは,読者が混乱するおそれがある。ウィリアムソンの組織の概念は,契約という特定的な概念に集約されてしまっているのである。一方,サイモンは,組織と市場を明確に区分している。組織と市場はともに情報処理の負荷を軽減するものであることに共通点をもつが,組織の媒介となるものが意思決定前提であり,市場の媒介となるものが価格であるとしている (Simon, 1981, pp.48-50)。認知科学の研究とも照らし合わせてみれば,サイモンの議論に理論的な厳密さがあることは明らかである。
10) 行動経済学は,近年著しく発展している。たとえば,行動経済学の手法として実験経済学があるが,実験経済学とは,参加者に経済動機づけを実際に与えて,制御された環境のなかで経済的意思決定をさせ,それを観察・分析することである。近年,コンピュータやfMRI(機能的磁気共鳴影像法)を使用してこの実験が行われるようになった。後者の研究は,fMRIの画像から実験対象者の脳内の反応をみて意思決定プロセスを特定していこうとするものである。
11) 1988年,エジディとマリスはイタリアで開催されたサイモンとイタリアの経済学者や社会科学者とのコロキウムを編集している (Egidi and Marris, 1992)。この著書をもとにしてサイモンは,イタリアの研究者との議論を整理している (Simon, 1997c)。米国では,合理性そのものの議論がいくつか試みられてきている (Halpern and Stern, 1998)。この著作の論者たちは,意思決定論,組織論,心理学,経済学(ゲーム理論)が専門で学際的な研究となっている。さらに,ルビンシュタインは限定合理性の概念をモデル化しているが,彼はそれに対するサイモンの批判を掲載し,自ら返答している (Rubinstein, 1998)。

第III部

経営学の展望

第7章
経営学の生成と社会ダーウィニズム
――バーナード理論をめぐる思想的背景――

　日本のバーナード研究者の数は多く，またその業績の質と量は本家のアメリカを凌いでいるのは周知の通りであるが，アメリカにおいても特に近年，バーナード経営学の再評価がなされていることは特筆すべきことである (Godfrey, 1994; Pye, 1994; Feldman, 1996a; Feldman, 1996b; McMahon and Carr, 1999; Aupperle and Dunphy, 2001; Dunphy and Hoopes, 2002; Gehani, 2002; Hoopes, 2002; Novicevic, Hench and Wren, 2002; Anonymous, 2003; Novicevic, Davis, Dorn, Buckley and Brown, 2005)。バーナードは経営学の生成におおいに貢献し，テイラーとともに現代経営学の科学的基礎を築いたパイオニアであるということに異論はないであろう (Parayitam, White and Hough, 2002)。

　バーナードは，本職の AT&T やロックフェラー財団理事長などその他の政府の各要職をこなし，その経験を生かして，『経営者の役割』を著した。彼はこの著作によって，経営学において不朽の業績を残した。彼がこの本の思索を練った 1920〜1930 年代はアメリカ経営学やドイツ経営学がその基盤を確立した時期であった。バーナード研究者のウィリアム・スコット (William G. Scott) は，20 世紀初頭にアメリカが管理国家 (Managerial State) という時代に移行し，そしてバーナード自身がその守護者 (Guardians) として両大戦間期にこの管理国家の形成・拡大に貢献したと解釈した (Scott, 1992)[1]。

　本章は，まずスコットのバーナード解釈に基づき，経営学におけるバーナード理論の位置づけを行う。そこでは，19 世紀末からバーナードが登場

するまでのアメリカにおける経営学の生成プロセスが記述され，バーナード理論を形成した思想的背景をその生い立ち，キャリア，人的関係を跡づけながら探る。スコットの詳細にわたる検証では，バーナードの経営学と社会ダーウィニズム[2]との関係を追究することができなかった。しかしながら，本章の目的はいわばこのミッシングリンクを発見することである（Kidwell, 1995）。筆者は，第2章において，テイラーがハーバート・スペンサーの「適者生存」[3]をそのまま『科学的管理法』の著作の中に表現し，社会ダーウィニズムの呪縛が解けなかったと解釈した。果たして，バーナードはどうだったのか。バーナードがエリート経営者として，あるいは研究者としてどのように主著を形成していったのか。本章の最後では，バーナードの経営学がスペンサー思想といかに類似した理論を展開していたのかが明らかにされる[4]。

1. 経営学におけるバーナード理論の位置[5]

スコットによれば，マネジメント革命（management revolution）は2つの側面を持っていた（Scott, 1992, p.25）。1つは，マネジメント自身が人間行動，管理職能，組織構造に関して研究，教育，伝達，改善が可能であるような概念や調査手法，特定の実践的な技術を持った専門職として認識されるようになったということである。もう1つは，マネジャー自身が組織の権力構造のなかで深遠な知識や地位を持つことによって他の人々とは異なる独特な階級のメンバーであると認識したということである。スコットは，マネジメント革命をこのように捉え，バーナードが登場するまでの年譜を掲げる（図7-1）。

1880年代には，経営学にとって2つの注目すべき論文があった。それらはいずれもマネジメント思想における革新主義[6]の影響が大きかったことを示している。そのうちの1つは1886年のアメリカ機械技師協会（ASME）で発表されたヘンリー・タウン（Henry Towne）の会長就任のスピーチであり，もう1つは1887年のウッドロー・ウィルソン（Woodrow Wilson）の政府における能率についての論文「行政の研究」である。タウンのスピー

チのテーマは「エコノミストとしての技師」であり，それは革新主義の基本的な理念である能率を念頭に置いたものであった。産業家であるタウンの直接の目的は，ASMEの会員である工場管理者に組織の問題に対して積極的に取り組むように鼓舞することであった。タウンは特に，マネジメントの問題に関して論文を発表することを奨励した。その後9年間で5本の論文が提出されたが，それらはすべて労働者の奨励給制度を扱ったものであった。

このような状況のなかで，1895年テイラーは「差別出来高賃金制」をASMEに発表した。テイラーのこの考え方は相当なインパクトを与えた。テイラーは，科学によってマネジメントの問題に取り組み解決することができることを証明したのであった。そして科学的管理運動は，改革推進者である革新主義と同じ道を歩んでいった。革新主義的な理念を持った科学的管理法のパイオニアたちは，第1次世界大戦以前の能率に対する考え方を根本から変えた。そのパイオニアとはテイラー，ギルブレス，エマーソン，ガント，クックらであった。その改革は能率を増進することにあった。能率のなかには，生産性を上昇させること，コストを低下させること，貧しさを解消させること，労働問題を解決すること，世界でアメリカの覇権を続けることを含んでいた。つまり，彼らのビジョンは，当時のアメリカの政治的な動向とまさに一致していたのである。科学的管理運動は，歴史的には当時のパイオニアたちの能率の専門家としての仕事というよりも理論や研究として考えられることが多い。彼らは不十分な形であるが事実の収集や概念の正当化を行い，物質主義を主張することによって社会的なコンセンサスが得られ，生産性がその後規範的な形で強調されることになった。このように，生産性と社会の調和はマネジメントの成功と正当性を測る物差しとなっていったのである。

この生産性についての理論は，ヨーロッパ各地でも受け入れられていった。こうして専門職としてのマネジメントは，科学と物質主義的な価値によってアメリカからヨーロッパへ輸出された思想の1つになったのである。科学的管理法が名声を得るにつれて，能率という概念は企業のリーダーだけではなく教育や宗教組織の事務部門にも受け入れられていった。しかし，こ

図7-1 マネジメント革命：自己形成（self-awareness）の年譜（1886～1938）

	1886	タウン，ウィルソン，革新主義精神 1886/1887
科学的管理運動：テイラー，ガント，ギルブレス，バース，エマーソン	1895	テイラー「差別出来高賃金制」ASME
	1901	U.S.スチール設立
I/O心理学：実験と人間工学	1915	第1次世界大戦（1917）―「戦時体制」戦時人事委員会（スコット・ヤークス）軍事検査プログラム
		ラムルがローラ・スペルマン追悼基金（LSRM）を指導（1923-1928）
	1925	ハーバード・ビジネス・スクール（GSB）の再編成（ドーナム学部長）
応用行動科学：ホーソン研究		メイヨーがGSBに参加（1926）
		ヘンダーソンとメイヨーが疲労実験を開始（1927）
		LSRMがロックフェラー財団に吸収（1928）
		スペルマン基金：PACH-1313を支援
古典的組織理論	1930	ムーニー・レイリー『前進する産業』1931
		バーリ・ミーンズ『近代株式会社と私有財産』1933
		デイビス『産業組織と管理』1928
		ギューリック・アーウィック『管理の科学に関する論文集』1937
管理への機能的アプローチ		『ブラウンロー・レポート』1937
	1938	レスリスバーガー・ディクソン『管理と労働者』1939
		バーナード『経営者の役割』1938

（出所）　Scott, 1992, p.26.

の科学的管理法の人気も1920年代の後半には衰えていった。というのはこの頃になると，科学的管理法に対して科学的に装っているだけではないかとか，温情的だけど卑劣な手段であるとか，労働者に欠陥があることを一般化していることなどと批判された。つまり，経済的なインセンティブや仕事の編成だけではモチベーションや生産性という人間的な問題を解決するには不十分であったのである。

　1916年に全国科学アカデミー財団によって戦時体制の一環として全国学術研究会議（National Research Council）が設立された。NRCの心理学に関する委員会では軍事における人事政策を発展させることを目的としていた。この委員会は，ロバート・ヤークス（Robert M. Yerkes）とウォルター・スコット（Walter Dill Scott）をリーダーとして第1次世界大戦中の175万人の軍人の知能テストを行った。政府による大規模な知能テストの実施は，企業の人事政策の改善のための産業心理学の可能性を示していた。近代的な産業心理学はこうして生まれたが，2つの方向性をもっていた。1つはこの知能テストの発展であった。1920年代には，適性テスト，人格テスト，職務選好テスト，手先の器用度テストなどが急速に発展した。もう1つは初期の段階の人間工学で，労働環境の変化と生産性の心理学的生理学的な側面の研究であった。メイヨーをはじめとする当時の心理学者たちは，疲労と生産性の関係の研究，薬物使用と注意力の研究，騒音，職場レイアウト，欠勤，人事異動などの職場環境の変化の研究，そして労働者の生産性と満足な色，音，光，音楽の研究などを行った。

　これらの産業心理学の研究はロックフェラー財団（Rockefeller Foundation）の支援によって社会科学に大きな足跡を残すことになった。1923年ジョン・D. ロックフェラーは，最初の妻ローラを偲んで設立したローラ・スペルマン・ロックフェラー追悼基金（LSRM）によって社会科学研究に資金提供をした。研究者肌の企業家であったバーズリー・ラムル（Beardsley Ruml）によってこのLSRMは，社会学，心理学，経済学，政治学，歴史，人類学の分野の研究の発展に協力した。ラムルは2つの目的を持っていた。1つはアメリカやヨーロッパの大学に社会科学の研究機関を作ることであっ

た。もう1つはこれらの機関で研究する有能な研究者を増やすことであった。LSRMは，1928年ロックフェラー財団に吸収された。この財団の社会科学部門でLSRMの意志が引き継がれた。この財団はまた，スペルマン基金という新しい資金を作った。この基金はシカゴ大学のキャンパスの中に行政情報センター（Public Administration Clearing House）を創設した。PACHは"1313"（シカゴ大学のキャンパスの住所）という愛称で呼ばれ，行政官の専門的な育成の中心的な役割を果たしていた。そこでは，連邦政府や市レベルの行政官が情報サービスや教育訓練を受けることができたのである。ニューディールの期間，この"1313"は連邦政府の行政官にとってキャリア形成の重要な位置を占めることになった。つまり，この機関は行政におけるマネジメントの専門職的な形成の拡大に重要な貢献をしたのである。

　LSRMが企業のマネジメントに及ぼした影響は少なくなかった。ペンシルバニア大学のワートンスクールで客員研究員をしていたメイヨーに対して，このLSRMに応募するように要請したのがハーバード大学のウォーレス・ドーナム（Wallace B. Donham）であった。これが縁で，1926年メイヨーはハーバード大学のビジネススクール（GSB）に招聘されたのである。その後すぐ，メイヨーはドーナムの仲間のローレンス・ヘンダーソン（Lawrence J. Henderson）と親交を深め産業心理学の実験を進めた。1927年LSRMの奨励金で，ウェスタン・エレクトリック社の照明実験に参加したが，この研究がホーソン研究のはじまりであった。ホーソン研究が社会科学に果たした影響ははかり知れないが，その重要な知見は，仮説ではあったが，マネジメントは従業員の潜在的欲求を発見することによってモチベーションや生産性を改善することができるのではないか，ということであった。しかしながら，マネジメントの専門職業としての認識の変革は心理学や社会心理学から得た理論や研究に限ったものではなかった。機能主義者や組織理論家もまたこの時代のマネジメント思想に重要な影響を及ぼしたのである。

　機能主義者はマネジメント行動の普遍的な要素を探り出そうとした。すなわち，あらゆる組織，あらゆる階層のすべてのマネジャーに共通する機能を

見つけ出そうとしたのである。その代表的な論者はフランスのファヨールであった。彼の著書『産業及び一般の管理』では，マネジメントの普遍的な機能は計画，組織，命令，調整，統制であるとした。また，デイビスはその著書『産業組織と管理』のなかで，マネジメントの機能は計画，組織，統制であるとした。ギューリックとアーウィックは，POSDCORB をマネジメントの機能とした。機能主義者のアプローチは規範的，受動的，表面的であるなどと批判されることが多い。しかし，経営学という新しい分野が確立しつつある時代の機能主義者の貢献の重要性を過小評価してはならない。

1920 年代には古典的な組織構造論が展開されたが，それ以前にウェーバーが官僚制の理論を展開していた。しかし，アメリカでは，ファヨールと同じく第 2 次世界大戦後までは言葉の壁によってその重要性が認識されることはなかった。ところが，アメリカにもウェーバーと実質的には同じ組織構造に注目した論者がいたのである。それはムーニーとレイリーであった。彼らは『前進する産業』で構造的なダイナミズムの理論を展開した。そのなかで構造を決定する組織の 2 つの力は分業と権限の集中ということであった。そしてこの 2 つの力のバランスを取ることがマネジメントの重要な仕事であった。ムーニーとレイリーは，調整は組織の主要原則であると主張した。ムーニー・レイリーのラインとスタッフの関係についての理論などは，第 1 次世界大戦の軍事経験から学んだものであった。行政学の分野で重要なのはギューリックとアーウィックの『管理の科学に関する論文集』であった。この内容はムーニー・レイリーと類似したものであったが，その理論的な基盤を行政学に求め連邦政府の再編成を主張したのである。

革新主義の理念，科学的管理運動，産業心理学，機能主義アプローチ，古典的組織理論というこれらの注目すべき著作は，1938 年までに完全に統合され有効なものとなった。そして，これらは経営学という分野の形成にかなり貢献した。それから引き出されたものは組織の機械としてのメタファーであり，その原則は当時の管理国家の構造化に役立つものとなった。これらすべてはバーナードの思想に大きな影響を与えたが，彼はまた経営者の階級意識の拡大に注目していたのである。

経営者の階級意識は，単に共通の職業や専門分野における概念の共有に基づく以上のものを意味する。それは，アメリカの文化や価値にかなり影響を受けているからである。物質的繁栄という価値は，マネジャーによって広く受け入れられ，組織のなかで専門職としての実践という価値ある目的を持っていた。しかし，物質的繁栄は優れたマネジメントの成果として組織が享受したものである。すなわち，大量生産，大量販売，顧客へのサービスというシステムによる利潤追求は他の手段に比べて道徳という要素が必要である。この一般的な見方は経営学の専門分野の概念や実践に応用された。それは，アメリカの企業人の評判が悪くなった不況時に急速にひろまった。したがって，急速な展開をしたマネジメント革命は単に経済的前提だけではなく，それ以外の前提も考慮に入れなければならなかった。

　企業のリーダーシップと経営者のリーダーシップは別のものであるという考え方が当時は主流であった。伝統的な企業家とは異なって，不況に対する批判の矛先を経営者は受けずにすんだのである。マネジャーは，他の従業員と同じく地味な田舎町出身で当時の価値，世情，ニーズに順応した人間であった。彼らはヴィルフレート・パレート（Vilfredo Pareto）の「エリートの循環」を具現していた。彼らは，マネジメントの経験によって得た能力，専門性，合理性，品性によってアメリカの組織の守護者になる権利を自らがもつと信じたのであろう。管理国家はマネジメントの実践のための新しい組織のあり方を提供した。それに伴い，マネジャーは社会における地位，役割，機能を持つ存在として自分たちを意識することになった。スコットによれば，エリート階級である大企業の経営者は，白人，プロテスタントの男性が多く，中・低層階級出身で，ビジネススクールやエンジニアリングスクールを出ており，1つの会社でその職業生活の大部分を過ごし，会社の階層のトップの地位についたときには50歳を越えており，そして多くは共和党支持者であるという同質性があった。

　この階級感覚は，専門職の実践を通した特定の知識によって強められ，マネジャー自身あるいはこの分野の研究者によって創り出されたものである。しかし，この感覚の学習は多くの組織を管理し，研究し，教化されたわずか

な人間だけが実際には可能であった。たとえば，テイラーは鋳鉄の運び手の精神的な能力を評価し，マネジメントの知識の占有性を強調した。また，バーナードはマネジメントの活動は，他の人々には説明が不可能であることを根拠にこの知識の占有性を論じた。

技術を用いるのに必要な常識的な日常の実際的知識には，言葉で表せないものが多い。――それはノウハウの問題である。これを行動的知識ということもできよう。それは具体的な状況において仕事をするのに必要であり，管理技術におけるほどこれが必要なところは他にないのである。それは不断の習慣的経験によって会得できるのであり，しばしば直観的と呼ばれるものである（Barnard, 1938, p.291：訳書，304 頁）。

このエリート階級は，同じ社会的サークルを移動する。会社の重役，大学や慈善団体の理事，社会的事業，社交クラブの主事，美術館の館長などの間を移動する。したがって，経営者階級はその権力，知識，価値，経験によってアメリカの他の人々とは一線を画しており，またある点において優れていると自らを考えることができた。スコットは彼らのことを「管理国家の守護者」と呼んだ。またスコットは，バーナードの次の非公式管理組織の叙述ほど守護者階級という意味をとらえたものはないという（Scott, 1992, p.37）。

非公式管理組織を維持する一般的方法は，人々の間に融和性（compatibility）という一般的状態が維持されるように運営し，管理者を選考し昇進させることである。公式の能力について問題がない場合でも，職務を果たすことができない，あるいは「適任でない（do not fit）」ために，昇進や選考もされず，むしろ解任されなければならないことさえたびたびあるだろうし，また時々あることも確かである。「適任」という問題には，教育，経験，年齢，性別，身分，威信，人種，国籍，信仰，支持政党，出身地のようなことがらと態度，話し方，風貌などのような個人的な性質が含まれる（Barnard, 1938, p.224：訳書，234 頁 [傍点は福永による]）。

つまり，バーナードは，スコットのいう管理国家の守護者としてアメリカをリードした経営者であり，その実践を体系的に著作にあらわした最初の人物であったのである。もしそうであれば，バーナードはどういう人物で，どういうキャリアで，どういう思想をもっていたのであろうか。このことを検証しておく必要がある。次節では，これらを明らかにしよう。

2．バーナードのキャリアと思想形成[7]

(1) チェスター・バーナードの誕生

バーナードの誕生日は1886年11月7日である。この年は，偶然にもウィルソンとタウンによる革新主義運動がまさに始まった年であった。この年以降，バーナードの主著が出版される1938年まではマネジメント革命が進行し，アメリカが近代化する重要な時代であった（Scott, 1992, p.61）。

バーナードは，後に長期にわたってAT&TのCEOとして君臨することになる幼なじみのウォルター・ギフォード（Walter S. Gifford）とは特別な関係にあった。彼はバーナードよりもわずかに22カ月年上であったが，ベル・システムでの40年間，バーナードに対し昇進の機会を与えたり，政府機関や民間の慈善団体の重要な地位を与えたりした。ギフォードは，バーナードが生まれたモールデンからは10マイル程度しか離れていなかったセイラムで生まれた。後にバーナード一家は，クリフトンデイルに移ったが，バーナードの妻になるノエラは，子供の頃からギフォードを知っていた。このマサチューセッツの小さな町がギフォード家とバーナード家を結びつけ，ウォルターとチェスターの仲間意識を植えつけたのである。

ウォルターが裕福であったのとは対照的に，チェスターは貧しかった。マウントハーモン・スクールという初等中学校を卒業した彼は，ピアノ調律師として働くためにボストンのエマーソン・ピアノカンパニーに学んだ。彼は生まれつき音楽の才能に恵まれていた。その後，彼はジョージ・チャンプリン・カンパニーというピアノ販売代理店で調律の仕事を得た。それは，1902年から1904年のことであるが，やがて彼は高等教育の必要性を感じ，マウ

ントハーモン高校に入学許可の申請をした。

　マウントハーモン高校は，キリスト教の学校で東部の有名私立大学に入学できる学力があるにもかかわらず貧困な学生のための特別な進学カリキュラムがあった。チェスターの父親は，入学願書に，息子は強い精神力を持ち勉強家であり，野心家で物覚えが早く道徳的であると推薦した。また，チェスター自身も再び勉学に励むことになった理由を校長宛に私信を出した。1904年の夏，チェスターはマウントハーモン高校に入学を許可されることになったが，病気のため入学をその年の秋に延期することにした。それは，ストレスからくる神経性の熱病で，チャンプリン・カンパニーでのハードな仕事とマウントハーモン高校への受験勉強のストレスによるものであった。病気は軽い程度のものだったので，チェスターは学校の牧場で夏の間働くことができ，まもなく回復した。マウントハーモン高校のコースは聖書を中心に英語，歌唱，話法，習字，スペリング，ラテン語，ギリシャ語，代数，幾何，地理，初等科学，歴史であった。チェスターは，代数を除いたすべての科目において優秀で，1906年，卒業を待たずにハーバード大学へ入学した。マウントハーモン高校の無宗派のキリスト教の教えは，創作された神学によって構築されている既存の宗教に疑いを持つことになり，彼の理神論（自然宗教）[8]をいっそう強めることになった。バーナードの信仰は，非常に個人的なもので，家族と宗教観についての話をすることはほとんどなかったようである。

　ギフォードは，バーナードよりも先にハーバード大学に入学していた。彼は16歳で入学し，1905年に在籍3年で卒業した。彼は，特定の資格もなくAT&Tの下請け会社であるウェスタン・エレクトリック社に就職した。1906年，ハーバード大学に入学したバーナードは，フランク・タウシッグ（Frank W. Taussig）のもとで古典派経済学を専攻したが[9]，ドイツ語，フランス語，イタリア語に堪能で語学に関心を持っていた。3年後，彼は科学の単位を残して退学した。もっとも，ギフォードはバーナードと1909年1月に会い，バーナードのAT&Tでの働き口をすでに考えていた。バーナードが入社したAT&Tの統計調査部は，ギフォードが責任者であった。バー

188   第Ⅲ部 経営学の展望

ナードの仕事は会計の専門的知識や外国語を読む能力を必要としていた。バーナードが入社した当時の AT&T は，大規模な組織再編成を実施中で，バーナード自身も AT&T に関して将来有望な会社だと認識していたのである。

(2) ニュージャージー・ベルでの仕事

統計調査部は，AT&T の事業コスト，品質やサービスの配分についてアメリカの他の独立系の会社や外国の政府系の会社と比較をするための情報収集の役割を担っていた。また，この部署は国内競争についての情報を獲得し，マネジメントの意思決定を支援した。バーナードの最初の仕事は，この情報の分析であった。彼の仕事に対する熱心さ，忠誠心や知識は会社の上層部の目に留まり，まもなく地域営業部のコマーシャルエンジニアに昇進した。仕事の内容は関連会社のアドバイザーであった。その後，バーナードは本社の副社長にも認められ，ペンシルバニア・ベル電話会社の副社長に昇進した。

1927 年 10 月 1 日，デラウェア・アトランティック電報電話会社は，ニュージャージーの中北部で営業していたニューヨーク電話会社を買収し，ニュージャージー・ベル電話会社（NJBT）となった。バーナードはギフォードの支援もあって，この会社の社長に昇進した。この当時，彼は，NJBT は時代の要請に応えて電話の工場や設備に対する莫大な投資をする必要があることを認識していた。

バーナードは，業務も文化も異なる 2 つの企業の合併で成立した NJBT は孤立した存在ではなく，ベル・システムの一部であるということを従業員によく訴えていた。NJBT の当時の電話台数 57 万台は，ベルの関連会社のなかでも 11 番目の加入台数であった。NJBT は狂乱の 20 年代にしては，比較的穏やかだった 1927 年に生まれ，合併問題があったにもかかわらず，翌年から 29 年にかけての投資効率は 8 ％にまで達した。また，加入電話台数は 1927 年から 29 年にかけ 7 万台であった。AT&T の経営者は，1935 年までにニュージャージーの電話の半数以上をダイヤル式に変換できると予測していたが，実際にはバーナードが退任した 1947 年に 40％を少し上回った程

度であった。これに対して彼は，もっと積極的に推進すべきであると批判され，在任中このことに悩まされていたのである。

　バーナードは1932年に，好景気は終わって不況のどん底に入り，仕事が少なくなるということを社内誌で従業員に対して告知した。確かに1929年の大恐慌以降，他の会社ほどではないが，NJBTも業績不振で苦しんでいた。1933年8月，彼はNJBTの従業員と管理者の代表に対してスピーチをし，NJBTは誰も解雇せず，年金や諸手当は継続し休暇制度も持続していくが，労働時間短縮と早期退職が必要であると説明した。もちろん，労働時間短縮は収入の減少になるが，生活費が安くなっているために1929年の生活状態を維持できると彼は強調した。また，従業員の給料は15％減であるのに対して，管理者の給料は10％しか減少していないという従業員の不満が噴出した。これに対してバーナードは，管理者たちはハードな仕事を余儀なくされており，すべての従業員の利益のために仕事をする責務があるのだと説明した。彼はNJBTの従業員はそれほど悪い環境にあるわけではなく，まだ仕事があるだけ幸運であると説得したのである。

　労働組合との団体交渉について，バーナードは，会社は組合との団体交渉についての政策を変更しない，そして従業員が組合代表を立てる場合はもはや会社は保護する必要はないと考えていた。その代わりに，会社は組合に加入している従業員を解雇することはできなかった。AT&Tは労働組合とは別に，労働者と使用者の協働を推進することを重要な目的として従業員代表制をつくった。団体交渉は労使の対立的な関係を前提としており，協働の精神に反しているので，この従業員代表制は調和的な関係を確立するのに良いと彼は考えた。バーナードは，従業員側に協働の精神を提示し，使用者側が協働の心構えを保持すれば，どちらの側も相手をだまそうとはしないと考えていた。彼の発言は会社の立場を表わしていたが，個人的には協働と自発性というハーバート・フーバーの考え方に同調していたのである。

　1933年の不況のどん底の時には，NJBTも最悪の状態であった。しかし，1934年から回復のきざしが見え，1939年の経済状況は1930年から31年のレベルに戻った。1939年はまた，アメリカの戦時体制の始まりであった。

一時的に需要は増加したが、バーナードは電話事業の困難な時代が来ることを知らせる必要性を感じ、忠誠心や犠牲や禁欲主義が必要であると説いた。1940年10月、アメリカ電話開拓者協会の年会でのことであった。

　バーナードが予測したように、アメリカは1941年から45年までは戦争のために犠牲を強いられていた。特にNJBTも厳しい状況であった。1947年、資金調達の問題や電話労働者連合組合によるストライキでさらに業績が悪化し、彼はNJBTの他の取締役やAT&Tの本部からその漸進主義政策を責められ、その数カ月後に退任することになったのである。もともとバーナードはダイヤル方式への変換に慎重であった。というのは、彼は、ダイヤル式は1922年頃から大都市で使用された技術であって、ニュージャージーのような田舎町では非経済的であると主張していた。1947年にはNJBTでのダイヤル方式は41%であるのに対し、ベル・システム全体では65.6%に達しており、バーナードは窮地に追い込まれたのである。

　バーナードがAT&T本社に昇進しなかった理由は、1つは彼自身がニュージャージーにいることを好み、また会社が他の公共的な仕事も自由にやらせてくれたからであった。もう1つの理由は、バーナードのパーソナリティに関係していると考えられる。彼は、一面では従業員非解雇政策を打ち出すなどすばらしく人間的で仕事ができ、従業員に受けが良かったが、また一面では超然としていて威圧感があったようである。バーナード研究で有名なウィリアム・ウォルフ（William B. Wolf）は、バーナードのことを一匹狼と呼んだ（Scott, 1992, p.84）。また、ロックフェラー財団の前理事長のレイモンド・フォスディック（Raymond B. Fosdick）は、彼のことを洗練された意見を持っているが、忍耐強い人間ではなく、異なる意見を持つ人の言うことを聞く寛容さがないと言っていた。

　バーナードが昇進しなかった最も大きな理由は、おそらくNJBTの営業成績があまりよくなかったことであった。これは彼の努力不足というよりも、NJBTの経営環境に関係しており、AT&Tの各関連会社間の過当な競争を強いたAT&T本部の方針の結果であった。たとえば、1947年のAT&T関連各社の投資効率をみると、AT&T本部 4.4%、ニューヨーク6.1%、イ

リノイ 1.4％，サザン・ベル 2.6％，ニュージャージー・ベル 1.0％であった。このことでバーナードは，結果的に AT&T 本部に昇進できなかったことは事実であった。

(3) その他の公共的な仕事

　1917 年ギフォードは 31 歳のとき，国防会議の諮問委員となった。その後，彼の指揮のもとにこの組織は戦時産業省（War Industries Board）となった。バーナードも第 1 次世界大戦中この WIB のメンバーで，アメリカ電話庁の電話料金委員会のテクニカルアドバイザーであった。ギフォードとバーナードは，この経験から有事には産業の中央集権的な調整をした方がよく，産業界のリーダー間の協働が必要であるということを学んだ。この危機管理の知識は，大恐慌のときに生かされた。1931 年 4 月 19 日，ギフォードは旧知のフーバー大統領から失業救済活動を調整し強化する組織をつくり指導するように任命されたのである。これが国家失業委員会であった。

　バーナードも 1931 年 10 月，ニュージャージー緊急救済局の指揮をとることになった。このときの救済計画が評価され，ニュージャージー交流クラブから表彰された。このことを誇りに思ったバーナードは，在任中の「暴動」事件をハーバード大学の講義のためのケーススタディとして書き記した。1934 年，バーナードは，商務省から救済事業の出費や関連した諸活動の調査をする委員に任命された。しかし，政府の取った改革政策に疑問を感じた彼は，1935 年にはこの委員を辞任した。バーナードは，政府主導のニューディール政策よりもフーバーのボランタリズムに魅力を感じていたのである。

　1940 年 7 月，戦時体制のためにワシントン政府に招かれたが，バーナードはその申し入れを断った。中央ではなく地域の自己決定権を重視し，理想としていたのである。しかし，1941 年 10 月には財務長官ヘンリー・モーゲンソー（Henry Morgenthau, Jr.）の招きに応じて長官の補佐を務めることになり，NJBT は副社長に一任することになった。もっとも，この仕事もわずか 9 週間しか続かず，1942 年にはすでに辞任していた。この仕事はほと

んど無給のワンダラーマン (dollar-a-year men) であり，内容も税金関係で，長官の人間性にも疑問を持ったからであった。

バーナードが再び NJBT を離れたのは，1942年の春，米軍慰問協会 (United Service Organization) の会長を務めることになったときであった。この仕事は第2次世界大戦が終結する1945年まで続いた。またギフォードは，1936年からロックフェラー財団の理事会のメンバーであった。ギフォードの強力な推薦があったおかげで，バーナードは1948年にこの財団の理事長になることができた。彼はそのとき，61歳であった。

しばらくの間，バーナードは堅実な管理運営をした。彼が強調したのは，研究から教育へのシフトである。第2次世界大戦後，欧米の教育制度は質的な教育よりもマスプロ教育に力を注いだ「誤ったデモクラシー」の結果，一部に混乱が生じた。バーナードは，エリート主義への批判があるにもかかわらず，三流，四流の人に高い教育を与えると危険であると考えていた。彼はまた，科学や教育以外にも関心があった。それは人々の道徳観の欠如についてである。彼がこの問題に関して財団に熱心に働きかけたにもかかわらず，実現せず，わずかな突破口を開いたにすぎなかった。だが，バーナードの試みは失敗ではなかった。財団のリーダーシップのあり方にわずかながらも良い変化をもたらしたのである。

1950年5月10日，トルーマン大統領は当時のソ連に対抗して国立科学財団 (National Science Foundation) を創設した。NSF は医学，数学，物理学，工学，生物学，人事管理，教育に関する研究を支援するものであった。NSF の運営主体は科学委員会 (National Science Board) であった。NSB のメンバーの1人にバーナードも加わっていた。

最初の NSB の委員長は，当時のハーバード大学学長のジェームス・コナント (James B. Conant) であった。1951年，彼の後を継いで委員長になったのは，バーナードであった。バーナードは当時ロックフェラー財団の理事長もしていた。彼が委員長の間，3つの政策上の問題があった。それは，科学の研究領域の明確化の問題，科学者の責任の確立の問題，社会科学の研究課題の問題であった。これらの問題に関する彼の見解は，ロックフェラー財

団のものとまったく正反対であった。研究領域の問題については，ロックフェラー財団での研究領域が基礎研究であったのに対してNSFでは応用研究を追求した。科学者の責任の問題については，はからずも政府と大学の関係の微妙な領域に足を踏み入れることになった。また，社会科学の研究課題については，ロックフェラー財団ではインターディシプリナリーな認識論的社会科学であったのに対し，NSFでは実験的な社会科学であった。バーナードは，社会科学の実験的手法による研究と基本的な政治的，倫理的，社会的活動の研究とを明確に区別し，社会科学の科学的な側面を強調した。ところが，NSFの立場は最初，社会科学に対してあまり積極的ではなかった。彼の社会科学に対する認識が受け入れられたのは，1954年であった。1956年，バーナードはNSBを退任したが，この時すべての主要な役職から引退していたのであった。

(4) ハーバード・サークルとバーナードの思想

スコットがハーバード・サークル（Harvard Circle）と呼ぶハーバード大学における研究者の集団は，学問的に優れた知的コミュニティを形成していた。彼らは，アメリカを近代化することについては一致していた。バーナードは，ハーバード大学の委員会や講義の開講，ビジネススクールの研究者との交友を通じて自らのトップエグゼクティブとしての経験，判断，技能をハーバード大学に披瀝した。また，ハーバード大学は，マネジメントの理論を著作にまとめるようにバーナードに知的な刺激を与える人材を供給した。バーナードが主著の序文であげている研究者は，ビジネススクールの学部長のウォーレス・ドーナム，社会学部の創設者で社会倫理学部の発起人のリチャード・キャボット（Richard Cabot），ビジネススクールで縁があった生化学者のローレンス・ヘンダーソン，ホーソン研究で有名な産業心理学者のパイオニアのエルトン・メイヨー，有名な科学哲学者のA. N. ホワイトヘッド，ハーバード大学学長のローレンス・ローウェルであった。彼らは直接，バーナードのマネジメントの理論に影響を与えた。バーナードが交流のあったその他の研究者には，タルコット・パーソンズ，ロバート・K. マー

トン，ロイド・ウォーナー (Lloyd Warner)，ウィリアム・F. ホワイト，ジョージ・C. ホーマンズ，B. F. スキナー，フリッツ・レスリスバーガーなどそうそうたるメンバーがいた。ハーバード大学は，第1次世界大戦まではアメリカ東部の良家の子息の行く大学であったが，両大戦間期に学長になったローウェルやコナントによって偉大な学者を採用し，また研究・教育の改革を実施しアカデミックな環境を形成できたのである。

ハーバード・サークルの中心人物は，ヘンダーソンであった。彼はメンバーに対して知的な影響力を及ぼした。たとえば，パレートの社会学を多くの学生や研究者に教示したのは彼であった。しかし，ヘンダーソンの保守主義は伝説的であった。彼はイデオロギー的には右派であったが，世界情勢についてはナイーブであった。また，ホーマンズとオーヴィル・ベイリー (Orville T. Bailey) によれば，ヘンダーソンは論理が破綻したときに熱くなる性格を持っていたという。彼のこの性格は，ハーバード・サークルのアカデミックかつ社会的，知的な仕事を通じてメンバーに感じられたものであった。

ハーバード大学の中で，ハーバード・サークルはある種の秘密結社のように同じ志を持った人々の集まりであった。彼らは4つのグループの間を自由に移動した。その4つのグループとは，ホーマンズやウォーナー，パーソンズ，マートンらがいた「特別研究員協会」(Society of Fellows)，ヘンダーソンを中心としてパレートセミナーを開いた「パレート研究会」(Paretan Scholars)，ドーナム学部長のもとで新しい専門経営者に知識や技能を身につけさせるエリート教育を目指した「ハーバード大学ビジネススクール」，メイヨーらによってホーソン研究が行われた「産業生理学実験室」であった。この中でも，バーナード経営学の理論形成にもっとも重要なのは，「パレート研究会」であった[10]。

パレートは次のように主張していた[11]。社会はマッツィーニスト（イタリア統一運動を推進した愛国的社会運動）の論理では理解できない。社会は合理的でもないし，必ずしも進歩するものでもないし，民主的なものでもない。また，人々は完全主義を志向しているわけでもないし，自己否定を実践する

こともなく，必ずしも自然で望ましいわけでもない。むしろ，人間の行動の基盤は多くは根源的な感情，衝動，欲求，推進力からなっており，本質的には非合理的，非論理的なものである。このパレートの言説は，現在の経済学者が使用しているパレート最適という合理的な概念とはまったく異なるものである。パレートは，合理的な分析が唯一可能なのは人間行為の非常に狭い範囲だけであるという。もちろん，これは経済学も自然科学も含んだ人間行為である。したがって，パレートはこの理論的な枠組みでは捉えきれないその他の人間行動を彼の社会学で扱おうとしたのである。

ハーバード・サークルの他のグループと同じく，パレート研究会もヘンダーソンが中心となっていたが，彼の興味は最初，自然科学にしかなく基本的に社会科学を軽蔑していた。しかし，著名な昆虫学者のウィリアム・ウィーラー（William M. Wheeler）のすすめでパレートに熱中するようになった。パレートの社会秩序を理解するための方法論は，ヘンダーソンを興奮させた。後に，彼はパレート社会学についての本も書いた。ヘンダーソンはパレート社会学に対して全面的に傾倒し，自然科学の概念の一般性，有用性，特にシステムと均衡に対しての自らの考え方を確認することができたのである。

ヘンダーソンは，もともとは人間の営為における合理性を強調する実証主義，合理主義の立場をとっていたが，年をとるにつれて変化していった。フロイトや文化人類学の分析，共産主義，ファシズム，ナチズムの台頭のような世界情勢の観察から彼が得たことは，人間行動の最も重要な側面は実証科学では理解できないということであった。価値や感情という問題が，ヘンダーソンの心の中で大きく占めてきたのである。このパレートの枠組みを使えば，社会科学が文字通り科学としての位置付けを確立できるとヘンダーソンは考えた。この考え方は，ハーバード・サークルのメンバー，特にメイヨー，レスリスバーガー，ホーマンズらのホーソン研究グループに受け入れられていった。

ヘンダーソンがパレートについてのインフォーマルなセミナーを開いたのは，1932年であった。このセミナーには，ジョセフ・シュンペーター，レ

スリスバーガー，メイヨー，マートン，パーソンズ，T. N. ホワイトヘッド，ベルナード・デ・ボト（Bernard De Vote），ホーマンズらがいた。ヘンダーソンのセミナーは，1935年「社会学23」という大学院の具体社会学コースに取り入れられた。ヘンダーソンとドーナムは，パレートの社会現象に対する臨床的なアプローチをビジネスの問題に適用できると考えたのである。バーナードは，1938年にこのコースの唯一の実業界からの講師として招かれ，自らの事例「1935年ニュージャージー州トレントンにおける失業者暴動」をケーススタディにした。この講義はビジネススクールだけでなく，メディカルスクールや学部の授業でも行われた。

これがいわゆる「ローウェル講義草稿」であり，後のバーナードの主著になったものである。この草稿を著作にするように奨めたのは，他でもないヘンダーソンであった。もっとも，彼はヘンダーソンに対して距離を置いていたようであったが，ヘンダーソンとバーナードは特別の関係にあり，バーナードの経営学の完成にとって，ヘンダーソンの存在は欠かすことができないものであった（Wolf, 1972; 加藤, 1996）。

スコットによれば，バーナードの経営学における主要な構成概念とその理論的起源は表7-1のようにまとめられる（Scott, 1992, pp.92-93）。スコットは，バーナードの経営学における構成概念を ① オープン・システム論（有機体としての組織），② 協働，③ 責任（道徳水準），④ 意思決定論（交換理論，機会主義の理論），⑤ 構造機能分析，⑥ 均衡，⑦ オーソリティ受容説，⑧ 限られた選択力，⑨ 公式組織の理論（統制範囲，コミュニケーション），⑩ 非公式組織，⑪ 論理的・非論理的精神過程，⑫ 社会科学方法論の12の構成概念に分けた。スコットが検証したそれぞれの構成概念の理論的起源は，主著はもちろん未公表原稿も含まれていた。そして，その理論的起源は，パレート，ヘンダーソン，ホワイトヘッド，コフカ，メイヨー，フーバー，コモンズ，パーソンズ，エールリッヒ，ミッシェル，ウェーバー，グレイキュナス，レスリスバーガー・ディクソン，フォレット，ブラウンであった。

この中で理論的起源として最も言及されていたのは，パレートであった。バーナードはそのパレートの理論を自らの経営学において，オープン・シス

表 7-1 バーナードの経営学における主要な構成概念とその理論的起源

構成概念	理論的起源
① オープン・システム論（有機体としての組織）	パレート『精神と社会』，ヘンダーソン『パレート一般社会学』，ホワイトヘッド『過程と実在』
② 協働	コフカ『ゲシュタルト心理学』，メイヨー『産業文明における人間問題』，フーバー（叙述はないが，彼の協働についての思想はハーバードやAT&Tで浸透）
③ 責任，道徳水準	なし
④ 意思決定論―個人・組織 　a. 交換理論 　b. 機会主義の理論	コモンズ『制度派経済学』
⑤ 構造機能分析	パーソンズ『社会的行為の構造』
⑥ 均衡	パレート『精神と社会』，ヘンダーソン『パレート一般社会学』
⑦ オーソリティ受容説	エールリッヒ『法社会学の基本原理』，ミッシェル「オーソリティ」『社会科学百科辞典』
⑧ 限られた選択力，行為の制約（限定合理性）	なし。間接的には，コモンズ『制度派経済学』
⑨ 公式組織の理論 　a. 統制範囲 　b. コミュニケーション	パーソンズ『社会的行為の構造』，ウェーバー『経済と社会』，パレート『精神と社会』 a. グレイキュナス「組織における諸関係」『管理の科学に関する論文集』 b. パレート『精神と社会』，レスリスバーガー・ディクソン『管理と労働者』
⑩ 非公式組織	フォレット「統制の過程」『管理の科学に関する論文集』，レスリスバーガー・ディクソン『管理と労働者』，メイヨー『産業文明における人間問題』，ホワイトヘッド『産業労働者』
⑪ 論理的・非論理的精神過程	パレート『精神と社会』，メイヨー『産業文明における人間問題』，レスリスバーガー・ディクソン『管理と労働者』
⑫ 社会科学方法論	ブラウン『心理学と社会的秩序』

（出所）　Scott, 1992, pp.92-93 より作成（ただし一部省略）。

テム論（有機体組織論），組織均衡論，公式組織の理論，コミュニケーション論，論理的・非論理的精神的過程に反映させた。主著の形成過程において，パレートの重要性は誰しも認めるところである。しかしながら，本当にバーナードは，パレートに影響を受けたのであろうか。

次節では，バーナードがパレートではなくハーバート・スペンサーに影響を受けたのではないか，という問題意識のもとにバーナードとスペンサーの思想を比較検討する。

3．バーナード理論と社会ダーウィニズム[12]

前節で検討したように，バーナードは確かにエリートであった。家柄は貧しかったが，自らの努力によって経営者として名をなし，哲学的な著作も世に出し，国家の数々の要職にも就くようなエリートであった。そして，ハーバード・サークルにおいて特にヘンダーソンの影響もあり，主著を書き上げた。その際，バーナードが最も影響を受けたのはパレートであるという見解が一般的である。しかしながら，ハーバート・スペンサーの社会ダーウィニズム，特に社会有機体論などとバーナード思想は思わぬ結びつきがある。慎重な検証が必要であろう。本節では，バーナード思想とスペンサー思想との連関を原典に基づきながら比較検討する。

(1) バーナードの真意

バーナードが影響を受けた思想家は，前節にもあげたように数が多い。主著の序文では，彼自身，キャボット，ヘンダーソン，メイヨー，ホワイトヘッドをあげ，また，主著日本語版への序文では，デュルケム，パレート，テンニース，パーソンズをあげている。主著本文では，その他に，コモンズ，エールリッヒ，ハーボード，フォード，フォレット，ベントレー，マルクス，ムーディ，レスリスバーガー，ディクソン，ウェーバーが引用されている。

前節で明らかにしたパレートからの影響について，バーナードは死去する

第7章 経営学の生成と社会ダーウィニズム　199

2カ月前のウォルフによるインタビューにこう答えている。

　あなたの哲学にはパレートからの影響がありましょうか。それとも他の人から。
　——それにはちょっと答えられませんね。パレートからではないのは確かです。私は手当たり次第に読みあさる多読家です。学生時代は経済ものが中心でした。同時にダンテを読んだ。もちろん，ドイツ，フランス文学もいくらか読みました（Wolf, 1972, p.3：訳書，4頁）。

バーナードが影響を受けたのはパレートではなく，「それには答えられない」というのが微妙な心情を表している。ところが，別の質問に対して，彼はこう答えている。

　それでもその当時，自分のとっている行動のなかに，制度を変えるという，つまりそれを1つのシステムに融合させるという広い目的を，実際に意識しておられたのかどうなのでしょう。
　——意識していたと思うが，確かではありません。私はいつも長期的な見通しをもっていたように思います。知っての通り，私は貧しい人ばかりの家庭に育ちましたが，しかし彼らはとても知的でした。ハーバート・スペ・ン・サ・ー・や・そ・の・他・の・哲・学について，何時間にもわたって長々しい議論をするのがつねでした。そのため私は，幼少の頃から，そのようなものを価値があり，何か意味があり，思考の重要な筋道をなすものとみなす気持ちを持っていました。最近では，たいていの人たちはそれを得ておりません（*ibid.*, p.8：訳書, 10-11頁［傍点は福永による］）。

ウォルフはスペンサーのことについて聞きたかったわけではなく，システム思考についての意識を問うたにすぎない。その質問に対してスペンサーの名をバーナードが口にしたということは，自らのシステム思考の原点としてスペンサーを位置づけていたと推測することが可能であろう。

(2) スペンサーのバーナードへの影響

　社会ダーウィニズムは，テイラーの時代（19世紀末～20世紀初頭）には全盛を迎えていたが，バーナードの時代（1920～30年代頃）にはその影響は小さくなっていた。そのような時代背景のなかでスペンサー思想は，どの程度バーナードに影響していたのか。ここでは，社会有機体，進化，認知限界，道徳，集産主義と個人主義の5つの概念それぞれについて，スペンサーの概念がバーナードの概念にどの程度類似しているか検証しよう。

　第1に，スペンサー思想の代表的なものに社会有機体がある。これについて，スペンサーは次のようにいう。

　一個の社会の特質は，死んでいる身体のようなものなのか。それとも，生きている身体のようなものなのか。これらの疑問のうち第一のものは，もっぱら否定されるべきものである。生きている部分からなる全体が死んでいるという個性を表すはずがない。第二の疑問は，即座に答えられるものではないが，肯定すべきものである。というのは，社会の部分における永続的な関係は，生きている身体の諸部分における永続的な関係に類似していると主張することができるからである（Spencer, 1966, VI, p.436）[13]。

　このすぐ後でスペンサーは，「社会とは有機体である」という章をたて，社会と有機体の類似点として成長，構造と機能の分化，相互依存関係，進化をあげる。これに対して，バーナードも同じような見解を示していることが容易に推察できる。「社会進歩における不変のジレンマ」というバーナードの論文では，端的な表現をしている。「つねにしなければいけないのは，変化している生活の諸条件に対して不断に適合を繰り返すことである。社会は，いきた個々の細胞と活力ある機能的器官からなる生きた有機体である」（Barnard, 1936：訳書, 60-61頁）。社会有機体という言葉こそ使っていないが，この文章はまさにスペンサーのいう有機体概念そのものである。

　もっとも，社会有機体概念はスペンサーのものが最も有名であるが，スペンサーのオリジナルではない。それは，ヘーゲルにまでさかのぼる。ヘーゲ

ルからコントを経て，スペンサーにおいて花開くのである。スペンサーによれば，この社会有機体を形成するそれぞれの個別の人間有機体は，変化し環境に適応していく存在である。すなわち，第2はスペンサーの進化概念である。

　われわれは，次の3つの前提のうち1つを選択しなければならない。第1，人間は自らに課せられた環境によって変化しない。第2，人間は結果として環境に適応できなくなる。第3，人間は結果として環境に適応できるようになる。第1の点が真実ならば，教育，政府，社会の改革のあらゆる枠組みは無益なものになる。第2の点が真実ならば，人を道徳的にする方法は堕落した実践に慣れさせることである。両方とも愚かなことであり，われわれは第3の前提を認めることになる（Spencer, 1966, XI, p.29［傍点は福永による］）。

　バーナードにもこのような進化論的思想がみられることは，案外知られていない。しかし，先の論文「社会進歩における不変のジレンマ」では，明らかに人間を変化する存在としてみなしている。「私の知る限り，人間の精神が知覚するすべての局面において，おしなべて妥当するただ1つの一般的事実がある。それは変化という事実である。これまでに変化があったゆえに，われわれは時間が過ぎ去ったことを知る。また，時間が経過したならば，われわれは変化があったことを知る。このことは自然界についてあてはまる。それは同時に，そしていっそう明らかに，社会的世界にもあてはまる。しかしながらこの場合，われわれは，変化があるということだけではなく，人間が変化を引き起こそうとしていることにも気づいている。人間の世界がそのように果てしなく変化するのはなぜなのか。なぜ人間はそのように世界を変えようとしつづけるのか」（Barnard, 1936：訳書, 39頁）。

　人間を変化する存在とみなしたのは，スペンサーがはじめてではない。おそらくはギリシャ哲学者のヘラクレイトスが最初であろう。ヘラクレイトスは，『万物は流転する』と言った。変化するのは，人間だけではない。バー

ナードもいうように，組織も変化し数多くの組織は短命である。

バーナードの主著の表現である「数多くの失敗者のなかでうまく生き残ったもの」(Barnard, 1938, p.5：訳書, 5頁) は，「適者生存」そのものである。彼の人間観は，スペンサーの人間観に近いのではないか。いや，そういう仮説を立てるには早計であろう。ところが，これ以外にもスペンサー思想とバーナード思想の意外な接点がある。それは，第3の認知限界の概念である。これは，スペンサーの不可知論として有名であり，バーナードの選択力の限界論，意思決定論につながるものである。

どの事象がどれとともに発生するか，どの事象がどれの後に続くのかということを確かめていくことは，仮にそういったことが一切なくなるまで追求することができるにしても，共存と継起を伴うだけで，私たちは結局取り残されたままなのである (Spencer, 1966, I, p.63)[14]。

つねに知ることを求めては，つねに知ることができないという深い確信をもつ状態に引き戻されることによって，私たちは次のような認識を持ち続けることになるだろう。すなわち，私たちの最高の知恵と最高の義務はともに，あらゆるものが不可知なもの (the unknowable) として存在しているということを通して認識される (Spencer, 1966, I, p.84)[15]。

この不可知論もスペンサーの発案ではない。動物学者のトーマス・ハックスリーがダーウィンやスペンサーに影響を与えたといわれている。不可知論とは，絶対者や神などは人知をもっては知り得ないというものである。バーナードは，この不可知論から選択力の限界という思考に至り，意思決定論への道筋をひらいたのであろう。これは「組織の進化的特質」という論文において，最も顕著にあらわれる。「それは組織自身の行動を慎重に条件付ける相対的に高度の組織の能力であり，公式の協働のパワーを説明するものであり，人類に生物種としての人間の能力を超えることを可能にする。科学技術はそれ自身，この能力に依存している。しかしながら，この能力は部分的で

限られているにすぎない。あらゆる行動の予期できない結果はまだ残存し，そして，唯一行動のパターンとして見られるのは，その妥当性が保証される有効な経験によってである。こうして，洞察を増すことによって，組織が効果的であることが証明できる」(Barnard, n.d., Evolutionary Nature of Organization ［傍点は福永による］)。

　第4に，スペンサーは道徳概念について言及する。スペンサーの道徳論は，2つの相矛盾する概念を併記する。

　　私たちには，選択すべき前提は2つしか与えられていない。一方は，道徳とは人間ありのままの行為の準則である。他方は，道徳とは人間がとるべきだとみなす行為の準則である (Spencer, 1966, XI, p.24)。

　この文の前半は存在論的規定，後半は当為論的規定であり，カントの道徳論によるものであると推測できる。この二分法による道徳概念は，バーナードの道徳概念と責任概念との関係に連結することは明らかである。「道徳とは個人における人格的諸力，すなわち個人に内在する一般的，安定的な性向であって，かかる性向と一致しない直接的，特殊的な欲望，衝動，あるいは関心はこれを禁止，統制，あるいは修正し，それと一致するものはこれを強化する傾向をもつものである。……道徳水準と責任とは同一ではない。ここでの目的のために定義する責任とは，反対の行動をしたいという強い欲望あるいは衝動があっても，その個人の行動を規制する特定の私的道徳準則の力をいう」(Barnard, 1938, pp.261-263：訳書, 272-274頁)。すなわち，バーナードは，道徳概念に対して存在論的規定に限定し，責任概念に対して当為論的規定として独立させて，道徳概念から切り離し責任を強調したのであろう。

　第5に，集産主義 (collectivism) と個人主義 (individualism) との関係である[16]。これは，スペンサー思想の根幹をなすものであり，矛盾を指摘する論者は数多い。

　森田 (1977) によれば，スペンサー自身の徹底したレッセフェール個人主義の主張にもかかわらず，アメリカにおける集産主義ないし福祉国家論の勃

興を促した諸思想がいずれもスペンサー個人主義の圧倒的な影響下にあった，という事実をどう理解するかということが問題になる。これを解く鍵はスペンサーの思想そのものに内在する解きがたい矛盾，すなわち，個人主義と集産主義（有機体説）との間の矛盾に求められる（森田，1977，下，67-68頁）。また，Barker (1948) によれば，スペンサーは終始，先験的な個人主義の一貫した唱道者であったが，彼が露呈した矛盾は，ある時に主張したことが，他の時に変わったというところにあるのではなく，彼の不変の理論内に潜む相容れない要素間にある矛盾であった。すなわち彼は，個人権の要素と社会有機体の要素とを，終始調和されない背反のまま，併せて主張していたのである。たとえ自然淘汰原理は彼の書に調和したとしても，社会有機体原理は同じように安住してはいなかった（Barker, 1948：訳書，107頁）。

しかし，バーナードについては，周知のように，集産主義と個人主義の統合をはかった。それは，協働という取り組みによって可能になるというものである。「これらの基本的で対抗的な社会的諸力とパワーを利用し，方向付け，バランスをはかり，調和させることが人間に課された免れ得ない運命である。なぜならば，それは永久に解決されることのありえない少なくとも三つの問題の解決を必要とするからである。事実われわれは三つのジレンマに直面しており，それらはこの世の性質上，至福千年まで続くに違いないと私には思われる。その三つのジレンマとは，個人と社会のバランスをいかに確立し維持するか，オーソリティをいかに確立し維持するか，そして，人々の間に寛容をいかに確保するか，である。このことを理解するための最善のアプローチは，協働の考察によるものであると私は信じる。協働は，そのよりはっきりした具体的な形をとる時には，『組織』と呼ばれ，より抽象的な意味において考えられる時には，それは個人主義と対比して集産主義と呼ばれる」（Barnard, 1936：訳書，42-43頁［傍点は福永による]）。

以上のように，スペンサーの社会有機体，進化，認知限界，道徳，集産主義と個人主義の5つの概念は，バーナードの思想にかなりの程度類似している。彼はなぜスペンサーにこれほどまで類似した概念を提起したのであろうか。以下，考察をしてみたい。

それはまず第1に，バーナードの生きた時代背景がある。彼が生まれた1886年は，スペンサーの思想がまだ隆盛を極めていた時期であった。スペンサーは1851年の『社会静学』を始めに，『発達仮説』(1852)，『心理学原理』(1855)，『総合哲学体系』(1860)，『教育論』(1861)，『人間対国家』(1884)，『自伝』(1904) など50年以上にわたり著作を書き続けた。その影響力は，特にアメリカでは絶大であった。プラグマティズム哲学者のデューイは，19世紀後半のアメリカ思想状況にあって，ほとんど乗り越え不可能と考えられる思想は社会ダーウィニズムである，とまで喝破している。バーナードがウォルフのインタビューに際し，影響を受けたのは「スペンサーその他の思想」と若干トーンを落としているとはいえ，自らスペンサーの名を出したことはたいへん大きな意味をもっている。バーナードが，高校時代からハーバード大学時代にスペンサーから影響を受けた可能性は少なからずあると考えるのが自然であろう。

第2に，バーナードのキャリアである。彼は，貧しい家庭に育った。マサチューセッツ州モールデンで生まれたチェスター少年は，マウント・ハーマン初等中学校を卒業後，ピアノ調律師として働くためにピアノ販売代理店で働いていた。その後，1904年，マウント・ハーマン高校に苦労の末，入学した。高校は飛び級で卒業を待たずに，1906年ハーバード大学へ入学した。大学では経済学を専攻したが科学の単位を残し，卒業はできなかった。しかし，幼なじみのギフォードの縁故で1909年 AT&T に入社し，ニュージャージー・ベルの社長にまで出世した。ロックフェラー財団理事長，米軍慰問協会会長，失業救済局局長他，数々の政府の役職に就任した。彼は，まさにホレイショ・アルジャーの児童小説にあるような，刻苦勉励して貧困から立身出世したお手本であった (Wren, 1994, p.265)。つまり，彼の生い立ちは，まさに適者生存的であったのである。

第3に，バーナードの個人的な性質がある。彼は一面では従業員の非解雇政策を打ち出すなどすばらしく人間的で，従業員に受けがよかったが，また一面では超然として威圧感があったようである。彼自身，自らジキルとハイドと言っている。ウォルフは，彼のことを一匹狼と呼び，またロックフェ

ラー財団の前理事長のフォスディックによれば，彼のことを洗練された意見を持っているが，忍耐強い人間ではなく，異なる意見に耳を傾ける寛容さがなかったという。すなわち，彼はエリート然として，有能で信念を持つ自信家であったようである。ロックフェラー財団でバーナードが従事していた頃，彼は研究中心から教育中心にシフトすることにした。第2次世界大戦後，欧米の教育制度は質的な教育よりもマスプロ教育に力を注いだ。彼はエリート主義批判に際して，三流，四流の人々に高い教育を与えるのは得策ではないと考えていたのである。

　第4に，バーナードの宗教観である。彼は，高校時代に無宗派のキリスト教の教えを請うた。それは彼本来の理神論を強化することとなった。理神論，すなわち自然神論は，神は世界を超越する創造主であることを認めるが，神の活動性は世界の創造に限定されるのであって，創造された後の世界は，神によって定められた自然法則に従い，その働きを続けるというものである。したがって，歴史的には宗教の合理化，世俗化，人間化の過程に現れた合理主義的自然主義的有神論である。つまり，自然界の進化の結果として人が誕生したという結論を導く進化論やスペンサーによって広められた適者生存というキャッチフレーズは，既存のキリスト教にとっては神を冒涜するような発想であったが，バーナードにとっては相性のいい教義であったに違いない。事実，彼は家族とは宗教観についての話はほとんどしなかったようである (Scott, 1992, p.63)。

　このように，バーナードの生きた時代背景，キャリア，個人的な性質，宗教観などからスペンサー思想に惹かれていったのも自然な成り行きであると考えられる。しかしながら，バーナードは，亡くなる前にしかスペンサー思想について言及しなかった。それは，おそらく進化論および社会ダーウィニズムが20世紀に入って急速にその勢いを失い，進化論裁判などのように魔女狩り的な批判を受けることになったのと無縁ではない。もちろん，それは社会ダーウィニズムがナチス・ドイツやアメリカで人種差別や優生学の正当化の根拠とされていたのと大いに関連がある。今でも，アメリカでは州によっては，「進化論」を学校の生物教育のなかで教えられていないところも

ある。バーナードは，このような情勢のなかで主著を書き上げたのであろう。しかし，これらのスペンサーの概念はそれぞれ，彼のオリジナルなものではなく他の多くの論者も主張しているものばかりである。

したがって，バーナードの理論の多くをスペンサーに負っているということを必ずしも断定できない。バーナードがこれほど社会ダーウィニズムのスペンサー思想と関わりがあったということは，驚くべき事実であるが，さらなる確証を得るためには決定的な証拠資料を発見することが今後必要となるであろう。

ともあれ，スペンサー思想である適者生存テーゼおよび社会有機体論はバーナード経営学に大きな影響を与えたのではないか，またバーナードだけではなく他の論者にも影響を与えたのではないかということが本章のインプリケーションである。

適者生存は，非常に汎用性のある言葉であり，たとえば企業の市場競争や組織内の従業員の出世競争にも適応可能である。経営学は利潤追求の学問であるとの批判や管理社会における人間性喪失の問題は，この社会ダーウィニズムと関連があるのではないか。経営学やマネジメントに内包するこの根源的な問題の本質は，社会ダーウィニズムにあるのではないか。この概念は，経営学にとって有益であるが問題含みな概念なのである。

一方，社会を生物のアナロジーとしてとらえる社会有機体論は，形を変えて「進化」というキーワードで近年の経営学や企業経営の実践においてさかんに論じられてきている。スペンサーは，進化概念を森羅万象のあらゆる現象に適用した。経営学はその1つの反映にすぎない。経営学において「進化」概念の適用可能性を探ることは，十分意義あることであろう。

注
1) スコットの著作については，一連の拙論（福永，1994a；福永，1994b；福永，1995b；福永，1995c）および書評（福永，1995d）があるので，詳細はこれらを参照されたい。ただし，ここでは，以下のいくつかの点に言及しておきたい。
　スコットの著作のタイトル『バーナードと管理国家の守護者』というのは，プラトンの都市国家をイメージしたものである。ガーディアンズという守護者階級は，物質的な豊かさという黄金の卵を産み，それが孵化するのを注意深く見守り，国家を調和させ平静さを維持することがその責務である。つまり，ガーディアンズという守護者階級のみが，混乱期に協働，繁栄，

安定を約束できる階層であった。したがって、バーナードは、バーリ・ミーンズの株式会社革命、バーナムの経営者革命とは異なり、経営者の擁護を目指し、アメリカにおいて経営者のリーダーとしての役割を正当化しようとしたのである。この解釈は、バーナード研究において有意味である。バーナードの主著を読む場合このことを念頭に置けば、大いに理解が深まるであろう。しかし、問題もないわけではない。それは、管理国家（managerial state）の概念である。スコットはこの概念をワルドーの行政国家（administrative state）から引用したと述べているが、この2つの概念がどのような関係にあるかが問題である。

ワルドーの『行政国家』は、もともと彼の博士論文の縮小版で、行政活動を政治理論と思想史の観点から研究したものである。したがって、政治的行政学的な色彩が濃く、ガーディアンズの概念も行政官による支配に限定している。しかしながら、スコットの定義では、重要な組織や機関を運営するエリート経営者の多元的なネットワークで構成する国家である。この概念は当時の時代背景を反映したきわめて特殊な国家形態である。つまり、バーナードが経営者として活躍していた両大戦間期に特殊な形態として扱うべきものである。また、このエリートマネジャーは企業だけではなく、政府、労働組合、教育機関、業界団体、慈善団体、研究機関の上層部に位置する存在である。したがって、ワルドーのいう政府の行政機関に限定したものではない。つまり、ワルドーの「行政国家」とスコットの「管理国家」は異なる概念なのである。しかし、ワルドーも行政官以外のマネジャー（特に会社経営者）の存在を無視していたわけではない。むしろ、ビジネスからの影響を行政学のなかに取り入れて、行政とマネジメントの密接な結びつきを強調しているくらいである。スコットがこの著作にまとめる際に administrative state を managerial state に統一したのは、ワルドーの行政官に限定した議論を捨象し行政とマネジメントの結びつきを強調するためであったと考えられる。ただ、この概念のもとになるマネジリアリズムは、現代でも生きているイデオロギーである。しかし、このイデオロギーが今、その存在を問われていることは確かである。経営者の倫理観の欠如にみられるような現代の企業環境を憂い、経営者復権の鍵を模索するなかで管理国家というマネジリアリズム全盛時を振り返って、バーナード理論の有効性を問うたというのが本当のところであろう。つまり、現代はマネジリアリズムそのものの歴史的意義を問う時期に来ているのである。

また、スコットはバーナードが自らを「管理国家の守護者」であると自覚していたと論じている。「管理国家」という概念はもちろんバーナードが使用している概念ではないが、そのマネジメントによる社会の秩序化によってアメリカン・ドリームを実現させるという理念は、革新主義のそれと一致し、またフーバーのそれとも一致していた。すなわち、フーバーの協調的精神の育成、経営者の世界観の育成、協働的企業体としての国家全体の統治、リーダーシップの教育という政治哲学はハーバード・サークルの政治哲学と一致していたのである。スコットの「管理国家」という概念は、当時の時代イメージとして示唆的な概念であろう。バーナードが守護者であると文字通り自覚していたかどうかは定かではないが、少なくとも守護者のような階級意識や専門職意識あるいはエリート意識はあったものと思われる。

2）社会ダーウィニズムとは、ダーウィンの生物進化論に立脚して社会過程を説明し、社会進化の観点から社会変動を解釈した19世紀後半以降今日に至る一連の社会思想である。しかし、社会ダーウィニズムは、3つの類型に分けられる。第1は、ダーウィンの生存競争と自然淘汰という考え方を社会現象、とりわけ自由放任の経済現象に適用し、資本と資本の競争とその下での利潤追求を解釈しようとしたものである。スペンサーは、この考え方であるが、ただ彼は社会ダーウィニズムに収まりきれない思想体系をもっている。第2は、生存競争と自然淘汰を人種間の闘争や征服の事例に適用したグンプロビッチ、アモンなどの社会理論であり、先進国による植民地獲得や帝国主義を合理化し、ファシズムにも影響を及ぼしたものである。第3は、ウォード、クロポトキンなどの社会理論のような、社会的連帯を中心とする社会進化のとらえ

方である。筆者は基本的に，第1の類型に立脚する。なぜならば，第3の視点はともかく，第2の視点は，帝国主義やファシズムの理論的根拠となったもので，論点が飛躍していると考えるからである。筆者が論点にしたいのは，生物の進化法則が人間社会に適用可能であるという点であり，適者生存は経済現象においてマッチするという点までである。人種間の闘争にまで論拠をすすめるものではない。

3) 筆者は適者生存とは，生存競争で環境に最も適したものが生き残ることと解釈する。しかし，これは同義反復であるとの批判があることは承知している。生存競争で生き残るパターンには，① 適者生存，② 適者非生存，③ 不適者生存，④ 不適者非生存の4つのケースが考えられる。おそらく，確率的な問題で，① の適者生存のケースが最も多いであろう。しかし，現実の生存競争では，② や ③ のケースは，稀であるが可能性がある。また，④ は確率的に多いケースである。したがって，同義反復という批判にはこの4つのケースを考慮すべきであると考える。

4) スペンサーは，社会学では忘れられた存在と言われている。なぜならば，パーソンズがその著『社会的行為の構造』の中で「スペンサーは死んだ」と一蹴し，現代社会学を確立していったからである。しかし，スペンサー思想の最も再評価されるべき点は，社会ダーウィニズムという適者生存の思想ではなく，社会有機体論の思想である。

つまり，彼の社会システム論は，現代社会学が忘却の彼方へ押しやった環境や自然をパーソンズやルーマンよりも遙か以前に正しく認識していた。この点は，もう少し高く評価されてもいいのではないかと思われる。天体の運動から自然界，動物界，人間界などあらゆる現象は「同質性」から「異質性」へと進化するというのが彼の洞察であった。もちろん，彼の進化論がすべて正しいとは筆者も認識していない。彼が生きた時代に合った進化論だったからこそ，「金ぴか時代」のアメリカ社会に大きな影響を与えたのだと思われる。スペンサー進化論に着目することは，アメリカ経営学の学問的発生基盤を探るヒントになるのではないか。これが本章の問題意識である。スペンサーに関する文献は，現在でも数多い。Spencer (1966) および Spencer (1996) は，著作集の復刻版である。また，スペンサーの社会進化についての論文を厳選した Peel (1972) をはじめ，スペンサーに関する批判的な論文集である Offer, ed. (2000)，社会ダーウィニズムをアメリカ文明論の視点から捉えた Bannister (1979)，スペンサー思想の宗教へのインパクトを論じた Conkin (1998)，スペンサーから続く革新主義者の教育論に異議を唱えたものとして Egan (2002)，スペンサー自身の論文を含むスペンサーの個人主義と集産主義（有機体主義）の問題について主題的に扱ったものに Gray (1996) や Taylor, ed. (1996) などがある。もっとも，日本においては，後述する挟本佳代の研究があるにすぎない（挟本, 1997; 挟本, 2000）。

5) 本節は，筆者が Scott (1992) を紹介した福永 (1994a) の一部に加筆修正したものである。

6) 革新主義とは，20世紀初頭の1900年代から10年代にアメリカに展開した広範な政治的社会的改革運動をさしている。19世紀後半からのアメリカの急速な変化が多くの旧来の政治・社会機構を混乱させ，この運動を生じさせた。改革の内容は多様であり，工場生産の大規模化に伴う労使関係の調整，都市化・移民の流入をめぐる社会的集団関係の改善，行政需要の増加に伴う行政改革，連邦政府レベルの企業規制の運動などがあった。この改革を担ったのは，実業家，科学者，技師，弁護士，ジャーナリストなどであった。タウンやウィルソンはその先駆けであった。テイラーは，これらの革新主義者たちと関係をもっていたことはよく知られている。詳細は，第2章を参照のこと。また革新主義時代を含むアメリカの政治的伝統については Hofstadter (1989), Wiebe (1967) および Sklar (1988) を参照されたい。

7) 本節は，筆者が Scott (1992) を紹介した福永 (1994b) の一部に加筆修正したものである。

8) 『日本大百科全書』によれば，理神論 (deism) は，歴史的には，17世紀後半から18世紀にかけて主にイギリスで展開し，フランス，ドイツに波及した合理主義的，自然主義的な神観を

さす。それは異端，異教というニュアンスを伴うものであり，人格的な意志発動者としての神を認めず，世界は創造後には自動的に運動し続けると考え，したがって，人間生活に直接関係する摂理や恩寵，奇跡，啓示も認めない点で，正統的有神論からも区別される。イギリスではロックが有名であり，フランスではヴォルテールに代表される。

9) バーナード研究者のウォルフによれば，バーナードはアメリカのマーシャルと呼称されたタウシッグのもとで経済学を学んだ。そのレベルは，バーナードの娘宛の書簡において限界生産力についての明快な解説をしていたことで容易に推測される。つまり，彼はマーシャル経済学以前の古典派経済学をよく理解していたものと推測できる (Wolf, 1974)。

10) このパレートと経営学の将来の展開との関連の重要性は，いくら強調しても強調し過ぎることはない，とスコットはいう (Scott, 1992, p.41)。医学，物理，化学，生物学，生理学，生化学，科学哲学，社会学に通暁したヘンダーソンは，自ら『パレート一般社会学』を著し，その魅力にとりつかれパレート研究会を主催した。彼のその著によれば，その内容はプラトン，マキャベリ，ダンテ，モンテーニュ，ベーコン，デュルケムなどの人文社会科学者はもとより，アルキメデス，ガリレオ，ケプラー，ニュートン，ベルナールなど自然科学者まで登場するものであり，数式や化学記号が多く使用されている (Henderson, 1935)。「社会科学と自然科学」という章にみられるように，結局，ヘンダーソンは，自然科学の方法論を社会科学の方法論に使用できないか，という問題意識が常にあったように思われる。

11) パレートは，残基 (residues) と派生 (derivations) という用語を使用する。残基とは意識下の感情，性質，先入観，社会的タブー，宗教，神話，魔術に根をもつ心的な状態であり，永続的，非論理的，説明不可能な行動として現れる。パレートは残基を6つに分類しているが，ハーバード・サークルはそのうちの2つに焦点を絞った。それは「結合の本能」(instinct for combinations) と「集団の持続」(persistent aggregates) である。「結合の本能」は社会における変化，変革に伴うすべての感情を含み，「集団の持続」は社会の安定を支える感情を含む。残基は，たとえば魔術や迷信のようにあらゆる文化に存在し，実態も内容も異なるが，それら自身は時と文化を越えて存在し続けるものである。しかし，派生は，パレートによれば人の感情的な状態の言語などによる論理的な説明である。たとえば，労働者が賃金に対して不満を言うとき，彼らは実際には仕事の心理的社会的環境についての感情を隠している。これらの感情は通常，意識下のことであり経済学ではほとんど取り扱わないものである。人が言ったことと感じたこととは異なるものであり，派生の論理の下を掘り下げて残基を見いださなければならない。スコットによれば，この理論はホーソン研究の行動科学へ適用されウェスタン・エレクトリック社のインタビュー，カウンセリング，管理者のトレーニング・プログラムの基礎となったものである (Scott, 1992, pp.46-49)。

12) 本節は，テイラーとバーナードの思想的背景を社会ダーウィニズムに求めた福永 (2006a) の中でバーナードの箇所のみを再録し，加筆修正したものである。

13) 訳文は挟本 (2000) の 200-201 頁を引用した。挟本 (2000) は，スペンサーの翻訳書ではないが，スペンサー社会学を高く評価しその現代性を問うた意欲的な好著である。スペンサーの原文の翻訳は，挟本 (2000) が記されている限り，この訳を使用した。

14) 訳文は挟本 (2000) 172 頁による。

15) 訳文は挟本 (2000) 174 頁による。

16) 個人主義と集産主義を扱った文献は最近でも多くみられる。たとえば，著書のタイトルが『個人主義と集産主義』の Triandis (1995) やこの問題をアメリカのプロテスタンティズムに源泉を求めた Shain (1994) の記述は参考になる。

第 8 章

進化と経営学

―― 進化論的経営学の提唱 ――

　近年，経営学や企業経営の実践において夥しい数の進化論的アプローチに関する文献がある[1]。内容的には，1995年以前は，「進化論的経営経済学」「生物に学ぶ経営」「組織進化論的考察」「企業進化論」など，生物学の経営学への適用可能性を論じているものが多いのに対し，1996年以降は「進化する電子市場」「生産システムの進化」「進化できる人間と組織」「事業創造の進化論的考察」「進化するミドル像」など，やや具体的なテーマを追究している研究や論述が多くなっている。そして2000年以降は，「進化するIT経営」「進化するCS経営」「コンビニ進化」「進化する企業の価値創造」「マーケティングの進化」「IEの進化」「化学業界の経営体制の進化」など特定の業種や経営学のテーマに進化論的アプローチを適用したケースが目立つようになってきた。

　なぜ，このような進化論的アプローチが経営学や経営の実践において一種の流行のようになっているのであろうか。それは，生物学がダーウィンの進化論以後，約150年の間で劇的な進歩がみられ，学問的影響力を飛躍的に高めたことによるものと考えられる。しかしながら，ペンローズは，生物学で主流を占める考え方をそのまま社会科学に適用できると考えるのは危険であると指摘した。ペンローズによれば，企業のライフサイクル論，成長力分析，ホメオスタシスのアナロジーなどの生物学のアナロジーを適用するのが危険なのは，明らかにしようとする問題の重要な本質を軽率に見失ってしまうという点にある（Penrose, 1952, p.804）[2]。

だとすれば,昨今のこのような流行はなぜなのか。それは,世紀の転換期において,「進化」という言葉の語呂の良さや,「変化」とは異なる何か新しい良いことが起きるのではないかという漠然とした期待感にあると思われる。進化はもちろん,evolution の和訳であるが,明治時代に東京大学総理(現在の総長)であった啓蒙思想家加藤弘之が「進歩」と「開化」をあわせて「進化」と翻訳したのが始まりであるとされる(武田,2003)。「進化」という日本語には,このように独特のニュアンスがあることに注意しなければならない。なお,ここでは,進化の定義については,ごく一般的に,地球上に生物が誕生して以来,長い時間経過の中で動的に変化・展開してきた過程として規定する。したがって,生物学的な進化の定義には本来「良い」という価値観は含まれていないという事実は重要である。

本章では,まず,これらの論文についての最近の動向をレビューし,経営学の進化論的アプローチの隆盛をサーベイする。また,経営学は進化論的科学なのか,という課題をヴェブレンの進化論的科学に対する問題意識から考察し,経営学が生物学の方法論と接点があるということを明らかにする。そして最後に,進化論的経営学のパースペクティブを概観する。

1. 経営学における進化論的アプローチの動向

McKelvey and Baum (1999) によれば,組織論に限っていえば,進化論的研究は 1950 年代から 70 年代まで活躍した心理学者キャンベル (Donald T. Campbell) の影響が大きいという。キャンベルに直接的に影響を受けた論者は数多く (Aldrich, 1971; Aldrich and Pfeffer, 1976; Hannan and Freeman, 1977; Weick, 1979; Nelson and Winter, 1982),今日の経営学・組織論の進化論的研究の中心的な存在である。キャンベルはその進化論的認識論のアイデアによって,創発的な秩序・生存に淘汰主義的な説明をして,社会科学への進化概念の普及に大きく貢献した。また経済学の領域における進化論的な試みは,イノベーションの普及や企業の淘汰を進化論的な概念を用いて解明した Alchian (1950) を嚆矢とする。これらの研究は基本的

にネオ・ダーウィニズム3)に依拠しており，非常に汎用性が高く，さまざまな論者がこのアイデアを援用している。この流れの中で，M. フリードマンが自然淘汰を企業に適用し，経済学の進化論的アプローチの原点となった。Penrose (1952) はこの流れに位置する。その他，Haire (1959) は，生物学のメタファーを用いて組織の成長発展モデルを築いた。Buckley (1967) の一般システム論は，この成長発展モデルを大きく普及させることに貢献したが，バックレイはキャンベルの進化論的アイデアを借用していたのであった。

これらをあえて分類すれば，(1) 生態学的アプローチ (Weick, 1979; Hannan and Freeman, 1989; Pierce and White, 1999; 清水, 1999b; Nicolaj, 2002; Ken and Andrew, 2003) や (2) 技術革新の進化論的アプローチ (Nelson and Winter, 1982; 藤本, 1997; Jones, 2005) が研究の多くを占めるが，その他では，(3) 戦略論の進化論的アプローチ (Burgelman, 1994; Barnett and Burgelman, 1996; Lovas and Ghoshal, 2000)，(4) 進化ゲーム理論アプローチ (Axelrod, 1984; 青木, 1995; 山岸, 1998; 高橋, 1996, 1999) や (5) 進化倫理学アプローチ (Simon, 1997) など，さまざまなアプローチが存在し，百花繚乱の様相を呈している (McKelvey and Baum, 1999; Porath, 2003; 藤本, 2000)。本節ではこれらの研究を整理し，概観することが目的である。それぞれの簡単なプロフィールについて順を追って紹介しよう。

(1) 生態学的アプローチ

基本的には，このアプローチは組織と環境との関係を「淘汰 (selection)」という視点から捉え，生態学的あるいは進化論的なモデルを適用して分析するものである。Weick (1979) は，自然淘汰モデルを援用しつつ，組織化のプロセスを生態学的変化→イナクトメント→淘汰→保持という4つの要素で説明した。また，Hannan and Freeman (1977) は，個体群生態学 (population ecology) を組織論へ適用した。彼らの理論は，組織エコロジー論とも呼ばれ，組織の個体群や群衆における生態学的進化論的な変化の一般モデルを構築するマクロ社会学的アプローチである。

組織エコロジー論の目的は，長期的に組織構造を形成させる推進力を探究することである（Hannan and Freeman, 1977; 1989）。組織エコロジー論は，現在ではイベント・ヒストリー分析が中心である。イベント・ヒストリー分析とは，組織の成立から消滅までの時間の長さに注目する生存時間解析ともいわれるものである。つまり，社会形態が新しい組織の生存率，組織の変化率，死亡率にどのような影響を与えるかという視点である。この研究は，組織の個体，同じ種の組織の集まりである個体群，個体群の集合である群衆の3つのレベルに分かれて研究がなされている（清水, 1999b）。

イベント・ヒストリー分析は，もともとは人間や機械の寿命を扱うために発達してきた手法である[4]。しかし，寿命だけではなく「何らかの事象が起こるまでの時間」であればすべて扱うことができる。たとえば社会学では，労働者が職を失ってから再雇用されるまでの期間や服役者の出所から再犯までの期間などについての分析が行われている。組織論における実証研究としては，清水（1999b）が，東証一部上場企業の「上場期間」を取り上げ，この期間が合併によってどのような影響を受けるのかという問題を，石川島播磨工業のケースをもとにイベント・ヒストリー分析を行った。結論的には，東証一部上場企業についてみれば，一部上場企業間の合併により上場期間は延長されるということであった。換言すれば，合併による急成長や財務状況の急速な好転のような効果が望み薄であることは先行研究で明らかにされていたことであるが，長い目で見れば，合併は将来の地位の確保にとってプラスとなるということが実証されたのである。

このアプローチの特徴は，企業や組織を生き物として扱っており，その生態や寿命を研究対象としているということである。したがって，これらの研究は必然的に心理学的社会学的なアプローチとなる。

(2) 技術革新の進化論的アプローチ

技術革新の進化論的アプローチは，企業の生産技術やイノベーションに焦点を当て，その動態的な変化を進化論的に記述するものである。ネルソンとウィンターは生産過程の変化と技術革新のモデル構築をした。彼らの研究

は，ネオ・ダーウィニズム的考察をしながら新古典派経済学の仮説が事実と矛盾することを指摘し，そこに進化経済学の途を切り開いた先駆的なものである (Nelson and Winter, 1982)。また，藤本 (1997) はトヨタ生産システムを進化論的に説明し，企業進化論と生産システム論の統合を試みた。

　藤本 (1997) は，トヨタ自動車の生産システム・製品開発システム・購買システムがいかにして創発的に形成され，国際市場においてその競争機能を発揮していくのか，またそうした創発過程を通じて他社より優れた独自の組織ルーチンを形成していく企業の進化能力とは何かを解明した。その際に，分析の枠組みとして，なぜそのシステムが存続しているのかを生態的に説明する機能論的分析と，このシステムがどんな経緯でその形をとるようになったかを動態的に説明する発生論的分析に分けた。

　機能論の面では，情報システムアプローチ，つまり企業の製造ルーチンの総体を情報創造と情報伝達のトータルなシステムとして記述し分析する枠組みによってトヨタ・システムがもつ事後的合理性を説明した。このシステムは各ルーチンが一貫して競争力に貢献するという「機能的なシンプルさ」と開発からサプライヤーまでの高密度な情報ネットワークを形成しているという「構造的な複雑さ」がコントラストを描いている。このことから「なぜ，他社がトヨタ生産システムを容易に模倣できないか」の説明が可能である。また，発生論の面では，歴史的な資料から「創発」と「進化能力」をキーワードとして説明した。結果的には，純粋に事前合理的でもなく，また純粋な偶然でも環境決定論でもなく，それらすべての可能性を含みながらも実際にどの進化経路が発現するかは予想できない，という複合的なパターンがシステム変異のプロセスを支配しているとする。彼は，このような複雑なダイナミックスを「システム創発」と呼び，なおかつ結果的に他社よりも高い競争能力を構築できた，その動態的かつ非ルーチン的な能力を構築する能力を「進化能力」と呼んだ。トヨタは優れた「進化能力」を持っていることが実証されたのである。

　技術革新の進化論的アプローチは，技術の進化がその中核であるため，ネオシュンペータ派らの進化経済学者の研究が多くを占めてきたが，藤本

(1997) のように経営学者の意欲的な研究もみられるようになった。

(3) 戦略論の進化論的アプローチ

戦略論の進化論的アプローチとは，Barnett and Burgelman (1996) によれば，以下のアプローチを適用している研究の総体である。第1に，変化のパターンや変化の割合等を予測できるようなダイナミックなモデルを特定していること。第2に，進化論的パースペクティブが組織の追求する可能な限りの戦略の多様化を認めていること。第3に，進化論的研究が問題にしているのは，淘汰のプロセスがどのように影響しているか，また，淘汰のプロセスが戦略的変化の幅や経路にどのように影響を受けているか，である。したがって，この研究はダイナミックな経路依存モデル（path dependent model）に依拠し，それは組織内および組織間の可能な限りのランダムな多様性や淘汰を認めるものである。

この研究では，たとえば，どのように組織内で淘汰プロセスが行われているか，あるいは，どのような管理者活動が内部淘汰メカニズムに含まれるのかということが明らかになる。Burgelman (1994) は，インテル社のマイクロプロセッサー事業の進化を論ずるために，1970年代に世界を席巻したDRAM[5]に注目した。1980年代中頃からDRAMの価格は暴落し，インテル社はDRAM事業から撤退せざるを得なくなった。この事実を検証するべく，当時のインテル社の経営者・管理者へのインタビューを実施した。当初の独占状況からその地位を奪われた原因は，事業部レベルでは中間管理者に問題があった。彼らの中には，この産業が変化しているという事実があるのにもかかわらず，最も優秀な技術者さえ柔軟に対応できなかった。また，ある中間管理者の中には，内外の状況を判断してインテルをニッチプレイヤーとして考え，その競争優位を保とうとしたものもいた。このような行動は，意図的には合理的であったが，彼らは内外の圧力に対してバラバラな対応を示したのである。したがって，インテル社はDRAMからの撤退という予想外の事態に陥ってしまった。当時のインテルのトップ・マネジメントは，DRAM事業の成果がうまくいっていないのにもかかわらず，経営資源の配

分ルールを変えなかったのである。この結果からいえることは，トップ・マネジメントによる企業レベルでの戦略設定は，事業レベルの中間管理者の戦略的行動に強い選択的な影響を与えるということである。

この研究が含意することは，よく言及されるような市場淘汰ではなく調整機能として内部淘汰メカニズムを強調しているという点である。これらは，企業内部の事業戦略論においてインプリケーションが豊富な研究である。

(4) 進化ゲーム理論アプローチ

生物の進化の説明にゲーム理論が威力を発揮するケースは，生物の集団の中である行動をとる個体の適応度 (fitness) がその集団の他の生物たちがどのような行動をとるかに依存する場合である。たとえば，野生の猫の集団が限られた餌をめぐる争いを考えると，相手が傷つくか逃げ出すまで戦いを挑み続けて餌を得ようとする「タカ派戦略」と，まず誇示するが相手が戦いを挑めばただちに逃げ出して餌を得ようとしない「ハト派戦略」が遺伝子にプログラムされているとしよう。このゲームはよく知られた囚人のジレンマの構造であり，「タカ派戦略」が最終的には生き残ることになろう。

しかし，より一般的なゲームではどちらのタイプの期待適応度が高いかは，集団の中でそれぞれのタイプの分布に依存するであろう。こうしたゲームが繰り返し行われているとすれば，集団内の各タイプの分布は適応度にしたがって時間と共に変化し，それによってまたどちらのタイプが適応度を増すかが決まるので，集団内のタイプの分布は一定のダイナミクスによって記述できる。Maynard-Smith (1982) は，このことを進化的に安定な戦略と名付けた。このように，集団の中でどのようなタイプの分布が安定した状況として観察されるのか，ということを分析するのが進化ゲーム理論である。

Axelrod (1984) は，200回の囚人のジレンマを繰り返すゲームをプレーできるプログラムを公募し，それらを互いに対戦させた。囚人のジレンマの有限回の繰り返しでは，すべての回で双方が裏切るというのが，これまでの均衡戦略の唯一の結果であったが，このトーナメントでは，「オウム返し (tit-for-tat) 戦略」が平均して最も高い得点を獲得した。オウム返し戦略と

は，最初は協調を選び，その後は相手が前の回にとった行動をとるという戦略である。アクセルロッドの実験結果に対しては，批判もあるが，オウム返し戦略は実際に観察されるわれわれの日常の協調行動により近いものである（青木・奥野，1996）。

そして，驚くべきことに，高得点をあげた参加者と低い得点の参加者を比べると，たった1つの性質が運命の分かれ道になっていた。それは，① 上品さ（nice）があること，すなわち自分からは決して裏切らないという性質であった。また，上品なプログラム同士は，相手が互いに裏切らない限りは協調し続けるので，互いの平均得点を高めた。問題は裏切られたときの対応である。その対応の仕方によって，それぞれの上品なプログラムの全体的な平均点が決まった。その性質とは，② 心が広いこと（forgiveness），すなわち相手が裏切った後でも再び協調することである。そしてこの協調行動を安定させるためには，③ 相手の最初の裏切りに対しては怒らなくてはならないこと，④ 未来に対する重みづけが十分に大きいこと，⑤ 付き合いを頻繁にすること，が理論的に証明された（Axelrod, 1984; 高橋, 1996）。

ただ，注意すべきなのは，進化ゲーム理論が必ずしも協調・協力戦略や利他的な戦略を主張しているわけではないということである。進化的に安定な戦略がたまたまそういう結果になっただけであり，進化ゲーム理論は多様なパターンがありうる。青木（1995）が，進化ゲーム理論を使って，日米間の異なった支配組織型の生成の一面を歴史的初期条件から出発した異なった進化的均衡状態にあるとして説明したことはその1例である。また，山岸（1998）は社会心理学者であるが，人間社会あるいは組織の基本的な関係概念である信頼を進化ゲーム理論から考察し，集団主義社会は安心を生み出すが信頼を破壊するという論拠を導出した。この研究はそのもう1つの例である。

高橋（1996）は，この進化ゲーム理論を駆使しながら，日本企業は一般に，今は多少我慢してでも利益を上げ，賃金や株主への配当を抑え，何に使うかはっきりしていない場合でさえ，とりあえずこつこつと内部留保という形で将来の拡大投資のために貯えている事実に対し，未来傾斜原理が働いて

いるとした。つまり，日本企業は，過去の実績や現在の損得勘定よりも未来の実現への期待に寄りかかって意思決定を行っているというわけである。このように進化ゲーム理論は，経営学にとっても有効なアプローチなのである。

(5) **進化倫理学アプローチ**

利他心や勇気などの道徳能力がいかに伝えられるかを説明するメカニズムとして，ダーウィンは，以下の2つの説明を与えていた。第1に，人間の推測する力が向上するにつれて，各自は自分の経験から誰かを助ければ，たいていはお返しを得られるということを学習するようになり，仲間を助ける習慣を身につけるというものである。第2に，仲間からの称賛と非難である。称賛を好み不名誉を嫌うことは本能であり，自然淘汰によって獲得されたものである（Darwin, 1871：訳書143頁）。

その後，20世紀になって進化生物学者ハミルトン（W. D. Hamilton）は，包括適応度[6]という概念から血縁淘汰の理論，すなわち，血縁関係が近い動物は利他的な行動をとるということを明らかにした。また，トリヴァース（R. Trivers）は，一定の条件が満たされれば，動物が血縁関係にない個体に対して利他的にふるまう互恵的な利他行動が進化することを明らかにした。その条件というのは，① 特定の個体間の社会関係が長期にわたって続く，半ば閉鎖的な集団で生活している動物であること，② 動物が互いに個体識別し，過去にどんな行動のやりとりがあったかを記憶できるような何らかの認知能力があること，③ 行為者がこうむる損失よりも，行動の受け手が受け取る利益の方が大きいこと，である。互恵的な利他行動に関するトリヴァースのアイデアは，ある個体が他の個体に対して利他行動をとるときには，一定の適応度上の損失をこうむるが，その個体が将来，利他行動をしてあげたい個体から同じような恩恵を受ければ損失が解消でき，そのような社会交渉が繰り返されれば，長期的には，両者共に適応度が上昇するというものである（長谷川・長谷川, 2000）。つまり，利他行動と利益という関係の反復と継続によって，互恵的利他行動が進化するというのである。

進化倫理学は，進化ゲーム理論のように安定した社会状況をゲーム理論によって探索していくというものではなく，倫理学の立場から互恵的利他行動に焦点を当てた研究のことである（内井，2002）。したがって，進化倫理学は現代進化生物学の知見を取り入れ，それに基づいて人間の倫理を考え直そうという試みである。実は，内井（2002）の進化倫理学の構想の中には，サイモンの限定合理性概念が重要な要素として取り入れられていたのである。

サイモンは，適応性の意味をネオ・ダーウィニズムの理論家にならって，ある一定の期間に生み出した子孫の数と規定する。ここで，利他主義とは，他人の適応性を増すが，その行為者にコストがかかる行動を意味する。したがって，利他主義者は同じレベルで非利他主義者の他人との競争で負けるであろう。サイモンによれば，この問題はシンプルな数式に表せる。利己主義者の適応性 F_S は，利他主義者の適応性 F_A よりも c という利他主義者のコスト（犠牲）だけ減じるであろう。ただし，X はそれぞれの個人の生得的な適応性を示し，bp は利他主義を受け入れる便益であり，b は利他主義者の数，p は個体群における利他主義者の割合である。また，c は利他主義者にも利己主義者にもすべて便益になりうるので，(c) として bp に乗じている（Simon, 1997, pp.39-40）。

$$F_S = X + b(c)p$$
$$F_A = X - c + b(c)p$$

ここで，サイモンは従順性（docility）という概念を登場させる。従順性とは，社会的な影響力や説得に従いやすい傾向である。ただし，この概念は教え育てられる可能性があるという意味であり，受動性や消極性といった意味は入っていない。サイモンによれば，従順性はわれわれの適応性に多大な貢献をしているので，それは進化の過程によって選択される。なぜなら，われわれが教えられることや影響を受けて行動することは，一般にわれわれにとって便益であるからである。たとえば，誰かを助けるために川に飛び込むなどのような行動によって課される「犠牲」が，従順性からの便益ほど大きくない限り，利他主義をみせる従順な人々は利己的で非従順な人々よりも適応性をしめすのである。つまり，人間には合理性に限界があるために，1人

ではすべて意思決定できない。だからこそ他者に依存し，他者の忠告や助言に従い，従順になるのである。従順性と限定合理性との組み合わせは，人間社会における利他的な行動の実質的なレベルの維持に強力なメカニズムを提供している。

サイモンによれば，この利他主義の可能性の議論は，以前の式の単純な修正で定式化できる。もし，われわれが従順性から引き出された適応性の獲得をdと呼べば，cは利他的な行動の適応性のコストであり，その行動は従順な人が「損をする」ものである。非従順な人の適応性 $F_A(S)$，および，利他的で従順な人の適応性 $F_A(A)$ は以下の通りである。

$$F_A(S) = X + b(c)p$$
$$F_A(A) = X + (d-c) + b(c)p$$

この式では，d＞cである限り，利他的で従順な人は利己的で非従順な人よりも適応的であるといえる。また，dは，Xやcとの関係が非常に大きい可能性があるので，利他主義への傾向も強められる。このように，少なくともダーウィニズム的な意味では，利他主義的な行動を定式化することが可能であることが示された。サイモンのこの進化倫理学的研究は一般の経済学，特に企業の理論にインプリケーションを与えるであろう[7]。

2．経営学は進化論的科学か

前節では，経営学における最新の進化論的アプローチを紹介した。それらは極言すれば，総じて生物学のアナロジーを使用したにすぎないものである。しかしながら，だからといって全否定されるべきものでもない。本節では，経営学が生物学と類似の学問であることを示し，さらに進化論的科学であるどうかを考察するために，まずヴェブレンの進化論的科学に対する考え方を敷衍することにする。

(1) ヴェブレンによる進化論的科学

ヴェブレンの進化論的科学を論ずるためには，まずダーウィンの進化論を

正確に把握しなければならない。ダーウィンの進化論は，実は，以下に述べる3つの点においてそれまでの自然哲学を覆す革命的な理論であった（坂上,2003）。

　第1に，それは種が不変の本質を持つという「種の本質主義」を否定するものであった。そしてこのことは，人間に関しても不変で普遍的な人間の本質という観念の否定を意味していた。しかし，ダーウィンの進化論に含まれる反本質主義は同時代人には容易に理解されなかった。スペンサーもまた理解していなかった。スペンサーは個人的福利の向上の欲求が人間の心理の本質であり，社会進化の原動力であると考えた。彼にとって，境遇の改善を目指す利己心は人間の不変の本性であった。

　第2に，それは目的論を排除するものであった。個体の変異は無方向であり，環境への適応や進化という目的に従って起こるのではない。進化と進歩の同一視は，退化の可能性を排除するものではなかった。ところが，『種の起源』は，進化論的思考を広く行きわたらせ，多くの思想家を進化論に改宗させる役割を果たしたが，その結果生み出されたのは，現代のダーウィニズムとは大きく異なる「進歩主義的進化論」であった。それゆえ，進化＝進歩＝良いことという図式ができあがったのである。

　第3に，ダーウィンの進化論は，法則概念の変革を伴っていた。ダーウィンは「あらゆる生物を増殖させ，強者を生かし弱者を死なしめてその進歩に導く一般法則」によって生物界の変化の歴史を説明しようとしたが，この一般法則は決定論的ではなく，統計的・確率論的な法則であった。つまり，換言すれば，常に強調される適者生存（あるいは不適者非生存）だけではなく，適者非生存，不適者生存の確率も否定していないということである。そしてこのことは，未来が予見不可能なことを意味していた。ダーウィンは統計的手法を用いて，長い目で見れば動物の変異や自然選択によってその環境に適応するようになるということを論証したのである。しかし，このような理解は一般にはなされず，多くは進化の法則を必然的な進歩として決定論的なものとして理解したのであった。

　つまり，ダーウィンの進化論は非常に誤解されやすい理論であったという

こと,そして,伝統的な思考習慣である本質主義,目的論,決定論をそれぞれ否定するものであったということである。このことを的確に理解していたのが制度派経済学の始祖であるヴェブレンであった。ヴェブレンは,「経済学はなぜ進化論的科学でないのか」(Veblen, 1898) という論文において,ダーウィン登場以前の科学とダーウィン以後の科学では科学的思考のあり方が根本的に変わったと述べ,経済学もダーウィン以後の科学,すなわち「進化論的科学」にならなければならないと主張する。

ヴェブレンによれば,経済学が進化論的科学ではない理由は,自然法則や自然の秩序を定式化してきたこの古い思考習慣にある。また,この思考習慣にはその根底に2つの公準があるという (Veblen, 1900)。1つは快楽主義的な (hedonistic) 人間観であり,もう1つは改良主義的傾向に対する無批判な確信である。快楽主義的人間観では,人間の本質を受動的で不活性な存在とみなす。したがって,ヴェブレンにとって,このような人間は,「同質な幸福願望のある電球のように点滅する快楽と苦痛の計算機」(Veblen, 1898, p.389) にすぎない。また,改良主義傾向に対する確信は,有機体的なあるいは生理学的な生活の中の経済生活に「改良しなければいけない」という信念として形成される。そして,この信念は国家やコミュニティの成長,成熟,衰退というライフサイクルの自然な感覚を抑制してしまうことになる。これらが示していることは,力学に焦点を当てた経済学は当然のことながら,機械論的であり,また,「快楽」や「改良」といういずれも無批判な目的論的傾向に陥っているということである。

したがって,ヴェブレンのいう進化論的科学は,過程のなかで生み出される変異および多様性を志向する。この科学においては,自己継続的ないし自己増殖的な過程として,外部にある超越的な原因を考慮せずに,過程そのものによって説明される。つまり,この科学は目的論的性格をもたない。ヴェブレンの考えでは,進化とはあらかじめ方向付けられてはいない累積的変化であった。その累積的に変化する代表的な事例として,ヴェブレンは思考習慣である制度に注目したのである。

ヴェブレンの批判対象は経済学であった。果たして,経営学は進化論的科

学なのであろうか。

(2) 経営学と生物学の方法論

馬場克三によれば，経営学の方法論は，経営学を利殖学または利潤追求学であるとの非難から解放しようとする要求と，経営学を経済学と違った並立する独立の科学として権威づけようという要求の2つの要求から起こっている（馬場，1982）。

しかしながら，馬場の指摘のうち前者の問題，すなわち経営学が利潤追求の学であるという批判は今存在しているのであろうか。それは，はなはだ疑問である。経営学はその誕生以来，1世紀を経てかなりの発展をみせてきた。利潤追求は，企業の目的として当然の結果である。そして，経営学の方法論として，あるいは目的としてそれ自体は何の問題もないであろう。過度の利潤追求が企業の不祥事に至らしめ，それが批判されているのであって，単なる利潤追求それ自体は非難されるべきことではない。むしろ，その窮極の価値にしたがってマネジメントは営まれているのである。

筆者がこれまで各章で述べてきた経営学は，概してアメリカ経営学であった。古川栄一によれば，アメリカ経営学は経済学の応用部門として研究されてきた。アメリカ経営学は，実践的経営学として発達してきており，しかもその発展の過程は，アメリカにおける大企業の成立と切り離しては考えられない。アメリカ経営学は，専門経営者の養成のための学問として発達するに至ったのも事実である。このようにしてアメリカ経営学は，一方では大規模経営を合理的に運営する専門経営者を育成するための学問として，また他方では，そのための経営管理の科学として発展するに至ったものである（古川，1967）。したがって，アメリカ経営学においては，当初から利潤追求の学，すなわち実践科学であったということができる。

ヴェブレンの進化論的経済学の展望は，目的論の否定であった。経営学が利潤追求の学であるとすると，目的論的科学である。しかし，目的論がそれほど批判されるべきことなのであろうか。21世紀の科学という壮大なテーマを追究した吉田民人によれば，目的論的自然観も生物的自然観もそれほど

違いはないという（吉田，1999）。

　吉田によれば，機械論と対置されてきた目的論的自然観とは，厳密に言えば，

(a) 脳神経情報機構や間主観的情報機構を設計エイジェントとする，
(b) 非ランダムに変異するシンボル性プログラムの，
(c) システムからの自立したプログラム自体の仮想的な作動結果に基づく，
(d) 欲求や価値観を選択基準にした，
(e) 事前の内生選択（事前主体選択）によって成立する設計論的世界である。

また，生物的自然観は，

(a) 細胞内情報機構を設計エイジェントとする，
(b) ランダムに変異するDNA性プログラムと一体化されたシステム自体の，
(c) プログラムの現実の作動結果に基づく，
(d) 包括適応度を選択基準にした，
(e) 事後の外生選択（自然選択・性選択）によって成立する設計論的世界である。

　ヴェブレンが批判した古典派経済学は，目的論的科学であった。つまり，古典派経済学は，(a) 価格システムのような間主観的な情報機構によって，人間行動を経済的側面から考察し，(b) その機構は非ランダムで静態的・力学的で，(c) 完全合理性や完全競争などの仮想的な作動結果に基づき，(d) 快楽主義的で改良主義的価値観などを選択基準にした，(e) 合理的経済人という事前に決定された前提によって成立する世界である。ヴェブレンが進化論的科学として目指したのは，このような目的論的科学ではなく生物的自然観であった。

　確かに両者をよく見ると，まったく正反対の概念構成である。しかし，吉田（1999）によれば，後者，すなわち生物学的自然観を1つの目的論的世界とみなすかどうかは，もはや単なる用語法の問題でしかない。両者は，(a)〜(e) の項目すべて充足していないといけないのであるが，しかし，その5項目の内容は，その進化段階によってすべて相違しているはずである。つまり，目的論的自然観と非目的論的自然観＝生物学的自然観を同じと見るか違

うと見るかは，まさに程度の問題なのであって，目的論的自然観を完全否定したところで，まったく意味をなさないことになる。

さらに，吉田民人は物理学や化学を「法則科学」とした上で，生物学や人文・社会科学を「プログラム科学」[8]であると規定する（吉田, 1995; 1999）。しかし，生物学と人文・社会科学をまったく同じ範疇の科学とみなすのではない。生物学はシグナル性プログラム科学，人文・社会科学はシンボル性プログラム科学であるという[9]。したがって，たとえば，生物学のプログラムである遺伝子はシグナルとしてのDNAによって物理・化学的に機能している。それに対して，社会科学のプログラムである制度や習慣は物理・化学的に機能しているとはいえず，シンボルとしての言語を媒介として機能する。吉田はこのように規定し，プログラム科学の課題を以下のように設定する。

① プログラムそれ自体の解明
② プログラムの作動過程の解明
③ プログラムの作動結果の解明
④ プログラムのライフサイクル（生成・維持・変容・消滅）の解明

吉田の規定では，人文・社会科学すべての学問に適用されているので，ここでは経営学の事例を考えることにしよう。生物学のプログラムは遺伝子である。それに対して，経営学のプログラムを組織ルーチン（March and Simon, 1958; Nelson and Winter, 1982）であるとしよう。①のプログラム自体の解明は，生物学の場合，遺伝子情報の解読などがテーマになる。そして，経営学の場合は，組織ルーチンそれ自身の解明などがテーマになる。②のプログラムの作動過程の解明は，生物学の場合，遺伝情報の物理・化学的な作動過程の解析がテーマになる。また，経営学の場合は，組織ルーチンの作動の実態解明がテーマになる。このテーマをさらに詳細にみれば，組織ルーチンの作動を制御するプログラムや組織ルーチンの選択，組織ルーチンへの言及，組織ルーチンの解釈，組織ルーチンの確定化・具体化，などさまざまな研究が成立する。③のプログラムの作動結果の解明は，生物学の場合，生物の形態や行動の構造と機能の解明がテーマになる。また，経営学の場合は，組織ルーチンの作動の結果として成立する企業の構造と機能の分析

がテーマになる。たとえば，ある組織ルーチンを継続していた企業が高い業績をあげた場合，その要因を分析することなどが研究テーマになるであろう。④のプログラムのライフサイクルの解明は，生物学の場合，遺伝情報の世代間の伝達と進化の研究がテーマになる。また，経営学の場合は，組織ルーチンの企業内での伝承と進化，すなわち，組織ルーチンの生成・維持・変容・消滅の解明や組織ルーチンを維持した企業そのものの進化などが研究テーマになるであろう。

前述した近年における経営学の5つの進化論的アプローチを再度吟味すれば，生態学的アプローチや技術革新の進化論的アプローチは，まさに④のプログラムのライフサイクルの解明に相当するであろう。また，戦略論の進化論的アプローチは③のプログラムの作動結果の解明に相当し，さらに，進化ゲーム理論アプローチは②のプログラム作動過程の解明に相当し，進化倫理学アプローチは①のプログラムそれ自体の内容の解明に相当するであろう（表8-1）。

このように，経営学と生物学の研究内容をプログラムという視点でとらえるとかなりの共通点が見いだせることがわかる。この①～④のプログラム科学の課題の中で最も進化論的な課題は，④のプログラムのライフサイクルの解明であろう。その意味で言えば，生態学的アプローチや技術革新の進化論的アプローチは，最も進化論的な研究アプローチであるといえる。なぜなら，本章での進化の定義からすると，狭義における進化論的テーマに最も近いからである。しかし，だからといって，他の①～③のテーマが進化論的テーマではないとはいえない。換言すれば，これらは広義の進化論的テー

表8-1 プログラム科学の課題と経営学の研究テーマ

プログラム科学の課題	経営学における研究テーマ
①プログラムそれ自体の解明	進化倫理学アプローチ
②プログラムの作動過程の解明	進化ゲーム理論アプローチ
③プログラムの作動結果の解明	戦略論の進化論的アプローチ
④プログラムのライフサイクルの解明	生態学的アプローチ 技術革新の進化論的アプローチ

マであるとでもいえる。つまり，少なくとも前節にあげた近年の経営学における5つの進化論的アプローチは，いずれも進化論的科学であるといえよう。

3. 進化論的経営学の提唱

(1) 市場・企業・組織の位置づけ

新古典派経済学では，かつて分析概念としてことさら企業の内部に言及する必要がないとされていた。企業はヒト，モノ，カネの集まりだといわれるが，新古典派経済学はヒトとカネという要素がまったく抽象化されていて，単なるモノ（財）としてだけ捉えられてきた。企業活動への投入物であるカネ（資本）やヒト（労働者）は，金融市場や労働市場で自由に調達でき，それらに対する報酬は市場で，すなわち企業の外部で決まる。生産物の価格も市場の条件に応じて決まってくることから古典的な企業家は，投入費用と売上高の差額を最大にすることだけを考えていればよかった。

このような企業観は，ある意味では時代的な制約という面もある。アダム・スミスの時代とテイラーの時代，そして現代と比較しても企業の規模，存在感，影響力は歴史を遡れば遡るほど小さくなる。マーシャルの価格均衡論は，イギリスの個人企業や中小企業がモデルであって，決して現代の大企業がモデルではない。新古典派経済学の企業モデルは，個人企業にこそ当てはまる。「点としての企業」は，まさに所有者＝経営者の個人企業のイメージであった。

しかしながら，バーリ・ミーンズを援用するまでもなく，20世紀には巨大企業が支配することになった。企業の内部を考慮する必然性が生じたのである。経済学者で企業の内部にいち早く注目したのはコースであった。コースは，市場は価格メカニズムによる調整が必要であり，企業は企業家による調整が必要であるということを1930年代にすでに気づいていた（Coase, 1937）。コースの時代には，すでにアメリカを中心に巨大企業が存在し，社会にとって無視することのできない大きな存在となっていた。現在ではこの

ことは当然視されているが，当時は経営学者や実務家を除けば，マルクス経済学者，制度派経済学者や一部の社会学者以外注目する研究者はいなかった。ここにコースの慧眼がある。企業の内部組織に関する研究は，その後，新古典派経済学の陣営では，ペンローズ (Penrose, 1959) やマリス (Marris, 1964) などがあったが，1970年代まで従来の観点を大きく変えることはなかった。その視点を大きく転換させていった経済学者の1人は，ウィリアムソンであることは間違いないであろう (Williamson, 1975)。それは，ウィリアムソンによってコースが発掘され，サイモンも再評価されていったからである。

コースの「企業はなぜ存在するのか」という問いは，経済学者としての重要な問いである。つまり，企業はなぜ生まれてくるのかが経済学者にとって重要なのである。同義反復的であるが，コースの問いはきわめて経済学者的である。というのは，「市場はなぜ存在するのか」という問いを発した経済学者は，カール・ポランニー以外ほとんどいないからである (Polanyi, 1957)。つまり，経済学者にとって「市場」は与件なのである。

市場と企業との関係は，よく海と島にたとえられる。市場という海に浮かぶ島が企業というわけである。しかし，このアナロジーは海が所与であり，島が後から出現したという論拠を説明するために用意されている。現実の市場を見ると，太古の昔から市場での取引は人間の行為によってなされる。それは，海上で船に乗った人間同士が物々交換をする行為にたとえられよう。しかし，その人間はどこに住んでいるのであろうか。人間は海上では生活できない。どこかの島に定住して，生活の拠点を持って市場（海）に出かけるのが人間である。企業を島ととらえても市場で取引をするのは人間であるし，人間は島で生活しているのである。

組織は市場に先立つものであると筆者は考えている。少なくとも人間を主体にして考えればそうである。したがって，企業という組織の形成はかなり最近のことであるが，人間は有史以前から家族，部族などのゲマインシャフトなる組織を作ってきた。そして，軍隊，政府や教会，企業などのゲゼルシャフトなる組織が登場する。ゲマインシャフトとゲゼルシャフトができる

間に市場が形成されていったと考えられるであろう。「企業はなぜ存在するのか」という問いは，20世紀初頭のきわめてコンテンポラリーな問いかけである。市場は企業に先立つが，組織は市場に先立つのである。つまり，時系列的には，組織，市場，企業の順に人間社会に登場したと考えられる。

　ここで，組織，市場，企業というそれぞれの概念を規定し，関係を明らかにしていきたい。まず組織の定義からはじめよう。現代組織論にもっともふさわしい定義をあたえたバーナードのものを引用する。それは，「組織は2人以上の人々の意識的に調整された諸活動または諸力の体系」(Barnard, 1938)というものである。この定義からすると，組織という概念は，市場や企業の基底的概念であることがわかる。つまり，市場組織や企業組織という言葉があるように，市場も人々の意識的諸活動であって一種の組織であり，また企業も人々の意識的諸活動であって一種の組織である。一方，市場の定義は一般に，「さまざまな財やサービスの交換が行われる関係の全体」である。したがって，市場の中で行われる財やサービスの交換の行為そのものが組織活動である。

　企業の定義はどのように規定すればよいのであろうか。伊丹(1993)によれば，企業とは「財・サービスの提供を主な機能として作られた人と資源の集合体で，一つの管理組織におかれたもの」である。この定義からすると，① 企業は財やサービスの提供機能をもっていること，② 企業は人と資源からなる集合体であること，③ その資源の集合体は1つの管理組織であること，の3つの部分からなる。この定義は，ペンローズの規定[10]とほぼ同じものであり，経済学と経営学の両分野の研究成果を反映させているものである。したがって，企業はその定義の中に市場と組織の両面を部分的に内包しているといえる。

　これらの概念を整理すれば，図8-1のようになるであろう[11]。市場経済以前は，自給自足の社会であり，市場が存在しない社会である。そこは，家族や部族のみが存在する原始的な組織のみが存在する1階性の段階である。次に，市場経済[12]に入ると，組織と市場という2階性の段階になる。そこでは，企業は存在せず，商人たちが市場で取引し商品を交換する。経済学が

図8-1　各経済形態別の企業・市場・組織の位置づけ

原理＼経済の形態	市場経済以前（1階性）	市場経済（2階性）	企業経済（3階性）
企業原理			○
市場原理		○	○
組織原理	○	○	○

(注)　組織原理は人間の基盤をなすものであるため，上の企業原理と市場原理と分ける必要性から太字で線引きしている。また，各経済の形態において基礎的な原理はそれぞれ網掛けで示してある原理である。

登場し，市場が研究対象となるのはこの段階である。最後に，企業経済に入ると，組織と市場と企業という要素が存在する3階性の段階に入る。そこでは，組織と市場だけでは存在しなかった企業という主体が出現する。コースの「企業はなぜ存在するのか」という問いかけはこの段階でのものであり，経営学が登場し，企業が研究対象となるのもこの段階である。

コースのこの問いかけに対する解答は，企業家的な調整によって市場利用のコストが節約できるというものであった。コースは，市場で直接取引をするだけではなく，組織を構成して企業を1つの場として取引をすることとした方が，取引コストを最小化する上で有効であることを示したのである。このコースの問題意識が，現代の新制度派経済学，組織の経済学や進化経済学の発展につながっていることは明らかであろう。

(2)　進化論的経営学とは何か

ここにいう進化論的経営学とは，広義には，企業に内在する各種のプログラムそれ自体の解明，または作動過程・結果の解明，またはそのライフサイクルの解明を目的とする経営学である。また，狭義には，企業に内在する各種のプログラムのライフサイクルの解明を目的とする経営学である。

藤本（2000）に示されているように，企業システムにおいて遺伝子に対応するプログラムは，前述の例にあげた組織ルーチンの他に，行動プログラム，リソース（経営資源），ケイパビリティ（組織能力），コンピテンスなど

の概念もそれに該当するであろう。それらは,組織内の成員によって学習・継承され,つまり複製され,場合によっては組織外にも伝播し増殖するといった意味で企業における遺伝子的な存在である。これらは,企業システムを動かすための原理とでもいえよう。

この企業システムを動かすための原理に言及した過去の理論や思想を概観してみると,市場原理としてのマーシャルの価格システム原理,企業原理としてのテイラーの管理システム原理,組織原理としてのバーナードの協働システム原理は,それぞれ市場,企業,組織の運動の根本原理を表したものと考えられる。筆者はこのマーシャル,テイラー,バーナードを経営学の基礎原理を構築した論者であると考えている。すなわち,彼らの理論や思想の共通点は,古典派経済学であり,社会ダーウィニズムであった。アメリカ経営学において,彼らの位置づけは必ずしも一様ではない。ましてや,この3者を並列に論じることはこれまでなかった。しかしながら,彼らは経営学の基礎原理を構築し,その後の市場,企業,組織の理論の大いなる発展に貢献したことは紛れもない事実である。

価格システムは,究極的には利潤や利益の追求が目的であり,管理システムは能率の追求が目的であり,協働システムは人間性の追求が目的である。換言すれば,経営学は企業原理のレベルでは能率の追求が目的となり,市場原理のレベルでは利潤の追求が目的となり,組織原理のレベルでは人間性の追求が目的となるといえる。したがって,前節における市場,企業,組織の関係性をここで再度整理すると,図8-2のようになるであろう。

馬場(1982)による経営学が利潤追求学であるとの批判の問題と経営学を経済学と異なる独立の科学として権威づける問題をここで再び論じよう。前半の批判は,市場原理に基づく価格システムにのみ限定した論理であって,新古典派経済学の枠組みから脱却していないということがいえる。また,前述したように利潤追求それ自体は悪ではないが,経営学には,それに加えて能率の追求と人間性の追求という非常に重要な目的があるということを看過されてはならない。それぞれは,企業原理と組織原理からの目的であり,馬場の指摘の後半の経済学とは独立した学問としての経営学の樹立に大いに寄

与するものであろう。すなわち，経済学は図8-2における2階性の市場経済に特徴的な学問であって，利益（利潤）の追求を中心として人間性の追求も目的にするのに対して，経営学は3階性の企業経済に特徴的な学問であって，利潤の追求を最終的な目的とはしながらも，当面は人間性の追求を土台とした能率の追求が目的になるからである。したがって，経済学と経営学の違いは，この2階性と3階性の構成内容の違いにあるということができる。

　もちろん，経済学でも企業を研究対象としたものはあるが，特に新古典派経済学の企業理論は，スミス，ミル，マーシャル以来の古典派から続く個人企業あるいは中小企業を中心としたイギリス経済学を中心に形成されてきた企業像を念頭にしており，今日の巨大企業を念頭にした理論では決してあり得ない。そこの出発点から現代の経済学（特に新古典派）による企業像は，根本的にずれているのである。だからこそ，経済学の中で新古典派とは異なる視点の新制度派経済学や組織の経済学，進化経済学などが隆盛し，経営学固有の領域だったはずの企業や組織に注目しているのである。したがって，同じ企業を研究対象とするにしても，18世紀末のイギリスの産業革命時代の企業形態をモデルにした経済学と，20世紀初頭のアメリカやドイツの独占時代の企業形態をモデルにした経営学とでは，自らその視点は異なり，企業を主体的に研究対象とする経営学の方がその説明力が豊富であるはずであ

図8-2　各経済形態別のシステム原理と目的

原理＼経済の形態	市場経済以前（1階性）	市場経済（2階性）	企業経済（3階性）
企業原理			管理システム（能率の追求）⇕
市場原理		価格システム（利益の追求）	価格システム（利潤の追求）⇕
組織原理	協働システム（人間性の追求）	協働システム（人間性の追求）	協働システム（人間性の追求）

（注）　市場経済では価格システム，企業経済では管理システムと協働システムが基礎的な原理となる。しかし，企業経済では，特に経営学領域で組織原理の目的である人間性の追求と企業原理の目的である能率の追求が相克するが，経済学的には市場原理の目的である利潤追求が窮極的な目的となる。

る[13]。テイラーの科学的管理は，今日にみられるような大規模製造業における工場の作業能率を追求したのであって，決して利潤追求を考えたのではなかった。テイラーの科学的管理はきわめて経営学的な業績であったのである。

19世紀後半から20世紀にかけては，ダーウィンの進化論をはじめ，メンデルの遺伝学，ヘルムホルツやベルナールの生理学，コッホやパスツールの細菌学に代表される生物学革命ともいわれた時代であった。科学の最前線は物理学から化学へ，さらに生物学へと移動しつつあった。つまり，当時は生物学が人文・社会科学に影響を及ぼした時代であった。とりわけ，進化論が経営学の誕生に影響があったことは想像に難くない。

なぜならば，それは第1に，スペンサーの社会ダーウィニズムの影響が大きかったからである。スペンサーは，ダーウィンの進化論を天体の運動から自然界，動物界，人間界などあらゆる現象に対して，「同質性」から「異質性」へと進化すると解釈した。もちろん，彼の進化論が今となっては，すべて正しいとは認識できないであろう。しかし，彼が生きた時代すなわち，「金ぴか時代」[14]のアメリカ社会に合った進化論だったからこそ，大きな影響を与えたのだと思われる。このような状況の中で経営学が誕生したのである。鉄鋼王のアンドリュー・カーネギーがスペンサーの弟子であったという事実が最も象徴的な例である。つまり，カーネギー自らの人生観とビジネスの成功が「適者生存」のキャッチフレーズに見事に一致したのである。第2章においてすでに論じたように，マーシャルもテイラーもスペンサーに影響を受けていた。マーシャルは，「経済学は経済動学であるよりも経済生物学である」べきだと主張した。また，テイラーは科学的管理の中で「適者生存」を論じていた。そして，テイラーは完全には社会ダーウィニズムを否定しなかった。さらに，第7章で明らかにしたように，バーナードもスペンサーの影響を受けていた。バーナードの社会有機体，進化，認知限界，道徳，集産主義と個人主義などの5つの概念は，スペンサーの思想に驚くほど類似していた。ダーウィンの生物学から派生したスペンサーの社会ダーウィニズムが経営学に与えた影響がいかに大きかったのかを示すものであるとい

えよう[15]。

　第2に，経営学が動態的な企業を主体的に扱う科学であるという学問的性質が進化論とおおいに親和性があったからである。マルクスはすでにダーウィンと同時代に企業を価値の運動体であると規定していた。つまり，マルクスは，企業自身が生命を与えられたかのような規模を拡大していく運動として解釈していた。その意味で，マルクス経済学が進化論的科学であるといえなくもない。第1章で明らかにしたように，マルクス以外のスミス，ミル，マーシャルなどの新古典派以前の正統派経済学者は，企業や経営者に対する視点，つまり経営学的な視点を把握していたという点は重要である。ところが，新古典派経済学の立場は，生物学や進化論を無視し続けたと言っても過言ではない。もっぱら経済現象の物理学的な解明に精力を注いでいたのである。経営学は，学問的成立当初からプラグマティックな方法論を用いて企業や経営活動の解明に精力を注いできた。その手法は，心理学，社会学，経済学，人類学，生物学など学際的なものである。それは，バーナードの著作を取り上げなくとも公然の事実である。とりわけ，近年の経営学におけるテーマは，イノベーション，環境，ベンチャー企業，自己組織性，複雑性，組織学習，情報など明らかに生物学や進化論と親和性のあるものである。

　進化論的経営学は，企業システムを動かすための原理を追究するすべての研究を総称するものである。それらの原理は前述の他にも近年においては，成果主義，コンプライアンス，SRI（社会的責任投資）など多面的なものである。進化論的経営学は，決して単一の理論や方法によって生まれた学派であると主張するものではない。むしろ，多様性を認めるものである[16]。

　表8-2は，企業システムを動かすための原理の具体例を企業，市場，組織の各原理別に列記したものである。企業原理における生産，研究開発，人事雇用，コーポレート・ガバナンス，コンプライアンス，顧客志向，社会的責任などは，現実の企業において最も緊急の課題であり，近年の経営学界でも毎年のように議論されているテーマである。具体的に言えば，セル生産方式や成果主義賃金制，企業倫理行動憲章などを導入した企業の動向が注目されているのは周知の通りであり，これらの研究も多く存在する。また，市場

表8-2 企業システムを動かすための原理（制度や指標）の例

企業原理	生産（トヨタ生産システム，セル生産方式等） 研究開発（技術，特許，知的財産等） 人事雇用（成果主義，女性・高齢者雇用，裁量労働制，年俸制等） コーポレート・ガバナンス（委員会等設置会社，執行役員制，外部取締役等） コンプライアンス（企業倫理行動憲章，内部告発者保護等） 顧客志向（CRM，CS等） 社会的責任（CSR，SRI等）
市場原理	売上高，経常利益，市場シェア，時価総額，ブランド価値，売上高営業利益率等
組織原理	組織寿命（組織の生存率，組織の変化率等） 組織形態（カンパニー制，CFT，社内ベンチャー等） 個人行動特性（コンピテンシー，コミットメント，利他的行動等）

原理における売上高，経常利益，市場シェアは常に企業を評価する指標として存在するし，近年では時価総額，ブランド価値，売上高営業利益率などがかなり重要視されてきている。これらの指標は主として，市場シェア重視経営，時価総額重視経営などと言われるものであり，企業を動かすための原理である。また，組織原理については，組織寿命に関するものとして組織の生存率や組織の変化率などがあり生態学的アプローチに使用されている指標である。さらに，組織形態に関するものとしてカンパニー制，CFT（クロスファンクショナルチーム）などがあり，個人の行動特性に関するものとしてコンピテンシーやコミットメントなどがあり，その動向が注目されている。

このように考えると，進化論的経営学のテーマが自ずと明らかになってくる。したがって，吉田（1999）によるプログラム科学の課題と進化論的経営学のテーマは以下の表8-3のようにまとめられるであろう。表8-3の中で「○○」とあるのは，図8-2の中のさまざまな制度や指標である。したがって，具体的には，たとえば「成果主義とは何か」「成果主義を導入した企業の過程の分析」「成果主義を導入した企業の業績結果の分析」「成果主義を導入した企業の盛衰プロセス」などが研究テーマとなるのである。進化論的経営学は，このように非常に広範囲の研究の総称となるが，その基本は，本章の進化の定義の一節にある一定の「時間経過の中で動的に変化・展開してきた過程」を説明する試みなのである。本章で紹介した最近の経営学における

進化論的アプローチ、あるいはこれから登場するであろう進化論的経営学の研究は、企業や組織の「変化・展開」を解明する研究である。すなわち、進化論的経営学は、「変化」の歴史を分析する解釈学的研究であると共に、「変化」の結果の構造機能を分析する実証主義的研究なのである。

表 8-3 類型別進化論的経営学のテーマ

進化論的経営学の類型	進化論的経営学のテーマ
① プログラムそれ自体の解明	○○とは何か
② プログラムの作動過程の解明	○○を重視・導入した企業の過程の分析
③ プログラムの作動結果の解明	○○を重視・導入した企業の業績結果の分析
④ プログラムのライフサイクルの解明	○○を重視・導入した企業の盛衰プロセス

注
1) たとえば、国立国会図書館の NDL-OPAC 雑誌検索 (http://opac.ndl.go.jp/) で、「進化＆経営」というキーワードで検索したところ (2006/01/21 アクセス)、1984〜1995 年は 10 件（1件／年）、1996〜2000 年は 72 件 (12 件／年)、2001〜2004 は 144 件 (38 件／年)、2005 年は 59 件 (59 件／年) と飛躍的に件数が増加している。
2) またドーキンスは、「利己的な遺伝子は経営理論にも有効か」という論文の中で以下のように言及している。「私が主張したいのは、進化に関する理論は、大局的に説明しているということです。生命が進化してきた期間に比べると、人間の歴史の発展全体は、ほとんど想像もつかないくらい小さいのです。バビロニア時代に始まってギリシャ、ローマ時代、そして現代に至るまでの記録されている人間の歴史など、生命が誕生したのを肩の位置に置くと、爪の垢程度のものなのです。そのような時間軸で動いている科学が、そう簡単に日々の生活に応用できるわけはないでしょう」(ドーキンス, 2001, 164 頁) と述べている。これに対して筆者は基本的には同意できるが、生物学のすべてを応用することは不可能であるにしても部分的には可能であるという立場をとる。
3) 『日本大百科全書』によれば、ネオ・ダーウィニズムは、ダーウィンの『種の起源』以降、遺伝学の発展によって呼称されるようになった。遺伝学については、ワイスマンが獲得形質の遺伝（生物における器官は発達して次世代に伝えられるが、用いない器官は退化するという説）が不可能なことを導いた。これは現在、分子遺伝学によって基本的に支持されている。遺伝的形質の伝わり方については、メンデルらによって突然変異が発見され、遺伝子は染色体上に座位（位置）をもつものとして理解されるようになった。その後、集団遺伝学が確立し、進化を集団＝個体群の現象として理解することの重要性が認識されるようになった。これらの研究が進化の「総合説」を準備することになる。1930〜50 年代には、ハクスリーをはじめ、古生物学のシンプソン、系統進化学のマイア、遺伝学のドブジャンスキーらが、それぞれの著作のなかで進化理論の総合化を表明した。総合説は、遺伝の染色体理論、集団遺伝学、生物学的種の概念を軸とし、古生物学や生物学諸分野の概念を整理拡張し、獲得形質遺伝の完全な否定、進化過程が漸進的な変化であり、突然変異は集団（メンデル集団＝全体として 1 つの繁殖社会をなしている同じ種の集まり）内の遺伝子頻度の変化、すなわち小進化を基本として説明でき、そ

の進化の方向は自然選択によって規定される，というものである。これがネオ・ダーウィニズムといわれる理論の骨子である。
4) イベント・ヒストリー分析は，統計的手法を用いる。清水（1999a）においてその詳しい紹介がなされている。組織論では，ノンパラメトリック法といわれる，時間のパターンに特定の分析を仮定せずに生存関数の推定とグループ間の検定を行う方法が一般的である。その中でも清水（1999b）は，カプラン＝マイヤー法という手法を用いた。この手法はある区切りごとに「イベントが発生しない確率」を掛けていくことで生存関数を推定するというものである。具体的には，（1年後に営業をしている確率）×（2年後に営業をしている確率）……というように，節目ごとに次々と「イベントが発生しない確率」を掛けていく方法である。ただし，現実には1年後，2年後という節目ごとに撤退するとは限らないので，カプラン＝マイヤー法では，0.5年と2.75年を節目として考える。同様の手法に生命保険会社等のアクチュアリーが使用する生命表法もある。詳細は，清水（1999a）を参照のこと。
5) DRAMとは，Dynamic Random Access Memoryの頭文字をとったもので，半導体記憶素子の1つである。読み書きが自由にできるRAMの一種で，コンデンサとトランジスタにより電荷を蓄える回路を記憶素子に用いる。特質として，回路が単純で集積度も簡単にあげることができるので安価であるが，コンピュータの電源を落とすと記憶内容が消去される欠点を持つ。
6) 包括適応度（inclusive fitness）とは，血縁関係のある個体同士は利他的な行動をとる可能性が高いことを数的にあらわしたものである。たとえば，個体Aが自分との共通祖先に由来する遺伝子を共有する血縁者Bに対して何らかの利他行動をする遺伝子があるとする。このとき，個体Aは利他行動の結果，自らの適応度をcだけ減少させるが，そのおかげで個体Bの適応度がbだけ上昇するとしよう。その際に，AとBの血縁度がどれほど高いかをrで表すとする。たとえば，親の遺伝子が子供に伝わる確率は50％なので，親と子はr＝0.5，祖父母と孫はr＝0.25，いとこはr＝0.125などとなる。個体の適応度は，その利他的行動によってcだけ下がるが，血縁度rの個体Bはその同じ遺伝子を共有している確率がrあるので，その個体が受け取る適応度の上昇分にrをかけた積の分だけその遺伝子は残ることになる。したがって，個体Aが何もしないときの適応度を1とすると，個体Aがこの行動をした結果としてその遺伝子の適応度は以下のようになる。

$1-c+rb$

これを包括適応度と呼ぶ。個体が何もしないときを1としているので，包括適応度が1以上になるとき，すなわち，

$rb>c$

のとき，利他的行動をした方がしないときよりも包括適応度が上昇するので，この行動は進化することになる。この式は，関係する個体間の血縁度rの値が大きいほど，つまり血縁が近いほど，血縁者に対する利他行動は進化しやすく，また，個体が払うコストが小さいほど，利他行動は進化しやすいことを示している。このように，血縁者間での利他行動が進化することを血縁淘汰という（長谷川・長谷川，2000，122-123頁）。後述するサイモンの利他行動モデルは，このハミルトンの包括適応度の概念を援用していることがわかる。
7) サイモンはさらに続けて以下のようにいう。「経済分析は，しばしば利他主義を除外するが，行動を予知するためには効用を富や何らかの極大化されるものに置き換える必要がある。しかし，もし富が主要なあるいは唯一の源泉であるならば，利他主義は完全にオペレーショナルな方法で定義できる。恩恵を施す人の富を犠牲にして他者の便益になる行動は，こうして利他主義となる。現代社会の状況下で，ネオ・ダーウィニズム理論の定義する利他主義と効用理論の定義する利他主義の間の関係は，富が主たる目標である場合，あまり強い相関があるとはいえ

ない。事実，西洋の先進国では，富と子孫の数は負の関係にある。もしわれわれが，先天的な異常児についての正確な情報をもっていたとしても，おそらくその関係は維持されるであろう。したがって，利他的な行動を維持する可能性についてのいくつかの疑念は，払拭されうる。ダーウィニズムによる適応度との関係がどのようなものであっても，限定合理性と従順性の双方は，人間の種としての非常に顕著な特性である。つまり，従順性という「課税」によって利他主義を生み出すメカニズムは，富によって効用を生み出す世界で有効性を維持するのである」(Simon, 1997, p.43)。

8) 吉田によれば，プログラムは，そのコンピュータ用語としての定着した慣用，および分子生物学やエソロジー（動物行動学）における比喩の浸透が一定の抽象性と一般性を保証してくれるものである。また，「前もって書かれたもの・描かれたもの」というprogramの原義もまた，この語を採用した1つの理由である。したがって，吉田のいうプログラムとは，「一定の〈情報学的自己組織システム〉系に内在して，当該システムの内外の資源空間・情報空間の諸要因を選択的に産出し，かつその在り方を指定・制御する，一定の進化段階の情報である」。ただし，吉田によれば，〈情報学的自己組織システム〉とは，プログラム科学に固有のコンセプトであり，法則科学に属するプリゴジンなどの非情報学的ないし物理・化学的自己組織性と区別するものである。通常の意味の自己組織性は，「プログラムと情報」による制御は不可欠の条件ではない。「プログラムと情報」による制御がないにもかかわらず，「ゆらぎ」から一定の秩序が生成するというアイデアである（吉田, 1995, 278-279頁）。

9) 吉田は，シグナルとシンボルを次のように区別する。生物学における遺伝的プログラムはシグナル記号によって担われる。また，社会科学における文化的プログラムはシンボル（とりわけ言語）記号によって担われる。ここでシグナル記号とは，DNAのように，記号とその指示対象とが物理・化学的に結合する記号形態であり，シンボル記号とは，言語のように，記号としての表象とそれが意味する表象とが学習の結果，脳内で物理・化学的に結合する記号形態である（吉田, 1995, 279頁）。したがって，換言すれば，生物学はDNAをシグナルとして，物理化学的に作動するのに対して，社会科学は言語をシンボルとして，脳内で物理化学的に作動するのである。

10) ペンローズによれば，企業とは「生産組織の基本的単位」であるとして，次の3つの節に分けて説明する。① 価格と生産の理論から見た会社，② 管理組織体としての会社，③ 生産資源の集合体としての会社，以上である（Penrose, 1959：訳書, 12-41頁）。したがって，伊丹（1993）の概念規定とほぼ同じであることがわかる。

11) この図のアイデアは，吉田民人の所有構造の理論から発想したものである（吉田, 1988）。筆者はかつて，吉田のこの所有構造の理論を株式会社の所有構造の分析に用いたことがある。詳細は，補章1を参照のこと。

12) 市場経済とは，市場のみによって統制され方向づけられる経済システムであり，財の生産と分配の秩序はこの自己調整的なメカニズムにゆだねられる。この経済は，ある価格で入手できる財やサービスの供給がその価格での需要とちょうど等しくなるような市場を前提としている。また，所有者の手にあって購買力として機能する貨幣の存在を前提としている。財の生産や分配は価格にのみ支配される。したがって，財やサービスだけでなくすべての生産要素すなわち，労働，土地，資本についても市場が存在する。ポランニーによれば，この市場経済が最高潮に達したのは1920年代頃だという（Polanyi, 1957）。

13) 同様のことは，経営学の領域内部についてもいえる。つまり，20世紀初頭の経営学の学問的出発点における企業のモデルの形態および業種は，近代株式会社，すなわち大企業の製造業であった。ところが，近年，業種としては製造業よりもサービス業，情報産業が主流であり，形態としては株式会社の他にNPOなどが出現してきており，その組織論やマネジメント論がさ

かんに研究されてきていることは周知の事実である。すなわち，大企業の製造業をモデルにした経営学ですべての形態・業種の企業の経営を説明しようとする研究は，経済学における新古典派のようにその理論的有効性を失う可能性があるということである。

14) 「金ぴか時代」（Gilded Age）とは，南北戦争後から19世紀末にかけての急速な経済発展による繁栄の裏で，政・官・財界の腐敗，そして貧富の差が拡大していった時代のことである。いわば，アメリカの高度成長時代であり，当時の拝金主義と政治腐敗を風刺した文献は多い。ここでは，アメリカ労働史の立場から叙述されたGutman（1976）をあげておきたい。

15) 経営学者の中で進化論や社会ダーウィニズムに言及した論者は，テイラーやバーナード，サイモンの他に，コンティンジェンシー理論のローレンシュ・ローシュがいる。彼らはその著の中で，社会システムと生物システムとを比較したスペンサーを以下のように引用している。「社会という有機体は，次のような基本的特性において個々の人間に似ている。すなわち，成長すること。成長するにつれて複雑になること。複雑になるにつれ，各部分の間に相互作用の必要性が高まること，その生命は，構成単位の生命で計算すると途方もなく長くなること。……いずれも，異質性の増大に伴って統合が促進されること」（Lawrence and Lorsch, 1967：訳書，260頁［Spencer, 1966, II, p.56］）。彼らの著作では，社会有機体概念に依拠しながら組織における分化と統合を論じていたのであった。

16) その意味で言えば，藤本（2000）のように企業システムを動かす原理の探究は，ネオ・ダーウィニズムの枠組みに収まりきれないという認識の方が理にかなっているであろう。彼は，企業システムを分析する場合，①獲得形質の遺伝，②システム内淘汰，③緩やかな淘汰，④変異の定向性，⑤変異の幅の大小，が問題になるという。①の獲得形質遺伝というのは，生物における器官は発達して次世代に伝えられるが，用いない器官は退化するという説である。この説は現代のネオ・ダーウィニズムによれば否定されているが，うまくいった組織ルーチンは定着し，そうでない場合は棄却されることにみられるように，企業システムの場合，有効であることが多い。②のシステム内淘汰は，企業システムの場合，前述のように事業戦略レベルではこの概念は有効である。しかし，基本的にはネオ・ダーウィニズムでは自然淘汰（環境淘汰）という概念に対して，体内淘汰という概念はあるものの，あまり重視されていない。③の緩やかな淘汰とは，ネオ・ダーウィニズムのように，ただちに生存か消滅かを二者択一的に審判されるほど厳しいとは限らず，企業システムの場合，多くのバリエーションが共存する可能性を示したものである。④の変異の定向性とは，非ランダムな傾向（定向性）をも観察されることを意味する。ネオ・ダーウィニズムでは，ランダムな変異しか認めないのであるが，組織ルーチンなどにみられるように，進化の経路にある種の軌道が存在するかのように観察される場合もある。⑤の変異の幅の大小を問題にするのは，生物学ではネオ・ダーウィニズムによる漸進進化的な変異，すなわち微少な変異の連続を強調する説が有力であるのに対し，突然変異を強調する不連続的な変異を強調する説も存在するからである。つまり，企業システムでは，インクリメンタルなイノベーション論とラディカルなイノベーション論との両者を認める傾向があり，単純にネオ・ダーウィニズムだけでは収まりきれないのである。

補章 1

所有とは何か
―― 吉田民人の所有構造論からの考察 ――

　本補章で取り上げる社会学者吉田民人の所有論[1]は,所有の構造について非常に詳細にかつ壮大に論じている。吉田の所有論は,経営学における重要な概念である所有と経営の分離の問題に鋭くメスを入れることができ,また株主,経営者,従業員という株式会社の貢献者の所有関係,すなわちコーポレート・ガバナンスの問題に新たな考察を加えることができるものである。本補章では,吉田の所有構造の理論を援用して株式会社の所有状況を考察し,「所有とは何か」についての命題を提起する。

1. 株式会社における所有関係[2]

　20世紀初頭以降,大企業の進展がみられるにつれて産業社会に特徴的な所有関係は多様化・複雑化していった。特に先進資本主義社会にみられる所有と経営の分離,労働者の経営参加,国家の介入による所有権の社会化等に伴って,20世紀社会科学の1つの基幹をなしてきた資本主義－社会主義パラダイムが根底から揺らぐことになった。かつて筆者は修士論文において,このような背景のもとで,企業内権力すなわち権限の源泉の問題を問うたことがある。この資本主義－社会主義パラダイムの動揺は,所有論そのものの復興を促すことになった。本節では,マルクス所有論の再構成を試みて独自の所有論を展開する吉田民人の所説を援用し,株式会社における所有関係を探ってみたい。

(1) マルクス所有論の再構成

 吉田民人によれば，マルクス主義者の所有分析は訓古学的呪縛を脱しきっていない。つまり，理論は歴史的現実によってではなく，マルクスの著作によって実証されるかのごとき印象を拭いきれない。結局は，マルクス主義者はマルクスの天才と人間愛に深く傾倒しすぎており，マルクスの時代的制約をあえて自ら背負い続けるということにならざるを得ない。

 すなわち，マルクス所有論はその歴史主義的方法（これはもちろん，資本主義から社会主義への必然的移行という確信を含むものであるが）に限界がきているということなのである。そこで吉田は，もしマルクスその人に準拠するとしても，かりに訓古学的呪縛を脱しきるとするなら，マルクスがその歴史主義的方法によって認識した所有関係のもろもろの歴史的現実を，それとは対照的な構成主義的方法を導入して大胆に再構成することが必要だとする[3]。これは，マルクスの意味世界を構成主義的に把握することを通じて，所有関係の歴史的現実を構成主義的に把握する，という方法意識のもとに，初期・中期・後期と展開するマルクスの全学問的生涯を総括しうるような所有論の基本構想を仮説的に再構成する，という試みである。

(2) 獲得－疎外の3次元

 吉田はまず，所有の定義をマルクスから援用し，次のように規定する。所有は「一定の社会的構成体の内部で社会的に保障された，一定の類的または個的主体による，一定の生産または生活諸条件に対する，一定のわがものとしての関係行為」（199-200頁）と定義する。吉田は〈わがものとしての〉関係行為と〈わがものとしてではない〉関係行為の別，すなわちマルクスのいう「自身の」と「疎遠な」，あるいは「獲得」と「疎外」との別は，次の3つの次元を包摂しているという。

 まず第1次元は，意思決定視点である。これは，自律的意思決定に基づく関係行為と他律的意思決定に従う関係行為に区別する視点である。株式会社の例でいえば，従業員の経営参加という問題がこれに当たる。従業員は意思決定に参加できるかできないかで，獲得－疎外が決定するのである。第2次

元は，利益享受視点である。これは，利益享受としての関係行為と不利益（ことに収奪）忍受としての関係行為に区別する視点である。これも先の例でいえば，従業員と経営者を比較した場合，圧倒的に経営者が利益を享受できる地位にあるという事実で確認できる。第3次元は，人間性確証視点である。これは，個性や共同性など人間的資質の本性を対象化し確証するものとしての関係行為とその種の意味を表現ないし対象化しえない関係に区別する視点である。同じく株式会社の例でいえば，従業員は経営者と比較して，人間性が疎外されていることは周知の事実である。吉田がいうように，獲得－疎外の3次元のうち，第1次元（意思決定視点）および第2次元（利益享受視点）は，社会科学的な視角であり，第3次元（人間性確証視点）は人間学的視点であるといえよう。そしてこの人間学的視点こそが，マルクス主義者にとって最も魅力あるものであろう。この人間愛に満ちた社会科学に対して崇拝するからこそ，マルクス主義者がその呪縛から脱しきれないのもうなずけるのである。

　吉田の所説はさらに要素的所有形態の基礎範疇として共同性，個体性という変項を設け，獲得－疎外の3次元とからめて論じているが，ここでは獲得－疎外の3次元のみの議論でとどめておくことにしよう。

(3) 株式会社における階層別所有度

　前項での獲得－疎外の3次元は，株式会社における所有関係を把握するのに有効であると思われる。したがって，ここでは株式会社における各階層（すなわち株主，経営者，従業員）で所有関係はどう異なるのか，ということを考察してみたい。

　まず，資本主義社会における株式会社を扱う場合，資本の定義が問題になる。この資本の定義を，マルクス経済学にならって，一定の運動をするなかで自己増殖する価値とする。また，所有の定義は，吉田を援用して，一定の社会構成体の内部で社会的に保障された，一定の類的または個別主体による，一定の生産または生活諸条件に対する，一定のわがものとしての関係行為としよう。このとき，「資本を所有する」とはどういうことなのか。吉田

の獲得－疎外の3次元分類に従えばどのようになるのであろうか。これを階層別すなわち、株主、経営者、従業員別に分析してみよう。

まず、獲得－疎外の第1次元（意思決定視点）でみた場合。株主は、株主総会において究極的な意思決定を行使できる。しかし、この意思決定権すなわち議決権は、所有と経営の分離の進行に従って形式化しているのが現状である。経営者の意思決定に対して、承認するだけの存在と化しているのである（もちろん例外はあるが）。株主に比較して、経営者は株式会社を代表する存在であり、実質的には取締役会等で最高の意思決定を行使できる。また、従業員は株主や経営者と比較して、意思決定を行使できることには相違ないが、その程度は低い。

次に、獲得－疎外の第2次元（利益享受視点）でみた場合。株主は、基本的には株価の上昇によって利益を享受できる。しかし、大株主と中小株主では事情が異なっており、しかも定期的安定的な利益を享受できないことから利益享受の程度は一概には比較できない。もっとも、経営者は株主とは異なり、定期的安定的な利益を享受できる存在である。しかし、従業員は経営者に比較して利益享受の程度は一般に低い。また、従業員は株主（特に大株主）に比較しても利益享受の程度は一般に低い。

最後に、獲得－疎外の第3次元（人間性確証視点）でみた場合。株主は、自らの労働を課せずして利益を得られるという存在であり、人間性が疎外されることなどはまったくあり得ない。それに対し、経営者はその業務を遂行する際に、ある程度の人間性が疎外される。形式的であっても究極的に株主の所有権がある限り、経営者は退陣にまで追い込まれる可能性を有しているのである。また、従業員は経営者以上に人間性が疎外されることは確かな事実である。周知のように、従業員は労働疎外といわれ労働の人間化の必要性がうたわれて久しい。

ここで、これらを分析するために所有度という概念を設定しよう。所有度とは、株式会社における各階層（株主、経営者、従業員）が獲得－疎外の各視点（意思決定視点、利益享受視点、人間性確証視点）で資本をどの程度享受しているかの相対的度合をいう。したがって、株式会社における各階層別所

有度を表にすれば表補1-1のようになるであろう。

表補1-1からいえることは，「資本を所有するということ」は株主，経営者，従業員それぞれが程度の差はあれ，資本の運動に関わりを持つということである。株主と経営者を総合的に比較すると，若干経営者の方が所有度が高いといえるが，それは利益享受視点で株主が中位であるのに対し，経営者が高位にあるというポイントの差がでているにすぎない。しかし，彼らに比較して従業員はかなり所有度が低いものと考えられる。もっとも従業員にしても「資本を所有している」ことには変わりはないのである。

以上，所有度という概念を用いて，株式会社における各階層別所有関係を概観してみた。本節では，吉田民人の所有構造の理論のごく一部を取り上げたにすぎない。次節では，その壮大な所有論の体系を敷衍し，株式会社における所有の問題をさらに深く考察する。

表補1-1　株式会社における各階層別所有度

階層 獲得—疎外	株　主	経営者	従業員
意思決定視点	所有度（中）	所有度（高）	所有度（低）
利益享受視点	所有度（中）	所有度（高）	所有度（低）
人間性確証視点	所有度（高）	所有度（中）	所有度（低）

2．制御能の理論[4]

(1)　制御能の基本概念

吉田によれば，制御能とは「一定の社会システムにおいて社会的に保障または禁制された，一定の主体の，一定の資源に対する，一定の自律的な関係行為の可能性の集合」(213頁)と定義される。制御能は，制御可能性の略語である。後述するように，吉田の所有論は，主体と客体の関係行為の可能性のあらゆる集合を考慮するもので，制御能はその一部にすぎないものであり，また所有はさらにその一部にすぎないものである。ここでは，制御能の基本概念である主体，客体，内容，領域，局面，水準，帰属をそれぞれ概説

していくことにしよう[5]。

① 制御能の主体と客体

制御能の主体は，個人，家族，企業，自治体，国家，国際的ブロック，人類社会までさまざまなレベルのものが存在するが，理論的には個人，部分社会，全体社会の3分法，あるいは個人，アソシエーション，コミュニティ，全体社会の4分法に分類できる。

これらの主体が制御する客体すなわち資源は，(a) 物的資源：所有権，占有権，用益物権，担保物権などの物権がこれにあたる。(b) 情報的資源：工業所有権（特許権，実用新案権など）や著作権その他の知的所有権がこれにあたる。(c) 他者としての人的資源：債権がこれにあたる。(d) 自己の人的資源：氏名権，名誉権，肖像権，プライバシー権，などの人格権がこれにあたる。(e) 関係的資源：身分権（親族権，相続権）や社員権（議決権その他の共益権，利益配当請求権その他の自益権）がこれにあたる。

② 制御能の対象（客体と内容）

制御能の内容を一定の自律的な関係行為の可能性の集合とし，制御能の客体と区別する。また，制御能の客体（資源）と内容（関係行為の可能性）を合わせて制御能の対象と呼ぶ。このように，所有概念についてその客体と内容を区別する意義について，吉田は次のようにいう。「近代的所有権が，後述する完全な内容包括所有として〈すべての関係行為の可能性の全体集合〉と観念され，その結果，なんら関係行為の可能性を特定する必要がなかったからだと思われる。だが，組織内・組織間の社会的分業が高度化し，同一の客体に対する関係行為がさまざまに分割されて，それぞれ別個の主体の自律的意思に服するような現代的状況の分析にとっては，制御能の，また所有の，客体と内容のこの区別は，不可欠の前提であるといわなければならない」(219頁)。

制御能の内容，すなわち自律的な関係行為の可能性は，領域，局面，水準という3つの視点に分かれる。

③ 制御能の領域・局面・水準

関係行為の領域は，法律的には使用・収益・処分，あるいは管理・利用・

処分などの領域区分がある。しかし，吉田はこの区分とは別に関係行為の可能性の領域を基本的に支配能と帰属能に2分割し，さらに支配能と〈支配－帰属能〉と〈帰属－帰属能〉とに3分割する。支配能とは，客体に関する管理，保存，移動，使用，収益，改変，請求などすべての実質的な関係行為の可能性の総称である。〈支配－帰属能〉とは，その一定の支配能を自己自身または一定の他者に帰属させる可能性である。また，〈帰属－帰属能〉とは，一定の支配－帰属能を一定の他者に帰属させる可能性である。このように，帰属能は支配能より，〈帰属－帰属能〉は〈支配－帰属能〉よりそれぞれ一段上位の関係行為である。

図補1-1のように，1階性の制御能とは，具体的には支配能のみで第三者に対抗できず転貸不能かつ譲渡不能な貸借権などである。つまり，これらは自由に他者に帰属できない。したがって，これらは自由で自律的な制御能であるとはいえない。2階性の制御能とは，支配能に〈支配－帰属能〉が付加された一般に一身専属的な人格権，身分権などである。これらは，比較的自由に他者に帰属できるが，他者に譲渡することは不可能であるためこの段階ではまだ自律的な制御能とはいえない。3階性の制御能とは，支配能に〈支配－帰属能〉と〈帰属－帰属能〉が付加されたもので，近代的所有権がこれに当たる。近代的所有権の代表的な客体である株式や土地などは相続，譲渡が可能であり，自律的な制御能であるといえる。

次に，関係行為の局面は決定（意思決定），執行，監査に分割される。自

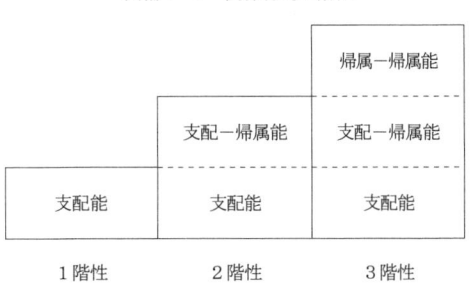

図補1-1　関係行為の階性

		帰属－帰属能
	支配－帰属能	支配－帰属能
支配能	支配能	支配能
1階性	2階性	3階性

（出所）吉田（1988）219-220頁を参考に筆者作成。

律的な関係行為のその自律性は決定局面の自律性と監査局面の自律性に二分されるが，監査行為そのものはさらに決定・執行・監査に分割することが可能である。これを繰り返し続けることによって，結局決定局面の自律性に集約されることになる。意思決定はさらに，発議，立案，協議修正，採択，拒否に分かれるが，このうち採択，拒否局面が自律性の視点からは重要な行為になる。なぜなら，発議，立案，協議修正などは集団的意思決定においては2次的な行為にすぎないからである。

また意思決定の社会的分業は，自律的関係行為の水準をおのずと設定することになる。つまり，関係行為の一般的抽象的基本方針を決定する上級性，より特殊的・特定的な決定をする中級性，執行局面の細目を定める個別的具体的な決定をする下級性に分業されることになる。すなわち，株式会社におけるトップ・マネジメント，ミドル・マネジメント，ロワー・マネジメントの自律的関係行為の水準はそれぞれ上級性，中級性，下級性に当たる。

④ 制御能の帰属

個人的または集団的な諸主体への制御能の帰属は，帰属の排他性－非排他性を基準にして次の3つに区分できる。(a) 完全排他的な帰属：一定の制御能対象が単一の個人または集団のみに帰属するもので，所有権がこれにあたる。自律性の観点からいえば，個人あるいは集団が自由に使用，収益，処分可能という意味でこの帰属がもっとも自律的な制御能である。(b) 不完全排他的ないし不完全非排他的な帰属：一定の制御能対象が一定の条件をみたす複数の個人または集団のそれぞれに帰属するもので，図書貸出権がこれにあたる。図書貸出権は，一定の制約があり処分は不可能である。したがって，完全排他的な帰属よりは自律的な制御能とはいえない。(c) 完全非排他的な帰属：一定の制御能があらゆる任意の個人または集団のそれぞれに帰属するもので，空気，自由財，図書閲覧権がこれにあたる。これらは，個人あるいは集団が制約なしに使用可能であるが，非排他的であるため自律的な制御能とはいえない。

(2) 所有と制御能

　前節でみたように，制御能の基本概念は主体，客体，内容，領域，局面，水準，帰属に分かれるが，これらを用いて吉田は所有概念を構造－機能理論的に構成する[6]。したがって，物的資源に限定される法律的な所有概念とは異なり，かなり広義なものから狭義なものまで含めた壮大な所有概念となる。ここでは，制御能の帰属と内容に関する所有性－準所有性の4次元に基づいて分析がなされる。

　① 所有と準所有

　制御能形態の特性としての所有性－準所有性の第1次元は，制御能対象が完全排他的に帰属するか，不完全排他的に帰属するかということである。制御能対象，すなわち制御能の客体と内容が完全排他的な場合は所有的，不完全排他的な場合は準所有的と規定する。したがって，物権は物的資源を完全に排他的に帰属することが可能であるので，第1次元で所有的であり，入会団体構成員の利用機能は関係的資源を完全には排他的に帰属することができないので，第1次元で準所有的であるといえる。

　所有性－準所有性の第2次元は，制御能領域が3階性か2階性かということである。制御能の領域が3階性であれば所有的，2階性であれば準所有的と規定する。したがって，近代的所有権は株式，土地など他者へ相続，譲渡が可能であり，制御能領域が3階性であるので，第2次元で所有的であり，人格権，身分権は他者への譲渡は不可能であり，制御能領域が2階性であるので，準所有的であるといえる。

　所有性－準所有性の第3次元は，制御能局面が採択性か拒否性かということである。制御能の局面が採択性であれば所有的であり，拒否性であれば準所有的と規定する。経営者はその採択性がある程度保障されていることからこの第3次元で所有的であり，株主はその拒否性がある程度保障されていることからこの第3次元で準所有的であるといえる。

　所有性－準所有性の第4次元は，制御能水準が上級性か中級性かということである。制御能の水準が上級の場合は所有的，中級の場合は準所有的と規定する。したがって，組織において自律性がかなりの程度保証されている

トップ・マネジメントは，一般的抽象的基本方針を決定できるため上級性であり，この第4次元で所有的であるといえる。自律性がある程度保障されているミドル・マネジメントは，より特殊的・特定的な事柄のみ決定できるため中級性であり，準所有的であるといえる。また，ロワー・マネジメントは細目を定める個別的具体的な事柄のみ決定できるため下級性であり，自律性がわずかにあるとしてもここでは準所有的であるとは規定されない。

このように，制御能形態は所有性－準所有性の4次元の属性によって多角的に特徴づけることが可能になる。ここで，吉田は科学的構成概念としての〈所有〉を，〈所有性－準所有性の4次元のすべてにおいて，所有的と規定される制御能〉と定義する（226頁）。それ以外の制御能のうち〈所有性－準所有性の4次元のすべてにおいて，少なくとも準所有性の条件をみたす制御能〉を，特に〈準所有〉と定義する（226頁）。つまり，所有とは制御能対象が完全排他的，制御能領域が3階性，制御能局面が採択性，制御能水準が上級性というすべての条件をみたす制御能である。また，準所有とは所有性－準所有性の4次元のすべてにおいて所有的か準所有的かのどちらかの条件をみたす制御能である（ただし，すべて所有的の条件をみたす場合は所有と規定する）。したがって，制御能は(1)所有，(2)準所有，(3)その他の制御能，という3つに区分できる。吉田がいうように，複雑な現代的所有関係を分析する場合，後述するように特にこの準所有概念がかなりの有効性を持っていることは明らかであるように思われる。

② 不所有と脱所有

制御能は，客体に対する自律的な関係行為の可能性と定義されたが，自律的な関係行為でない他律的な関係行為をする場合がある。この場合〈非所有〉とし，客体に対する他律的な関係行為の可能性と定義される。マルクスの規定する賃労働者は生産手段の非所有の状態にあるといえる。また，客体との関わりがまったく欠如する場合，すなわち客体に対する関係行為の可能性の空集合を〈無所有〉と定義する。そして，非所有と無所有を合わせて〈不所有〉と定義する。一方，完全非排他的に帰属する制御能を〈脱所有〉と定義する。例をあげれば，空気，水，日照，通風，景観などの自然財であ

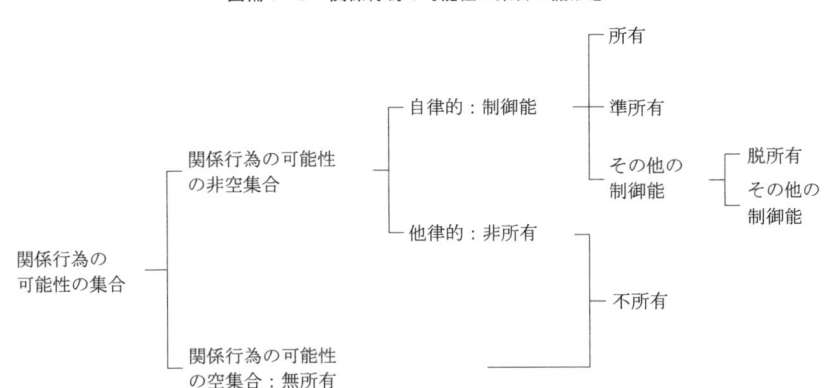

図補1-2　関係行為の可能性の集合の諸形態

```
                                                  ┌─ 所有
                              ┌─ 自律的：制御能 ─┼─ 準所有
                              │                   │                    ┌─ 脱所有
関係行為の ┬ 関係行為の可能性 ─┤                   └─ その他の制御能 ─┤
可能性の集合│  の非空集合      │                                        └─ その他の制御能
           │                  └─ 他律的：非所有 ─── 不所有
           │
           └ 関係行為の可能性
             の空集合：無所有
```

(注) 所有，準所有，非所有，無所有，不所有，脱所有のそれぞれに用いられた〈所有〉の語の意味が一致していないのは，社会科学の伝統的用語法と吉田の用語法との妥協の副産物である。
(出所) 吉田(1988) 227頁。

る。これらは産業化の進行につれて危機に瀕し，あらためて国家レベルの保障が必要とされるようになっている(227-228頁)。

以上，一定の主体の，一定の客体に対する，一定の関係行為の可能性の集合は図補1-2のようになる。

(3) 制御能構造の理論

制御能空間は，一定の社会システムにおける制御能の主体・客体・内容・帰属の全体集合である。そして，制御能構造はこの制御能空間，すなわち制御能要素の全体集合の構造ないし編成様式と定義される(228頁)。また，これは第1次構造と第2次構造に分かれる。第1次制御能構造は，制御能空間を構成する主体，客体，内容，帰属の4要素の間の持続的＝定型的な結合，または結合パターンであり，第2次制御能構造は，関係行為の自律性－他律性の持続的＝定型的な主体間配分，またはその配分パターンである。ここでは，第1次制御能構造について言及していくことにする。

吉田は，制御能の主体，客体，内容，帰属の4要素の操作によって制御能

構造の生成が可能になるという構造生成仮説を定式化している。それは，① 制御能主体の包括化と分割化，② 制御能客体の包括化と分割化，③ 制御能内容の包括化と分割化，④ 制御能帰属の包括化と分割化の 4 つのセットから成り立っている。

　第 1 に，制御能主体の包括化と分割化は，上位主体と下位主体の間での包括化，分割化という形態と同位主体の間での包括化と分割化という形態に分かれる。つまり，現実には個人・部分社会・全体社会のそれぞれの主体が上下あるいは同位の包括化と分割化によって制御能が生成するというものである。株式会社における株主と経営者の存在は，主体の分割化の事例である。

　第 2 に，制御能客体の包括化と分割化は，それぞれの資源間での包括化，分割化という形態とそれぞれの資源内での包括化と分割化という形態に分かれる。土地に付属する農奴といった制度は物的資源と人的資源の包括化の事例である。また，株式会社はまさに物的資源，情報的資源，他者としての人的資源，自己の人的資源，関係的資源の包括化の事例である。

　第 3 に，制御能内容の包括化と分割化は，関係行為の領域，関係行為の局面，関係行為の水準の包括化と分割化である。すなわち，支配能と帰属能との間の包括化と分割化や各種の支配能の包括化と分割化，各種の帰属能の包括化と分割化という形態，次に発議，立案，協議修正，採択拒否，執行，監査などの諸局面の包括化と分割化という形態，そして上級決定，中級決定，下級決定などの諸水準の包括化と分割化という形態に分かれる。株式会社は，関係行為の領域，局面，水準ともに分割化の事例である。支配能や帰属能は株主と経営者に分割され，職務の発議，立案，執行，監査などは経営者や従業員に分割され，上級，中級，下級それぞれの決定はそれぞれの階層の管理者などが決定する。

　第 4 に，制御能帰属の包括化と分割化は，被帰属主体の包括化，分割化すなわち排他化，非排他化という形態と帰属期間の包括化，分割化，すなわち制御能の存続期間の永続化，非永続化という形態に分かれる。株式会社は，被帰属主体の分割化の事例である。株主，経営者，従業員がそれぞれ非排他的な被帰属主体である。つまり，株式会社のどの成員でも排他的にわがもの

にすることはできないのである。

このように，包括，分割原理は少なくとも主体に関して2形態，客体に関して2形態，内容に関して3形態，帰属に関して2形態，と多次元的，多段階的に作用している。しかし，現実的にこれらのすべてが機能しているわけではない。そこで，吉田は2つの客体（資源R_1, R_2），2つの内容（関係行為の可能性V_1, V_2），および完全排他的帰属という3条件からなる第1次制御能生成の簡単なモデルを提示している（図補1-3）。

第1型は客体包括・内容包括型，第2型は客体分割・内容包括型，第3型は客体包括・内容分割型，第4型は客体混成・内容混成型，第5型は客体分割・内容混成型，第6型は客体混成・内容分割型，第7型は客体分割・内容分割型の制御能構造をそれぞれ示している。具体的事例をあげれば，近代的所有権によって保障される限りでの近代市民社会は第2型である。客体分割（有体物の分割），内容包括（自由な使用，収益，処分）を特徴とする。

図補1-3 第1次制御能構造の簡単な生成モデル

第1型

	R_1	R_2
V_1	S_1	S_1
V_2	S_1	S_1

第2型

	R_1	R_2
V_1	S_1	S_2
V_2	S_1	S_2

第3型

	R_1	R_2
V_1	S_1	S_1
V_2	S_2	S_2

第4型

	R_1	R_2
V_1	S_1	S_1
V_2	S_1	S_2

第5型

	R_1	R_2
V_1	S_1	S_2
V_2	S_1	S_3

第6型

	R_1	R_2
V_1	S_1	S_1
V_2	S_2	S_3

第7型

	R_1	R_2
V_1	S_1	S_2
V_2	S_3	S_4

（注）制御能主体：S，制御能客体：R，制御能内容：V，枠内の破線は包括化を，また実線は分割化を示す。
（出所）吉田（1988）232頁。

図補1-4 資本主義社会における所有と経営の分離

		資源	
		物権	債権等
内容	株主権	株主	株主
	経営権	経営者	経営者

(出所) 吉田 (1988) 232-233 頁を参考に筆者作成
(図補1-3の第3型を例示した)。

また,資本主義社会における所有と経営の分離は第3型である(図補1-4)。つまり,S_1が株主,V_1が株主権だとすれば,S_2が経営者,V_2が経営権である。株式会社という資源すなわち制御能客体である物権,債権,知的所有権などは包括して非排他的に帰属しており,両者に共通している。このように,吉田の制御能構造のモデルを用いれば,所有と経営の分離の問題に対して構造的な把握が可能である。

(4) 株式会社における所有性と準所有性

これまでみたように,吉田の所有概念は関係行為の可能性というかなり広義の概念規定から論理を展開しており,経営学研究にとっては概念が広すぎてインプリケーションが少ないように思えるかもしれない。しかしながら,所有性－準所有性の概念は株式会社における所有の問題という観点からかなり有効性があるように思われる。ここではまず,所有性－準所有性概念を再度整理することにしよう。

所有とは,所有性－準所有性の4次元(対象,領域,局面,水準)のすべてにおいて,所有的と規定される制御能であった。準所有とは,所有性－準所有性の4次元のすべてにおいて少なくとも準所有性の条件をみたす制御能であった。換言すれば,準所有とは制御能対象が不完全排他的帰属,制御能領域が2階性,制御能局面が拒否性,制御能水準が中級性であるような制御能である(表補1-2)。制御能対象が不完全排他的帰属ということは,物

的・人的・情報的資源などが完全には自分のものにできないということである。制御能領域が2階性ということは，一定の資源に対して使用，管理，保存，収益，改変などができる可能性を自分自身あるいは他者に帰属することである。この段階では，この可能性を完全に他者に帰属することはできない。制御能局面が拒否性ということは，ある意思決定において採択する可能性はなく，ただ拒否する可能性のみ存在するということである。制御能水準が中級性ということは，上級のようなより自律的，一般的，抽象的な意思決定ができず，より特殊化，特定化された意思決定のみ可能であるということである。

表補1-2 所有性－準所有性の4次元

所有－準所有 次元	所有的	準所有的
制御能対象	完全排他的帰属	不完全排他的帰属
制御能領域	3階性	2階性
制御能局面	採択性	拒否性
制御能水準	上級性	中級性

(出所) 吉田 (1988) 225-227頁を参考に筆者作成。

現代の株式会社においてこの準所有性概念を適用してみるとどうなるのであろうか。株主，経営者，従業員それぞれの階層別に所有的かどうか考察することにしよう。

第1に，制御能対象の次元でみた場合。株主は，株式会社に関する物的，人的，情報的資源を自分のものとすることができるだろうか。このテーマはまさにコーポレート・ガバナンス論の永遠のテーマである。所有と経営の分離の進行によって経営者の支配力が強まっており，株主の支配力が形式化している現状をみると，排他的にわがものとすることは完全には不可能である。しかし，同様に経営者も排他的にわがものとすることは完全には不可能である。というのは，経営者は株主からの経営権の委任によって少なからずの支配力を持つ存在であるが，究極的には株主の所有権がある限りLBOや乗っ取りなどが行われることが可能性としてあるからである。次に，従業員

はどうか。従業員は，明らかに株式会社のすべての資源をわがものとすることはできない。しかし，会社の消耗品などの消費をすることができ，部分的には排他的帰属が可能である。したがって，株主，経営者，従業員ともに制御能対象の次元でみた場合，いずれも準所有的であるといえる。

第2に，制御能領域の次元でみた場合。株主は，経営権の委譲によって株式会社の資源の使用，管理，保存，収益，改変などを他者，すなわち経営者に完全に帰属させている。つまり，近代的所有権の1つである株主の所有権は3階性の制御能である。したがって，株主は制御能領域の次元でみた場合，所有的であるといえる。次に，経営者は株式会社の資源の使用，管理，保存，収益，改変などを他者，すなわち各階層の従業員に権限の委譲によって部分的に帰属させている。一方，一部の管理，改変などの権利は経営者が帰属している。したがって，経営者は準所有的であるといえる。また，従業員は株式会社の資源の使用，管理，保存，収益，改変は各階層によって異なるが，管理者の場合は他の従業員に権限の委譲によって部分的に帰属させることが可能である。しかし，管理者でない場合は，他者への権限の委譲がなくすべて自分に帰属することになる。もっともその場合も，他者で代替がきくという意味において他者に帰属することが可能である。したがって，従業員も準所有的であるといえる。

第3に，制御能局面の次元でみた場合。株主は，株主総会においてその議決権を行使できる存在であるが，事実上は経営者を中心とする取締役会あるいは常務会においてあらゆる意思決定はすでになされている。したがって，株主の意思決定は採択性よりも拒否性の性格が強い。つまり，株主は制御能局面の次元でみた場合，準所有的である。一方，経営者は株式会社全体の最高責任者として意思決定を行使できる存在である。特に日本の場合，取締役会などで決議したことが株主総会で承認されることは経営者にとっては想定内の出来事である。したがって，経営者の意思決定は拒否性よりも採択性の性格が強い。つまり，経営者は所有的である。また，従業員は各階層によって異なるが，管理者の場合は部下の採択を上司の自分が拒否することはあり得る。しかし，自らの採択によって職務が遂行されていくという側面の方が

補章1 所有とは何か 257

強い。もっとも，ここでいう採択は株式会社全体に関わる重要な採択性を意味するので，管理者のレベルでは採択・拒否以外の局面すなわち発議，立案，協議修正が行われるにすぎない。したがって，管理者は所有的でも準所有的でもないといえる。また，管理者でない場合も，同様に所有的でも準所有的でもないということになる。

　第4に，制御能水準でみた場合。株主は，議決権の行使ができるといっても株主総会で取締役の選任あるいは解任，経営成果をまとめた決算書類の承認などを行うのみである。したがって，基本的には一般的抽象的な基本方針を決定する立場にない。株主は大株主，中小株主いずれにしてもより特殊化・特定化された決定しかできない中級の制御能水準を持つ存在である。つまり，株主は制御能水準でみた場合，準所有的である。一方，経営者は株式会社の最高責任者として財務，人事，研究開発，製造などあらゆる分野の一般的抽象的な基本方針を決定できる立場にあり，上級の制御能水準を持つ存在である。したがって，経営者は所有的である。また，従業員はどうか。まず，管理者の場合は階層によって異なり，組織の上層部へいくにつれて一般的抽象的な基本方針を決定でき，下層部へいくにつれて執行局面の細目を決める個別的具体的な決定しかできないということになる。つまり，トップ・マネジメントは上級，ミドル・マネジメントは中級，ロワー・マネジメントは下級の制御能水準を持つ存在である。したがって，管理者は階層によって所有的，準所有的，どちらでもないというように分かれることになる。管理者でない場合は，明らかに下級の制御能水準を持つ存在である。彼らは，ロワー・マネジメント以下の個別的具体的な決定しかできないからである。したがって，管理者でない場合は所有的でも，準所有的でもないということになる。

　以上の考察をまとめると次の表のようになる（表補1-3）。吉田の定義によれば，株主，経営者，従業員はいずれも「すべての次元において所有的である」ことをみたしていないので，株式会社を所有しているとはいえない。ということは，準所有であるかどうかが問題になる。株主の場合は，制御能領域で所有的である以外は準所有的である。つまり，「少なくともすべての

表補1-3　株式会社の所有性－準所有性

次元＼階層	株主	経営者	従業員
制御能対象	△	△	△
制御能領域	○	△	△
制御能局面	△	○	－
制御能水準	△	○	※

○：所有的，△：準所有的，－：どちらでもない

(注)　※の従業員の制御能水準は階層によって異なる。トップ・マネジメントは所有的，ミドル・マネジメントは準所有的，ロワー・マネジメント，一般の従業員はどちらでもない。

次元において準所有的である」ことをみたしているので，株主は準所有的であるといってよい。また，経営者は制御能局面と制御能水準で所有的であり，制御能対象と制御能領域で準所有的である。したがって，同様に経営者も準所有的であるといってよい。しかし，従業員は，制御能対象と制御能領域で準所有的であるが，制御能局面で所有，準所有のどちらでもない存在である。したがって，少なくとも制御能水準をみたしていないことになり，従業員は準所有的とはいえない。

　このことから吉田の所有概念は「会社は誰のものか」というコーポレート・ガバナンス論のテーマに一定の思考枠組みを与えることが可能である。すなわち，株主と経営者を比較すれば，両者とも準所有でありながらわずかに株主よりも経営者の方がその程度が高く，所有に近い。吉田の規定からいえば，そう結論づけることができる。問題は，論者によって制御能の対象，領域，局面，水準のどの次元を重視するかで異なるので，株主の方のポイントが高くなる可能性があるということである。たとえば，制御能領域を重視する場合，3階性の制御能領域である株主は法律的な使用，収益，処分を究極的には行使できる唯一の存在である。これを強調すれば，株主は経営者よりもポイントが高くなるのである。

3. 命　題

　本補章では，株式会社における株主，経営者，従業員の所有との関わりを吉田の規定に基づいて考察した。結果的には，経営者の方が株主よりも同じ準所有的状況でも若干優位に立っているということが確認されたにすぎない。それは，圧倒的な経営者支配ということではない。株主，従業員その他の構成員に支えられた状態での経営者支配である。

　これまでの検討から以下の命題が成り立つであろう。

命題１：所有と経営の分離の進行した資本主義社会では，株主であれ経営者であれ，会社を完全に所有することは不可能であること。
命題２：株主と経営者を比較すれば，わずかに経営者がガバナンスの主体として優位に立っていること。
命題３：従業員であっても，部分的にではあるが，ガバナンスの主体になりうること。

　このことから，株主主体型ガバナンスと経営者主体型ガバナンスの２つの企業類型に分け，それぞれを重視した企業の盛衰プロセスを比較検証することは進化論的経営学にとって大きな意味があるであろう。

注
1）　吉田民人の「所有構造の理論」は，安田三郎・塩原勉・富永健一・吉田民人編『基礎社会学第Ⅳ巻社会構造』（東洋経済新報社，1988年）の研究編第９章に収められている。なお，この論文は後に『主体性と所有構造の理論』（東京大学出版会，1991年）として再収録されているが，初出の文献によって検討することにする。また，この文献からの引用は本文中または注でページ数のみ記載する。
2）　本節は，吉田（1988）の199-200頁から引用したもので，必要に応じてページ数を示す。
3）　ここで，歴史主義と構成主義の解説をする必要があろう。歴史主義とは，歴史における発展を強調し，歴史における個体性を重視し，われわれの思考を歴史化する思想上の立場である（『哲学事典』平凡社による）。すなわち，マルクス主義的な歴史主義は資本主義－社会主義パラダイムの終焉によって危機に瀕しているのである。それに対し，構成主義とは経験によらずもっぱら概念的思考によって認識対象を組み立てることである（前掲事典）。すなわち，吉田は歴史主義的なマルクス所有論に構成主義的なウェーバー所有論をもって所有の問題を考えてい

こうとしているのである。
4） 本節は，吉田（1988）の213-233頁から引用したもので，必要に応じてページ数を示す。
5） 吉田の規定では，社会的保障・禁制という基本概念がもう1つある。これは，一定の社会規範との関連を区分したものである。社会規範によって保障・禁制された自律的関係行為を正または負の制御能とし，事実として社会的に可能または不能な自律的関係行為を事実としての正または負の制御能とする。そして，議論を簡略化するために正の制御能に限定する。つまり，社会的に規範として保障された制御能に限定するということである（214-216頁）。この概念は，本補章では割愛している。
6） 吉田の構造-機能理論は，構造主義的説明と機能主義的説明を統合しようとする試みである。構造主義的説明とは，一定の自己組織システムの所与の構造領域において，現実に存在した，存在する，また存在しうるすべての構造の変異の全体集合，すなわち当該領域におけるシステム構造の生成可能性の全体集合を，一定のメタ構造，深層構造，あるいは構造生成原理ないし変換操作によって導出し説明する方式である。また，機能主義的説明とは，その生成可能ないし相互に変換可能な構造の全体集合のなかから特定の構造が選択されるという事実を，当該構造の機能，すなわち当該構造のもとで生成しうる過程が所与の与件のもとで当該システムの要件を許容充足または最適充足する，という機能によって説明する方式である。つまり，吉田の構造-機能理論は，まず生成可能な全体集合を構造生成原理によってすべてを記述し，その後に一定の与件のもとで構造選択原理によって許容しうるあるいは最適な構造を選択するという作業である（228-229頁）。この方法によって，所有構造を分析しているのが本補章で紹介している論文である。

補章 2

信頼性とは何か

── 九州企業の韓国現地法人の事例研究からの考察 ──

　筆者は財団法人アジア太平洋センターの自主研究プロジェクトである「グローバル経営の比較研究—日本・韓国・中国の地域企業を中心として」に参加し，韓国現地法人を1995年11月，および1996年8月の2回にわたる調査を実施した。この研究は，マクロレベルのアプローチだけではなく個々の企業に内在するグローバル経営の論理の解明が主たる目的であった。この研究の中で筆者は，九州に本社のある企業の中で，韓国に進出している企業である月星化成とやまやの2社（現地法人は信興化学と韓国やまや）に絞り，そのミクロレベルのグローバル化の論理をさぐった。

　本補章の分析のキーワードは，信頼概念である。信頼概念は特に近年，著しい数の論考があり，それらを整理するだけでも一定の業績になりうる[1]。また，1997年の執筆時に比べ関連した実証的な論文は飛躍的に増加した。今更の感はなくはない。しかし，信頼性とは何か，という問いを発することは進化論的経営学を推し進めるうえで重要なことであると考える。本補章は，ザッカー（L. G. Zucker）の信頼性の基盤概念を取り上げ，この理論の実証分析を試み，信頼性に関する命題を提起する。

1．信頼の概念

(1) 信頼の定義

　信頼は，組織あるいは協働において非常に重要な概念でありながら，1995

年頃までは組織論においてほとんど言及されてこなかった（Smith, et al., 1995）。もっとも，信頼と協働の関係を論じたものはあるが，有用なものとはいえない[2]。しかし，ルーマン（N. Luhmann）の社会システム論の立場からの信頼概念は，特筆に値する。ここでは，ルーマンの信頼概念を取り上げる。

　ルーマンによれば，信頼とは広義では，他者あるいは社会へ自分が抱いている諸々の期待をすることを意味する（Luhmann, 1973：訳書，1-11頁）。また，別の観点からみれば，信頼とは複雑性の縮減のメカニズムである。世界のあらゆるシステムは物質的，生物的，社会的な存在であれ，複雑性がますます増大している。その複雑性に対処し吸収し縮減することは，人間の役割，使命であろう。しかし，あまりにも複雑性の度合いが大きいために，人間は過去から入手しうる情報を過剰利用して将来を規定するというリスクを冒すのであって，ある種の幻想がその基礎にある。信頼する人は欠けている情報を無視するのである。したがって，信頼の基盤は必然的に不安定なものとなり，リスクは高いが他者あるいは社会に期待するしかないのである。

　ルーマンの理論は，これまでの論者のように利他的な行動に中心をおく議論はさけている。自己利害に基づく信頼と利他主義に基づく信頼を区別することは，一見したところもっともらしいように思えるが，よく検討してみると誤りに至る可能性がある（Lane and Bachmann, 1996, p.368）。ルーマンに従えば，信頼の形成をその社会的機能との関係によって説明しうる。信頼する人の観点からはリスキーであるが，信頼は組織における相互作用の関係を創造し維持する。信頼は行為者がどのような道徳的な背景を持っていたとしても，システムの働きの重要な役割を果たしているのである。したがって，ルーマンの規定は本章で主題的に扱うザッカーの信頼性の基盤概念と親和性がある。ザッカーは，信頼は期待によって形成されるものと考えている。つまり，信頼を社会的機能として位置づけているのである。

(2) **信頼の構築**

　ザッカーは，信頼の構築について次のようにいう（Zucker, 1986, p.56）。

信頼は，経済学や組織論において取引を支配する最も効果的なメカニズムであると認知されてきた。社会学でも安定的な社会関係において本質的で，社会における協働の維持に重要で，ルーチンな毎日の相互作用において最も基盤となる必要不可欠のものとみなされてきた。信頼は非公式的な相互作用のプロセスとしてみなされ，内部化や道徳的なコミットメントを通して形成される。たとえば，契約による公式化は一般に信頼が崩壊したときにのみ必要なものとしてみなされる。問題は，信頼は構築されないという仮定があるということである。不幸にも信頼の非公式的な性質というより他に通説となる概念は提出されていない。つまり，これまで信頼は存在するか存在しないかという議論が多く，構築されないものと仮定されてきたが，信頼は組織によって構築できるものと考えるのである。

ザッカーによれば，信頼には2つの主要な期待がある (*ibid.*, pp.57-58)。

① バックグラウンドの期待：共通に知られている当然のものとしての理解。標準化された信号や準則の使用によってつくられた毎日の生活態度は，集団のうちの善良なメンバーによって共通にみられる。メンバーは，個人あるいは組織が相互に同じコミュニティのメンバーとして認識しているが，それはすべての人が同じ解釈のフレームを使い，同じ方法で事象を観察しているからである。もっともそれは，以前に確立された社会的事実や社会的に保証された知識を使用している。たとえば，同じ日本人であることから生まれる期待，同性同士であることから生まれる期待などがこれにあたる。

② 構造の期待：コンテクストや状況を規定するルール。私利私欲をなくすことによって，個人や組織の願望，環境，計画，関心，選択の結果に関わらず，行動は明記される。こうすれば，個人や組織は期待が何であるかを知り，他者がその期待を知っているということを知り，個人や組織がその期待を知っているということを他者が知るということを知ることができる。それは，期待の内容が社会的地位や個人的な態度などによって変わりうる。しかし，現実的には，完全に私利私欲をなくすことは不可能なので，100％の構造の期待をかけることはできない。たとえば，仕事上の人間関係における上司と部下の間の期待，企業の下請けとの取引関係における期待などがこれに

あたる。

　これらの期待は，期待はずれになることは日常茶飯事である。期待がはずれて信頼が構築されない場合，バックグランドの期待，構造の期待ともにその反応はアノミー的で混乱状態に陥る。バックグランドの期待の崩壊は，コミュニティの外側にいる個人には予想された反応がでやすい。まだ若すぎるとかクレージーとかである。また，逆に言えばそれですむところがある。構造的な期待の崩壊は，それでは収まらず拒絶，ショック，怒り，あるいはストレス，イライラなどの情緒障害が引き起こされる（ibid., p.59）。

　このように，信頼は2つの期待から成り立っているが，期待はずれによって信頼が崩壊することはよくあることである。つまり，信頼は構築されるべきものであり，また構築されないと社会システムは成立し得ないものである。ザッカーは信頼の構築について，次の3つのモデルを提唱している（ibid., pp.60-63）。

　①プロセスに基づく信頼：信頼が過去の評判，ブランドの評判，贈物の交換のような交換や期待に結びついている。一般に特定の個人，特定の企業に特定の情報が集中する。この情報は他の個人や他の企業に容易に移転できない。つまり，信頼への投資は純粋に特定の個人や企業に限定される。これまでずっと同じ方法で行っていた，あるいは同じ相手と取り引きしていたという過去の歴史，これまでずっと同じブランドを嗜好していたというブランドの浸透，これまでずっと贈物を交換しあっていたという交換というプロセスはある程度の構造の期待を相手に抱く。このモデルは，プロセスに基づく信頼へ投資することによって個人や企業がよい評判やブランドを創造するということである。

　②人格に基づく信頼：信頼が家族，民族，性のような属性や人格に結びついている。人格に基づく信頼において必要なのは，社会的同質性に関する情報である。たとえば同じ民族同士は，以下の前提で交換がなされるであろう。すなわちバックグラウンドの理解が共通であることから，交換の際にスムーズな交渉がなされ，交換の結果が双方にとって満足のいくものとなる可能性が高い。つまり，同じ家族の一員，同じ民族，同性同士などの属性はあ

る程度の構造の期待を抱く。これらの特質はその個人に帰属的なもので，一般に変えることは困難である。

　③ 制度に基づく信頼：信頼が広範な社会制度に結びついている。たとえば，会計士のような資格，属性や官僚制のようなメカニズムに依存している。制度に基づく信頼は，一定の取引を越え，特定のパートナーとの交換を越え一般化する。このため局地的につくられた信頼は再構築されなければならない。それは与えられた状況に外在的で共通に知られている外部世界の部分として，行為者の共通の理解を変えることなく他の人でも再生可であるような客観性が保てる。この再構成のプロセスが制度化と呼ばれる。

　ザッカーはこのように，信頼の構築モデルを規定し，19世紀の中頃から20世紀の初頭にかけてのアメリカの移民や移住による企業の不安定な環境のもとでの信頼性の基盤を実証研究した。19世紀から20世紀の初頭にかけてのアメリカは，産業や技術の変化に伴う社会の激動期であり，歴史的に重要な位置づけができる。この時期には，移民の激増，貿易の不均衡，略奪・違法行為，危険行為，企業の倒産などによって古い秩序に基づく信頼は打ち壊され，それに取って代わる新しい秩序も存在しなかった。新しい社会秩序形成のためには，これらのことから人々を保護することであった。過去の歴史に従うプロセスに基づく信頼は基本的に崩壊し，インフォーマルな個人間の共通理解が失われていった。それに置き換わるべき人格に基づく信頼は，ある程度機能した。民族的な集まり（enclaves）がつくられ，企業はしばしばその中で形成された。しかし，これは非常に限られた解決策でしかなかった。というのは，人々が国内で移住したりしてそれまでの信頼が簡単に崩れることが多かったからである。こうして，企業，経営者，労働組合，従業員はそれぞれの危険の回避のために保険を必要とし，規制，法律，専門職などのさまざまな制度が成立した。制度に基づく信頼は，19世紀末から20世紀初頭まで最も強力なものであることが証明されたのである（ibid., pp.68-69; p.101）。

　ザッカーのこの規定は，かなり有効性があるように思われる。これまでに，この規定に基づいたレーン・バックマンによるイギリスとドイツの採

掘機械とキッチン家具の2つの業界におけるメーカーとサプライヤーの関係の信頼性の実証研究がある (Lane and Bachmann, 1996)。この研究によれば，信頼性は垂直的な企業内部の関係において不確実性や危険を削減する手段として考えられている。われわれの研究もこの一連のものと軌を一にする。次節は，われわれが行った九州企業の韓国現地法人の調査事例をもとに，ザッカーの規定にしたがって検証していくことにする。

2．信頼性の基盤

(1) プロセスに基づく信頼
信興化学の担当者は次のようにいう。

「87年のスト当時は財務状況を逐一説明し，組合に理解を求めた。最初は会社の発表するデータを信用してくれなかったが，最終的には組合が折れ，それなりに応じてくれた。経営側が発表するデータを信用してくれるようになるまで3年位かかった。ガラス張りの経営は今も続き，労使関係はうまくいっている」。

1987年当時は，信興化学に限らず韓国全土で労働運動が激しかった。そのような状況の中で，経営側は真摯に組合と交渉を続けた。月星化成本社の信条である「雇用を守る」姿勢はこの信興化学でもいかされ，生産性向上や労使関係の面での各種の賞を受賞している[3]。このように信興化学の場合，労使の信頼関係がうまくいくまで3年かかった。もちろんうまくいけばよいが，うまくいかない場合もある。信頼関係を結ぶには，長い時間と努力が必要なのである (Zucker, 1986, p.62; Lane and Bachmann, 1996, p.381)。しかしながら，月星化成は，馬山に進出して20年以上になるが，当初の安価な労働コストのメリットが薄れてきており，非常に苦しい状況にある。もっとも問題は，人件費の高騰だけではない。本社の厳しい品質基準や従業員の管理，原材料の調達などが目下の課題である。

補章2　信頼性とは何か　267

「中途半端に安価な労働コストだけを求めて操業しているのではなく，ずっと馬山に残りがんばるのだというポリシーを持ってやっている。短期的な目先の利益だけを求めては長くやっていけない。韓国で長く経営を続けるには国情にあったマネジメントと労使の信頼関係が重要である」。

ビジネス関係の長さが信頼を形成するということは，理論的に言及するのは容易だが，現実には非常に困難さを伴う。特に，韓国に進出した日本企業の中で労使紛争の多発，生産性の低下，輸出の低迷などですでに撤退した企業は，かなりの数にのぼる[4]。

1985年に工場を稼働したやまやの場合，地理的な近さを強調している。

「韓国の工場も日本の工場という考え方をしている。釜山から船で博多へ輸出しており，距離的に近いし，生産の対応が迅速にできる」。

インタビューに答えてくれた韓国やまやの代表理事は本社の専務を兼ねているが，現在は1カ月のうち4分の3は韓国，4分の1は日本で仕事をしている。韓国と日本，とりわけ釜山と福岡は，直線距離で約250km，飛行機で45分の時間距離であり，国境こそあるものの経済圏はまさに九州と一体である。地理的な近さは，信頼を形成する要因になるのである（Lane and Bachmann, 1996, p.381）。また，信興化学の事例と同様に，信頼形成のためには長い時間が必要であることが読みとれる。

「研究室（韓国人2名）で日本の明太子の味，調味液，グラム数，色の基礎から研究して，味覚や衛生意識が日本と変わらなくなるまで10年かかった。コミュニケーションの面でいえば，韓国人の管理部長は10年でやっと70〜80％日本人を理解できるようになった」。

10年という月日は，ビジネス関係においてもかなりの長さであるが，それでも完全ではない。10年いても日本人を100％理解できたとはいえないの

である。

「やまやは現地法人を設立している以上，何が何でもここで仕事を続けるのだというポリシーを持ってやっている。実際のところ，コストの上昇に対してはひたすら我慢するしかないが，それだけの信念を持たねば海外進出はできない」。

このように，九州企業の韓国進出に限っていえば，プロセスが1つの重要な信頼性の基盤であることがわかる。すなわち，信頼関係には長い時間と努力が必要であり，地理的な近さが重要な要素になるのである。

(2) 人格に基づく信頼

九州企業のグローバル化に伴って，現地経営の困難さをよく耳にする。信頼関係が大切といっても，やはり文化の異なる人間同士の協働は当然のことながら摩擦を生じる。それは，同じ文化背景に育った人間同士でも摩擦は起こりうるもので，避けることはできないものである。信頼性の基盤としての人格は，非常に重要な問題であるが，人と人との信頼関係は，個人に関わることからこれまで理論的にはあまり重視されてこなかった。

人と人との信頼関係は，社会の人間関係において基本的な前提である。メイヤーらによれば，人が人を信頼するのには相手の能力，慈悲心，誠実さが必要であるとし，それに信頼する人の性格が付加されて信頼に結びつくとしている (Mayer, et. al, 1995, pp.714-715)。また，ホスマーによれば，信頼は道徳や倫理がその前提にあるという (Hosmer, 1995, p.379)。確かに，誠実さや道徳性，倫理性は人間関係において基本的なものである。サイモンは近年，利他主義モデルを提唱している。従順かつ利他的な個人は，その獲得する知識と技能によって利他主義が払う犠牲以上の便益を受けるという (Simon, 1993)。

近年，信頼性について興味ある議論をしているのは，フクヤマである (Fukuyama, 1995)。フクヤマは，次のようにいう。大企業が比較的優勢な

日本，アメリカ，ドイツなどは家族や氏族といった親族関係に基づかない中間的コミュニティ，たとえば日本の家元制度や大名に忠誠を誓うサムライやドイツのギルド制度，アメリカの慈善団体，協会などがさまざまに誕生し，存続し，ここから「高信頼社会」が結果的に今日の大企業を創出した。フクヤマのいう信頼とは，コミュニティの成員たちが共有された規範に基づいて規則を守り，誠実に協力的に行動するということについて，コミュニティ内部に生じる期待である。この信頼が社会にある程度行き渡っていることから生じる諸能力を社会資本と定義する。この社会資本の中でもっとも有益なのが自発的社交性であり，フクヤマによればこれが一国の経済における巨大企業の存在を証明する。つまり，比較的自発的社交性のある日本，アメリカ，ドイツは大企業が発展し，比較的自発的社交性のないフランス，イタリア，中国，韓国は大企業が発展しにくい。したがって，前者は国家経済に大企業が大いに貢献し，より発展していく「高信頼社会」，後者は中小企業が多く国家経済の発展が若干遅れる「低信頼社会」であるというものである。

　しかし，後者の中でも韓国は例外だという。韓国は現在，財閥企業が支配的であるが，このような状況に至ったのは1960年代から70年代にかけての国家の政策である。韓国は，中国と同様に儒教国家であり，政治権力に対する忠誠よりも家族に対する忠誠の方が重んじられていた。したがって，事業の大半は小規模なファミリービジネスが中心であるはずである。前近代において親族関係以外の関係に基づく中間的な組織が育たなかった社会では，信頼は親族集団の中に限られることになる。韓国は，この自発的社交性があまりない家族主義的社会から脱却すべく大企業を育成したのである。もっとも，韓国が「低信頼社会」であることは，まったく他人を信頼しないということではない。韓国人は，友人を作るときには家族制度があまりにも強力なため，なんとか家族から離れた関係を作ろうと特定の相手には秘密を出し合い信用しあう。そのために他人を信頼することは，簡単にはいかないようである（呉，1991）。

　韓国人同士でもそうであるから，ましてや日韓の合弁事業や日本の現地子会社の場合，かなりの摩擦や軋轢があってもおかしくはない。特に，日韓関

係は古代から中世，近世，近代までその不幸な歴史によって，決して良好な関係ではないことはいうまでもない（市川，1979；森山，1987）。そのような環境の中で，現地従業員やスタッフと本社スタッフとの信頼関係を結ぶのは並大抵のことではないのである。

韓国やまやの担当者の次の言葉が印象的である。

「最終的には韓国人に経営を任すつもりである。それまで（韓国人の）管理部長がいてくれれば，の話だが……」。

(3) 制度に基づく信頼

制度とは一般に，社会的に定められているしくみやきまりであるが，企業を取り巻く制度は，業界団体や産業における法律，財政，国家の役割に加えて，教育システムや特定の産業の特質などである（Lane and Bachmann, 1996, p.369）。これらの制度は，プロセスに基づく信頼や人格に基づく信頼を補完できるものである。長期的なビジネス関係や距離的な近さによる信頼関係，あるいは個々人の人間としての信頼関係だけではどうしても不安定にならざるを得ない。制度は社会的な認知と客観性という点で，比較的確実性がある。制度に基づく信頼は，他の基盤に基づく信頼よりも安定的であるといえる。

従業員の企業に対する信頼の基盤は，具体的には業界の特質や動向，業界上の地位，企業の規模，企業の財務状況，企業の福利厚生等があげられる。この中でも業界の特質や動向が重要な信頼の基盤であると考えられる。今回，われわれの調査した業界は履物業界と辛子明太子業界である。まず，履物業界の状況から概観しよう[5]。

韓国の履物業界は外国の需要の急激な増大によって，1970年代の初め輸出主導になった。それ以来，生産設備の拡大を通して着実に成長し，1990年までは輸出需要に乗ってきた。しかし，この業界は非常に多くの中小の靴製造業者が支えている。履物業界の顕著な特質は，80％以上の靴製造業者が釜山に集中しているということである。

近年,この産業は世界的な不況や中国などのような安い労働力の他のアジア諸国の強力な追い上げによって輸出需要が減退している。韓国の履物業界も賃金の大幅な急騰や生産設備の老朽化に伴う低生産性によって,価格競争力を失ってきた。さらに韓国のすべての製造業が労働力不足によって大きな打撃を受け,履物業界も例外ではなく,労働集約型産業の特質を持っている。これらの困難のため,この産業は危機に瀕している。現に,われわれが調査した現地の靴メーカーである国際商事は,かつては名門といわれていた企業であるが,近年の従業員数は1990年の8,000人から1995年の600人へと激減しているし,生産量も1日20万足から6,800足という状況である。

　この状況下で政府は,「履物産業合理化プログラム」と呼ばれる計画を導入した。これは生産設備の近代化を通して生産性を改善し,国内靴製造業の過当競争を禁止することを目的としていた。また,1987年大統領令で韓国靴研究所 (Korea Institute of Footwear Technology) が設立された。これは,世界で唯一の靴専門の研究所であり,世界に通用する靴の研究開発を行い,履物業界の国際競争力をつけることを主眼とした。

　このように,韓国の履物業界はかなり厳しい状況にある。しかし,信興化学の給料や福利厚生は履物業界ではトップクラスである。というのは,信興化学は馬山の輸出自由地域内に立地しているので,域内の他業界の企業(たとえば電機産業)と待遇面での歩調を合わせているからである。輸出自由地域という立地は,それだけで信頼のおける企業であるということになろう。

　次に,辛子明太子業界の状況を概観する。まず,明太子の原料となるスケトウダラの産地は38度以北であり,日本ではスケトウダラの輸入トン数規制がある。これは,漁業者保護の立場からのものである。しかし,加工品であれば,輸入の規制はない。最近,贈答品向けの上質品の原料価格が上昇した。これは,北海道網走など近海物が最盛時よりも3分の1に減少したことや200海里経済水域の設定で漁獲高の規制が強まったことが原因として考えられる。この結果,1994年頃から安い輸入品,特に人件費の安い中国製の輸入品が急増している[6]。

　韓国やまやの担当者はいう。

「これからの明太子市場は，価格競争の時代に入っていくものと思われる。特に，ダンピングによって大手業者と小規模業者は生き残る可能性があるが，中規模業者の生き残りは困難になるものと思われる」。

このように，辛子明太子業界はこれから厳しい競争の時代に入ってくるものと思われる。やまやの場合，原料はロシア産の卵が釜山で買い付けできるので韓国やまやの工場がある釜山近郊の鎮海は，最高の立地条件であり，安定した原料確保が可能である。これは，制度的保障があるということになろう。

3. 考　察

信興化学は当初の輸出自由地域への立地によって，制度に基づく信頼を得て設立したが，日韓関係の困難さ，履物業界の斜陽化，労使紛争の長期化，労働コストの急騰の中で20年以上にわたって経営を維持してきた。この関係の長さによる信頼形成はプロセスに基づく信頼である。このプロセスというのは，お互いの期待や過去の歴史に結びついている。また20年といっても信興化学の場合，日本人駐在員は2人であり，2～3年で交代するので，非常に不安定で人格に基づく信頼を獲得するのは容易なことではない。また，韓国やまやは，日本ではスケトウダラの輸入規制がある中，原料が確保しやすい釜山近郊の工場立地が制度に基づく信頼に結びついているが，労働コストの急騰やホワイトカラーの退職者の多さなど状況は決してよくない。日本人スタッフと韓国人スタッフの間の人格に基づく信頼関係は一応あるが，これもいつ崩れるかはわからないのである。

新古典派経済学や取引コスト経済学では，信頼はもともと有効な概念ではなく，人間は信頼性に欠けるものであることを前提としている。取引コスト経済学でいう機会主義は自己利益追求を生む源泉となっている。ウィリアムソンによれば，商取引を組織化するための基準は，生産コストと取引コストの節約であるという（Williamson, 1986）。これに対してザッカーは取引コス

ト概念の限界について次のように述べている（Zucker, 1986, pp.66-67)。

　第1に，取引コストが仮定しているのは，それぞれの取引は効率を最大にするためにオーガナイズされているということである。もし，信頼が1つの取引でまずくなると，その取引を崩壊することになる。取引は少なくとも信頼に基づいている場合，一般的に分離可能ではなく，それらは分かちがたいものであり，相互作用しているのである。第2に，取引コストが仮定しているのは，もし新しい構造が取引コストを節約する場合，その構造上の革新のヒストリーに関わらず採用される傾向があるということである。第3に，取引形態の変化が提起されるときに，個人や企業，業界などで考慮される別の形態の範囲に制約されるということである。つまり，取引は社会的にみて妥当だという観点で評価されるのである。したがって，取引コスト経済学は生産コストの最小化，すなわち効率を最大にすることを主眼とし，取引コストの節約が効率のためにすべてに優先するのである。つまり，取引コスト経済学は，信頼概念とはもともと親和性がないのである。しかし，ザッカーは前述したように信頼は期待によって形成され構築できるものだと考えている。すなわち，プロセス，人格，制度のそれぞれの基盤のもとで信頼は構築されるのである。もっとも，この信頼の構築には相当なコストがかかることは明らかである。韓国やまやの事例によれば，韓国に自社工場を建設したコストは，もちろん多額なものであるが，その他に相当な時間や努力が伴っている。しかし，結果的には同業他社に比べて優位に立つことができたようである。

　「以前，同業他社は韓国で操業していたとき，委託生産方式をとっていた。この方式だと，コストがアップしたら安易に別の国に移るメリットがあるといえるが，品質面で思うような商品ができず，トラブルが続出した」。

　したがって，マネジメントは必然的に非効率を強いられることになる。しかしながら，信頼を構築する企業は信興化学が各種の賞を受賞したように，社会的に評価されることもあるのである (*ibid.*, pp.67-78)。もっとも，プロセスに基づく信頼に応えられなくなった組織は，制度のあらたな創造が必要

であり,新しい制度が保険となりうる。この制度の作り替えのために,信頼を構築するためのコストは長期にわたって非常に高いことはいうまでもない(*ibid.*, p.101)。

4. 命　題

　以上,ザッカーの規定に基づいてわれわれの調査の事例を検証した。ザッカーの事例は19世紀後半から20世紀にかけてのアメリカにおける移民・移住による社会の信頼性の変化を追ったもので,制度に基づく信頼が圧倒的に有効な基盤であった。しかし,本補章における事例は,九州企業のグローバル化のもと,韓国現地法人のマネジメントを実践する中でいかに従業員の信頼を得ることができるのかということが主題であった。韓国現地法人においては,プロセスに基づく信頼が1つの重要な基盤であることがわかった。この結果は,レーン・バックマンの結論と一致している。

　このことから以下の命題が成り立つであろう。

命題1：信頼性の基盤であるプロセス,人格,制度それぞれは戦略提携において重要なものであること。
命題2：事例の中で示された,韓国現地法人ではプロセスに基づく信頼が最も重要であること。すなわち時間や距離が信頼性にとって重要な要素でありうること。

　これらの命題から信頼性と時間,信頼性と距離,信頼性とネットワークなどが重要なキーワードになるが,その適用可能性はきわめて高い。本補章の事例のような本社と海外子会社のような組織間関係論はもちろん,人的資源管理,ネットワーク組織,ベンチャービジネスなどの進化論的・時系列的分析に適用できるであろう。

注
1) Hosmer (1995), pp.394-397を参照。ホスマーによれば,多くの規範的道徳的哲学者は信頼

について強調して論じていないが，倫理的な原則は主張しているという。その他，信頼に関する論文として，従業員の経営者に対する信頼を定量的に分析したものに，Robinson（1996）がある。また，機会主義と信頼性によって企業内部のパートナーシップの分析をしたものに，Nooteboom（1996）があり，また，ハンガリーの企業の契約関係と信頼性を実証研究したものに，Whitley, et. al.（1996）がある。
2） Loomis（1959），pp.305-315 を参照。ルーミスは，信頼の基盤の協働関係の確立のためには組織メンバーの目的へのコミットメントとメンバーの相互依存が大切であるという。
3） 信興化学は各種の賞を受賞している。1991 年「一職場一運動」（生産性 HI 不良 LOW 運動）金賞，1992 年「新秩序新生活実践」優秀業体褒章および「第 2 回慶尚南道産業平和賞」受賞（経営者部門大賞，労働組合部門銅賞），1994 年「第 4 回慶尚南道産業平和賞」受賞（労働組合部門銅賞）などがある。
4） 日本企業の韓国現地法人数を 1988 年と 1994 年で比較してみると，372 社から 390 社とあまり変化していない。ところが，中国の現地法人数は 159 社から 1,055 社と激増しており，格段の差がある。
5） Korea Institute of Footwear Technology（KIFT）のパンフレット資料，pp.6-7.
6） 朝日新聞，1996 年 9 月 27 日付。

参考資料
月星化成（株）[現地法人　信興化学（株）]
月星化成は，1873 年（明治 6 年）創業のゴム履物，革靴，スポーツ用品，化成品の製造販売の老舗である。本社は久留米市にあり，地元ではブリヂストン，アサヒコーポレーションと並んでゴム 3 社と呼ばれている。

月星化成は 1957 年から輸出を開始した。その後対米向けに輸出数量は 1,650 万足とピークを迎え，1965 年から 1971 年の 7 年連続輸出貢献企業に選ばれた。その後，韓国，台湾を主体とした三国間貿易（主として対米輸出）が始まったが，徐々に対米輸出から撤退することになった。1970 年，月星化成は台湾企業との合弁会社を設立し，また韓国企業と技術援助契約を結び，1973 年に信興化学を設立した。つまり，韓国，台湾を中心とする生産拠点の海外展開によって輸出政策へと転換を図ったのであった。

ところが，1983 年，台湾の合弁会社はコストの上昇とパートナーとの関係の悪化により撤収することとなる。その後，1984 年頃から韓国，台湾からの対日輸出が本格化し，韓国，台湾は人件費，材料費，ウォン（韓国）・NT ドル（台湾）が上昇し，いわゆる三高に悩まされ，出荷量が減少した。このころから 1990 年代の初めまで，韓国，台湾に代わる供給基地としての中国へシフトすることとなる。中国との取引は 1975 年から始まっていたが，本格的になったのはこの頃であった。1995 年現在，中国での生産のウェイトは 65％を占めている。

信興化学は 1974 年に月星化成本社向けの地下足袋工場として操業を開始した。工場の場所は釜山近郊の馬山市の馬山輸出自由地域（Free Trade Zone）内にある。また，翌年には学校靴の生産も開始した。そして，1980 年には地下足袋生産の主力は中国へと移転した。また，1984 年には月星化成の 100％出資の子会社に転換することとなる。従業員数は最盛時の 1,300 人から 404 人（1995 年）に減少し，生産量は年間 500 万足から 220 万足（1995 年）に減少した。現在，製品は 100％日本の月星化成に輸出している。

（株）やまや　[現地法人（株）韓国やまや]
やまやは，1976 年（昭和 51 年）設立の辛子明太子製造販売業の大手である。本社は福岡市にあり，福岡の特産物の代名詞といえる。日本の明太子市場は年間 4 万 5,000〜5 万 5,000 トンである。

しかし，韓国の市場は約7,000〜8,000トン程度で，韓国では高級品であるのであまり購入されておらず，辛さの質が異なる。日本でこれだけの市場に発展したのは，1975年に新幹線が博多駅まで開通し，駅や空港の売店で発売され，宣伝効果と相まって口コミで急速に広まったということが大きな理由である。

日本は明太子の原料であるスケトウダラの輸入規制があり，やまやは1980年代前半，韓国で加工したものを日本へ輸出していた。その加工は当初，韓国企業に下請けしていたが，思うような製品ができず，直接投資による現地法人の設立をすることとなった。工場の稼働は1985年である。

韓国やまやの従業員数は273人（社員33人，パート240人）であり，社員のうち韓国人は22人，日本人は11人で日本人の数がかなり多い。これは生産現場にも日本人が多く起用されているからである。年間の生産量は約4,000トンで，100%日本へ輸出している。種類は規格だけで200種類あり，贈答用ではなくスーパー向けの総菜を生産している。規格は半製品，業務用，量販店用という3つの大分類があるが，半製品と業務用は味付けが同じなので途中までは1つのラインである。原料はロシアやアラスカから輸入し，特にロシア産の卵の80%は，釜山に入ってくるので韓国やまやの立地する釜山近郊の鎮海は大量に仕入れできるという点でメリットがある。

終章
経営学の進化と進化の経営学

　本書のタイトルである『経営学の進化——進化論的経営学の提唱——』は，2つの意味を持っている。1つは「経営学の進化」，すなわち経営学の学問的進化という意味である。もう1つは「進化の経営学」，すなわち進化論的経営学というディシプリンの提唱という意味である。

　前者の意味，すなわち「経営学の進化」については，第1章から第6章で叙述した。これらの章では，まず経営学の進化の跡をアダム・スミスから遡り，ミル，マーシャルなどの経済学に求め，経営学が胚胎していた時代を敷衍した。そして，古典派経済学に影響を受けたテイラーの登場により経営学の誕生となった。さらに，制度派経済学，制度論的経営学，組織論の系譜をたどり，ジャングル状況に至っていることを検証し，また組織論と組織の経済学，特に新制度派経済学との異同を論じ，経営学の成長発展の跡を探った。経営学はこの100年で確かに進化した。1970年代以降の経済学による組織論分野への参入は，経営学の学問的意義を問い直すきっかけとなった。古典派経済学と経営学，制度派経済学と経営学，新制度派経済学と経営学のそれぞれの関係を振り返ってみると，経営学の進化には，経済学が常に関与していたと考えられる。

　後者の意味，すなわち「進化の経営学」については，第7章と第8章および補章1，補章2で叙述した。これらの章では，進化という概念と経営学がどのように結びついていったのかを明らかにし，これからの経営学の1つの方向性を示した。バーナードは経営学の完成に大きく貢献した。バーナード理論は，ハーバート・スペンサーの大いなる影響があった。このことは経営

学の学問的成立基盤に関わる重要な知見でありうる。また，経営学における近年の研究テーマは，たとえばイノベーション，環境，ベンチャー企業，自己組織性，複雑性，組織学習，情報などがあり，これらは進化論や生物学と大いに親和性がある。それは，経営学がその学問的成立当初からプラグマティックな方法論を用いて現実の生きている企業やその経営活動の解明に精力を注いできたのと無縁ではない。進化論的経営学は，企業システムを動かすための原理を追究するすべての研究を総称するものである。したがって，進化論的経営学は本書で検討したマーシャル，テイラー，バーナードの所説を括る範疇ではない。本書後半では，進化論的経営学は，「変化」の歴史を分析する解釈学的研究であると共に，「変化」の結果の構造機能を分析する実証主義的研究ということを示した。

　本書での筆者の主張は，以下の8つのポイントに集約される。

　第1に，経営学は150年余りかけて古典派経済学の中で胚胎していた。そしてこの間，経済学と経営学は未分化の状況であったということである。当時の経済学と生まれつつあった経営学は，どのような関連性があったのか。それは，テイラーやバーナードなど経済学者でない実務家が，実践から生み出したマネジメントという観念によってそれまでの経済学が扱っていた人間的側面を経営学の書物に著していったことにつきる。すなわち，スミス，ミル，マルクス，マーシャルなどは，いずれも人間的側面，換言すれば，組織，企業，経営者に関する叙述をその主著において書き表しており，経営学が古典派経済学の中で胚胎していたと考えられる。新古典派経済学者が経済の人間的側面を捨象しているのに対して，古典派経済学者はそうではなかったということは非常に重要な示唆を含んでいる。つまり，新古典派以前の大経済学者に経営学が学ぶべきことは多いということを強く主張したい。

　第2に，マーシャルとテイラーは，ともにアメリカ経営学の誕生に大きく貢献したということである。マーシャルとテイラーは，① スペンサーの進化論にそれぞれの程度で影響を受けていたという点，② 両者とも新古典派経済学の方法論的特質である極大化基準をとっており，数学を基礎とし，科学を意識していたという点，③ 両者とも現実志向であり経営学の一分野を

開拓したという点，において共通点があった。テイラーは管理システム原理を開発した。マーシャルはなぜアメリカ経営学の誕生に貢献したと言えるのか，といった疑問もありうるであろう。マーシャルは価格システム原理を開発し，新古典派経済学の父であるとともに企業経済学の基礎を築いた。これは紛れもない事実である。経済学と組織論の融合を唱えたサイアート・マーチの企業行動論は経営学に大きな影響を与えたはずであるが，マーシャルの位置づけは経営学において忘れ去られたままである。近年の進化論的企業理論は，マーシャルを手本として展開しており，経営学の一分野であると解釈できる。彼の経済学は現在，組織論や戦略論の教科書にも登場しており，経営学の領域としてもっと注目されてよいと思われる。

　第3に，古典派経済学から生まれたアメリカ経営学は，制度派経済学とよく似た性質をもっていたということである。経営学は，古典派経済学と社会ダーウィニズムに影響を受けたマーシャルとテイラーによってその夜明けを迎えた。そして，制度派経済学のヴェブレンとコモンズはいずれも古典派経済学にみられる人間への深い洞察を享有していた。制度派経済学の研究領域である「社会変革論」，「社会統制論と集団選択論」，「政府の経済的な役割論」，「技術論」，「資源配分の現実的な決定要因」，「価値概念の側面の強調」は，それぞれ以下に述べるような経営学の研究領域に相当するであろう。「社会変革論」は，組織革新論や組織エコロジー論などにあたる。「社会統制論と集団選択論」は，組織化論やグループ・ダイナミクス，組織パワー論などに相当する。「政府の経済的な役割論」は，非営利組織論などの分野にあたる。「技術論」は，経営学において基底的なものであるし，また進化の推進力とパフォーマンスを重視し，精神性をも考慮する制度派経済学は経営学と軌を一にする。「資源配分の現実的な決定要因」は，まさしく組織論や戦略論の領域であり，資源依存理論に相当する。「価値概念の側面の強調」とは，新古典派経済学が扱ってこなかったまさに経営学の領域である。黎明期の経営学は，制度派経済学と不可分な関係にあったのである。

　第4に，制度論的経営学は，経営学の領域を広範なものにすることに大いに貢献したということである。制度論的経営学すなわち，バーリ・ミーン

ズ，バーナム，ゴードン，ガルブレイス，ドラッカーらの系譜の特徴は，所有と経営の分離，株式会社革命，ビジネス・リーダーシップ，テクノストラクチャー，知識労働者などというエポックメイキングな時代における株式会社の制度的構造を叙述したところにある。彼らの思想は，株式会社あるいは企業や行政体，その他の組織における人間の精神態度や思考習慣にまで言及した。彼らの思想に共通するのは，ヴェブレンにみられたような現代社会に対する旺盛な批判精神であり，とりわけ新古典派経済学に対する痛烈な批判である。ドラッカーは，アメリカ経営学において特異な存在であった。彼は組織と経営のマネジメント概念を発明したといわれるが，産業社会論，社会体制論，企業社会論から文明論まで論じ，経営学という領域を超越した彼の論考は制度論的経営学の特質をそのまま映し出している。日米共に研究者の間では賛否両論があるものの影響力の大きさにおいては，テイラーやバーナードに匹敵するものであろう。バーリ・ミーンズからドラッカーに至る制度論的経営学は，経営学の領域を広範なものにすることに大いに貢献したといえよう。

　第5に，組織論あるいは経営学研究者は，経済学に限らず周辺諸科学の方法論を学び，さらなる経営学の発展に尽力すべきときに来ているということである。経営学者あるいは組織論者の固有の研究内容と研究方法については，現在のところ，これがそうだと断言できるものは残念ながら存在しない。組織論の組織研究の方法論は，実証主義的研究（構造機能主義的研究）と解釈学的研究（解釈社会学的研究）に分類される。しかしながら，その方法論は組織論に固有のものではない。経済学における組織研究への方法論は，ゲーム理論，取引コスト理論，所有権理論，比較制度分析，行動経済学，進化経済学などがあり，これらの多彩なアプローチによって組織の経済学を完成させようとしている。組織論研究者としては，これらの刺激的な議論を単なる違う専門用語を持つ別世界のことと片づけることは避けなければならない。新古典派経済学は，総じて高等数学を駆使して理論の精緻化をはかり，現実から乖離してしまった。その反動で現在の組織の経済学の隆盛を招いているといえよう。企業あるいは組織というフィールドは，非常に魅力

的な研究分野である。経営学にとって固有の問題である生産・研究開発・人事雇用・コーポレートガバナンス・コンプライアンス・社会的責任等の企業原理に関する研究領域，売上高・経常利益・市場シェア・時価総額・ブランド価値・売上高営業利益率等の市場原理に関する研究領域，あるいは組織の形態・組織の寿命・個人行動特性等の組織原理に関する研究領域など理論的にも現実的にも未解決の課題が山積している。経営学者あるいは組織論者は，これらの課題に対して可能な限りの諸学問の方法論を活用し，解決する努力を怠ってはならない。

第6に，スペンサー思想である適者生存テーゼおよび社会有機体論はバーナード経営学に大きな影響を与えたのではないか，またバーナードだけではなく他の論者（本書では，マーシャル，テイラー，サイモン，ローレンシュ・ローシュを取り上げた）にも影響を与えたのではないかということである。バーナードはその生きた時代背景，キャリア，個人的な性質，宗教観などからスペンサー思想に惹かれていったのも自然な成り行きであると考えられる。しかしながら，バーナードは，亡くなる前にしかスペンサー思想について言及しなかった。それは，おそらく進化論および社会ダーウィニズムが20世紀に入って急速にその勢いを失い，進化論裁判などのように魔女狩り的な批判を受けることになったのと無縁ではない。もちろん，それは社会ダーウィニズムがナチス・ドイツやアメリカで人種差別や優生学の正当化の根拠とされていたのと大いに関連がある。今でも，アメリカでは州によっては，「進化論」を学校の生物教育のなかで教えられていないところもある。バーナードは，このような情勢のなかで主著を書き上げたのであろう。適者生存は，非常に汎用性のある言葉であり，たとえば企業の市場競争や組織内の従業員の出世競争にも適用可能である。経営学は利潤追求の学問であるとの批判や管理社会における人間性喪失の問題は，この社会ダーウィニズムと関連があるのではないか。経営学やマネジメントに内包するこの根源的な問題の本質は，社会ダーウィニズムにあるのではないか。この概念は，経営学にとって有益であるが問題含みな概念なのである。

第7に，市場・企業・組織の概念の整理をして経営学の学としての研究領

域を明らかにしたことである。経営学が利潤追求の学問であるとの批判は，市場原理に基づく価格システムに限定したものであり，的はずれなものである。実は経営学は，市場原理だけで機能しているのではなく，企業原理や組織原理も機能しているのである。経営学は，企業原理に基づく管理システム，市場原理に基づく価格システム，組織原理に基づく協働システムの3階性から構成されており，市場原理と組織原理の2階性から構成される経済学とは次元が異なるものである。経営学においては，管理システムは能率の追求，価格システムは利潤の追求，協働システムは人間性の追求，とそれぞれ目標が異なっており，しかも相克する能率の追求と人間性の追求を基礎にしながら，最終的には利潤の追求が目標となる。しかしながら，現実の企業経営は利潤追求ばかりを目標とはしていない。企業組織で働く人間にとって，管理システムや協働システムの方がより直接的に影響力をもっている。したがって，利潤（利益）追求を中心として人間性の追求を目的にする経済学とは異なり，経営学はより説明力が豊富であることが求められているのである。

第8に，進化論的経営学とは，広義には，企業に内在する各種のプログラムそれ自体の解明，または作動過程・結果の解明，またはそのライフサイクルの解明を目的とする経営学である。本書では，この進化論的経営学の提唱をサブタイトルにした。社会を生物のアナロジーとしてとらえる社会有機体論は，形を変えて「進化」というキーワードで近年の経営学や企業経営の実践においてさかんに論じられてきている。スペンサーは，進化概念を森羅万象のあらゆる現象に適用した。経営学はその1つの反映にすぎない。経営学において「進化」概念の適用可能性を探ることは，十分意義あることであろう。本書はその試みの1つである。

以上，本書の意義を8つの点に絞り整理した。「経営学の進化」と「進化の経営学」の研究は，ある程度目標を達成できたと思われるが，残された課題も多い。以下に列挙して，今後の研究の展望も含め述べておきたい。

第1に，本書で言及した経営学は，アメリカ経営学のみに限定したものにすぎないということである。つまり，20世紀初頭にはドイツ経営学も勃興

したが，これに関しては一切ふれなかった。なぜならば，21世紀の現代経営学は圧倒的にアメリカ経営学が主流であり，歴史的にみてもその趨勢はドイツ経営学の比ではない。したがって，アメリカ経営学に限定した論理を展開したとしても，何ら不都合はない。ただし，アメリカ経営学に限定することによるデメリットはあるであろう。それは，前述したアメリカ経営学の成立に大きく関与したと思われる社会ダーウィニズムが，経営学の本質的な部分にビルトインされているのではないか，ということである。すなわち，適者生存というテーゼは経営学にとって便利であるが危険性をもっているということを認識しておく必要があるということである。悪名高き社会ダーウィニズムが経営学と結びついているということは，裏を返せば，企業倫理や公平さの問題を常に念頭に置いて経営学を論じなければならないということである。

　第2に，本書の重要な主張の1つであるテイラーやバーナードが社会ダーウィニズムに影響を受けたのではないかという推論に対して，やや性急すぎるのではないかという批判もありうることである。この点に関しては，十分承知しているが，テイラーやバーナードに対する資料的制約から現在のところは本書で引用した限りのもので判断するしか方法はない。ただし，テイラーについては，書簡集が刊行されており，別の観点から検討する余地はあるであろう。また，バーナードの資料に関しては，家族関係を中心にした詳細な資料を入手しさらなる検討が必要であろう。なお，ハーバード大学ベイカーライブラリーにあるバーナードの資料の中で家族に宛てた手紙などのプライベートな書簡集は，2025年までは封印されたままであることを特記しておきたい。

　第3に，本書の主張が吉田民人の社会学にコミットしすぎているのではないか，という批判もありうるということである。本書では，進化論的経営学を提唱したのだが，その骨子は吉田の「大文字の第2次科学革命」論にある「プログラム科学」にあり，それを経営学に援用したものである。吉田社会学は，本人によれば，2～3の例外を除いてほとんど誰も賛同を得られていないというが，筆者は少なくとも高く評価したい。吉田のあらゆる分野の類

型論は，他の追随を許さない独自の世界を築いている。たとえば，情報，記号，所有，自己組織性，リーダーシップなどの厳密な規定とその網羅性は経営学においても適用の可能性は大いにある。また，吉田の類型論は，単なる類型論に終わらず，新しい概念規定をすることによって新しい視点をもたらしてくれるものであり，本書におけるプログラム科学や所有概念は，その一例にすぎない。難点は，高度に抽象的な議論なので，援用したとしても抽象度が高いままにならざるを得ず，実証研究に至るにはさらなるブレークダウンが必要であることである。これは，本書で展開した進化論的経営学や所有概念にもいえることである。たとえば，所有概念について言えば，コーポレート・ガバナンス問題を分析するためには，株主主体型ガバナンスと経営者主体型ガバナンスの2つに分け，それぞれを重視した企業の盛衰プロセスを比較検証するといったことが今後必要となるであろう。

　第4に，筆者は進化論的経営学を本格的には実践していないということである。進化論的経営学を提唱したとはいえ，筆者自身はこの領域において「所有とは何か」「信頼性とは何か」という2つの予備的研究があるにすぎない。進化論的経営学の実証的研究については，これからの研究課題として自ら精進するしかない。しかしながら，この分野の研究は飛躍的に増加するものと思われる。なぜならば，進化経済学という分野はすでに経済学の中に定着し，相応の研究蓄積がなされており，これから大いに発展の可能性があるからであり，また経営学においても進化論的経営学，あるいは進化経営学という分野は注目される可能性が高いからである。たとえば，かつて制度派経済学が制度論的経営学に影響を及ぼしたように，経営学における新たな潮流になることが期待されよう。

　このように，いくつかの課題が残されているものの，筆者の「経営学の進化」と「進化の経営学」についての研究は，端緒についたばかりであり，多くはこれからの本格的な検証作業にかかっている。本書を土台にしてさらなる研究を続けていきたいと思っている。

参考文献一覧

Alchian, A. (1950) Uncertainty, evolution and economic theory, *Journal of Political Economy*, 58.
Aldrich, H. E. (1971) Organizational boundaries and inter-organizational conflict, *Human Relations*, Vol.24, No.4.
Aldrich, H. E. and J. Pfeffer (1976) Environment of organizations, *Annual Review of Sociology*, 2.
Anonymous (2003) Chester Barnard: modern man of his time, *Business Strategy Review*, Vol.14, No.2.
Aoki, M. (1988) *Information, Incentives, and Bargaining in the Japanese Economy*, Cambridge University Press. （永易浩一訳『日本経済の制度分析──情報・インセンティブ・交渉ゲーム──』筑摩書房，1992年。）
Aoki, M. and R. Dore, eds. (1994) *The Japanese Firm: Source of Competitive Strength*, Oxford University Press. （NTTデータ通信システム科学研究所訳『システムとしての日本企業』NTT出版，1995年。）
青木昌彦（1995）『経済システムの進化と多元性──比較制度分析序説──』東洋経済新報社。
青木昌彦・奥野（藤原）正寛編（1996）『経済システムの比較制度分析』東京大学出版会。
Arena, R. and M. Quere, eds. (2003) *The Economics of Alfred Marshall: Revisiting Marshall's Legacy*, Palgrave Macmillan.
有賀夏紀（2002）『アメリカの20世紀（上・下）』中公新書。
Arrow, K. J. (1974) *The Limits of Organization*, Norton & Company. （村上泰亮訳『組織の限界』岩波書店，1976年。）
Arrow, K. J. (1987) Reflections on the essays, in George Feiwel, ed., *Arrow and the Foundations of the Theory of Economic Policy*, NYU Press.
浅羽 茂（1995）『競争と協力の戦略』有斐閣。
Aupperle, K. E. and S. M. Dunphy (2001) Managerial Lessons for a New Millennium: Contributions from Chester Barnard and Frank Capra, *Management Decision*, Vol.39, No.2.
Axelrod, R. (1984) *The Evolution of Cooperation*, Perseus Books. （松田裕之訳『つきあい方の科学──バクテリアから国際関係まで──』ミネルヴァ書房，1998年。）
馬場克三（1982）『経営経済学［改訂増補版］』税務経理協会。
Bannister, R. C. (1979) *Social Darwinism: Science and Myth in Anglo-American Social Thought*, Temple University Press.
Barker, E. (1948) *Political Thought in England: Herbert Spencer to 1914*, Home University Library, No.104. （堀豊彦・杣正夫訳『イギリス政治思想Ⅳ──スペンサーから1914年──』岩波現代叢書，1954年。）
Barnard, C. I. (1936) Persistent Dilemmas of Social Progress, Barnard Collection, C1, F1, Baker Library. （飯野春樹監訳「社会進歩における不変のジレンマ」『バーナード 経営者の

哲学』文眞堂,1987年。)
Barnard, C. I. (1938) *The Functions of the Executive,* Harvard University Press. (山本安次郎・田杉競・飯野春樹訳『経営者の役割』ダイヤモンド社, 1968 年。)
Barnard, C. I. (1948) *Organization and Management: Selected Papers,* Harvard University Press. (飯野春樹監訳『組織と管理』文眞堂, 1990 年。)
Barnard, C. I. n.d. Evolutionary Nature of Organization, Barnard Collection, C2, F6, Baker Library.
Barnett, W. P. and R. A. Burgelman (1996) Evolutionary Perspectives on Strategy, *Strategic Management Journal,* Vol.17.
Bedeian, A. G. and D. A. Wren (2001) Most Influential Management Books of the 20th Century, *Organizational Dynamics,* Vol.29, No.3.
Berle, A. A., Jr. and G. C. Means (1932) *The Modern Corporation and Private Property,* The Macmillan Company. (北島忠男訳『近代株式会社と私有財産』文雅堂銀行研究社, 1957 年。)
Besanko, D., D. Dranove and M. Shanley (2000) *Economics and Strategy,* The Second Edition, John Wiley and Sons. (奥村昭博・大林厚臣監訳『戦略の経済学』ダイヤモンド社, 2002 年。)
Biggart, N. W. and R. Delbridge (2004) System of Exchange, *Academy of Management Review,* Vol.29, No.1.
Bowman, J. S. and D. L. Wittmer (2000) The unfashionable Drucker: ethical and quality chic, *Journal of Management History,* Vol.6, No.1.
Bowman, S. R. (1996) *The Modern Corporation and American Political Thought; Law, Power, and Ideology,* The Pennsylvania State University Press.
Brandeis, L. B. (1971) *Business: A Profession,* August M. Kelley. (Originally published in 1914)
Brech, E. F. L. (2002) *The Evolution of Modern Management,* 5 volumes, Thoemmes.
Buckley, W. (1967) *Sociology and Modern Systems Theory,* Prentice-Hall. (新睦人・中野秀一郎訳『一般社会システム論』誠信書房, 1980 年。)
Burgelman, R. A. (1994) Fading Memories: A Process Theory of Strategic Business Exit in Dynamic Environments, *Administrative Science Quarterly,* Vol.39.
Burnham, J. (1941) *The Managerial Revolution: What is Happening in the World,* The John Day Company. (武山泰雄訳『経営者革命』東洋経済新報社, 1965 年。)
Burrell G. and G. Morgan (1979) *Sociological Paradigms and Organizational Analysis: Elements of the Sociology of Corporate Life,* Heineman. (鎌田伸一・金井一頼・野中郁次郎訳『組織理論のパラダイム――機能主義の分析枠組み――』千倉書房, 1986 年。)
Carnegie, A. (1920) *Autobiography of Andrew Carnegie,* Houghton Mifflin.
Carnegie, A. (2001) Wealth, in Ryan, F. X., ed., *Darwin's Impact: Social Darwinism in America 1880-1920 vol. 3, Evolution, Law, and Economics,* Thoemmes Press. (Originally published in *North American Review,* 148, 391, 1889)
Chandler, A. D., Jr. (1962) *Strategy and Structure: Chapters in the History of the Industrial Enterprise,* M. I. T. Press. (三菱経済研究所訳『経営戦略と組織――米国企業の事業部制成立史――』実業之日本社, 1967 年。)
Chandler, A. D., Jr. (1977) *The Visible Hand: The Managerial Revolution in American Business,* Harvard University Press. (鳥羽欽一郎・小林袈裟治訳『経営者の時代――ア

メリカ産業における近代企業の成立（上・下）——』東洋経済新報社，1979 年。）
Chandler, A. D., Jr. (1990) *Scale and Scope: The Dynamics of Industrial Capitalism*, Harvard University Press.（安部悦生・川辺信雄・工藤章・西牟田祐二・日高千景・山口一臣訳『スケールアンドスコープ——経営力発展の国際比較——』有斐閣，1993 年。）
Clark, G. W. (1997) Machine-Shop Engineering Roots of Taylorism: The Efficiency of Machine-Tools and Machinists, 1865-1884, in Spender J. -C., and Kijne, H., *Scientific Management: Frederick Winslow Taylor's Gift to the World?* Kluwer Academic Publishers.
Coase, R. H. (1937) The Nature of the Firm, *Economica*, n. s., 4, November.
Coase, R. H. (1960) The Problem of Social Cost, *Journal of Law and Economics*, 2, October.
Coase, R. H. (1988) *The Firm, the Market, and the Law*, The University of Chicago Press.（宮沢健一・後藤晃・藤垣芳文訳『企業・市場・法』東洋経済新報社，1992 年。）
Commons, J. R. (1924) *Legal Foundations of Capitalism*, The Macmillan Company.（新田隆信・中村一彦・志村治美共訳『資本主義の法律的基礎（上）』コロナ社，1964 年。）
Commons, J. R. (1934) *Institutional Economics*, University of Wisconsin Press.
Commons, J. R. (1950) *The Economics of Collective Action*, The Macmillan Company.（春日井薫・春日井敬訳『集団行動の経済学』文雅堂，1958 年。）
Conkin, P. K. (1998) *When All the Gods Trembled: Darwinism, Scopes, and American Intellectuals*, Rowman and Littlefield.
Copely, F. B. (1923) *Frederick Taylor Father of Scientific Management*, 2 volumes, Harper and Brothers.
Cyert, R. M. and J. G. March (1963) *A Behavioral Theory of the Firm*, Prentice-Hall.（松田武彦・井上恒夫訳『企業の行動理論』ダイヤモンド社，1967 年。）
Cyert, R. M. and J. G. March (1992) *A Behavioral Theory of the Firm*, Second Edition, Blackwell Published.
Dahlin, D. C. (2000) The federal government and public management: the Druckerian approach, *Journal of Management History*, Vol.6, No.2.
Dahrendorf, R. (1959) *Class and Class Conflict in Industrial Society*, Routledge and Kegan Paul.（富永健一訳『産業社会における階級および階級闘争』ダイヤモンド社，1964 年。）
Darwin, C. R. (1871) *The Descent of Man and Selection in Relation to Sex*, John Murray.（長谷川眞里子訳『人間の進化と性淘汰 I』文一総合出版，1999 年。）
Denton, D. K. (2006) What Darwin can teach us about success, *Development and Learning in Organization*, Vol.20, No.1.
Devinat, P. (2002) Scientific Management in Europe, in Wren, D. A. and Sasaki, T., eds., *Research into Taylarism and Taylor System Vol.4*, Pickering and Chatto. (Originally published in 1927)
ドーキンス，R. (2001)「『利己的な遺伝子』は経営理論にも有効か」『ハーバード・ビジネス・レビュー』5 月号。
Drucker, P. F. (1939) *The End of Economic Man: A Study of the New Totalitarianism*, John Day.（岩根忠訳『経済人の終り——新全体主義の研究——』東洋経済新報社，1963 年。）
Drucker, P. F. (1942) *The Future of Industrial Man: A Conservative Approach*, John Day.（田代義範訳『産業人の未来』未来社，1965 年。）
Drucker, P. F. (1946) *The Concept of the Corporation*, John Day.（岩根忠訳『会社という概念』東洋経済新報社，1966 年。）

Dunphy, S. M. and J. Hoopes (2002) Chester Barnard: Member of the "Elite"? *Management Decision*, Vol.40, No.10.
Eatwell J., M. Milgate and P. Newman, ed. (1987) *The New Palgrave A Dictionary of Economics*, Vol.2, Macmillan Press.
Egan, K. (2002) *Getting it wrong from the beginning: Our Progressivist Inheritance from Herbert Spencer, John Dewy, and Jean Piaget*, Yale University Press.
Eggertsson, T. (1990) *Economic Behavior and Institutions*, Cambridge University Press. (竹下公視訳『制度の経済学(上・下)――制度と経済行動――』晃洋書房, 1996年.)
Egidi, M. and R. Marris, ed. (1992) *Economics, Bounded Rationality and the Cognitive Revolution*, Edward Elgar.
Fawcett, H. (1876) *Manual of Political Economy*, Fifth Edition, Macmillan.
Feldman, S. P. (1996a) Incorporating the Contrary the Politics of Dichotomy in Chester Barnard's Organization Sociology, *Journal of Management History*, Vol.2, No.2.
Feldman, S. P. (1996b) The Disinheritance of Management Ethics: Rational Individualism in Barnard's, *Journal of Management History*, Vol.2, No.4.
Fox, R. W. and J. T. Kloppenberg ed. (1998) *A Companion to American Thought*, Blackwell Publishers.
藤本隆宏 (1997) 『生産システムの進化論――トヨタ自動車にみる組織能力と創発プロセス――』有斐閣.
藤本隆宏 (2000) 「実証分析の方法」進化経済学会・塩沢由典編『方法としての進化』シュプリンガー・フェアラーク東京, 第2章.
福永文美夫 (1990) 「"社会的権力"と権限受容説――『権力の予期理論』とバーナード理論との接点――」『経済論究』(九州大学大学院)第77号.
福永文美夫 (1991) 「権力・権限・影響力――『権力の予期理論』とサイモン理論との接点――」『経済論究』(九州大学大学院)第80号.
福永文美夫 (1992a) 「リーダーシップ論とオーソリティ論――管理過程論と近代組織論の接点――」『経済論究』(九州大学大学院)第82号.
福永文美夫 (1992b) 「バーナード・サイモン理論におけるリーダーシップとオーソリティ――バーナーディアンによる理解とその特質――」『経済学研究』(九州大学)第58巻, 第2号.
福永文美夫 (1992c) 「バーナード・サイモン理論におけるリーダーシップとオーソリティ」『九州経済学会年報』1992年11月号.
福永文美夫 (1994a) 「経営者国家とバーナード――W. G. スコットの所説を中心に――」『産業経済研究』(久留米大学)第34巻, 第4号.
福永文美夫 (1994b) 「バーナードとハーバード・サークル――W. G. スコットの所説を中心に――」『産業経済研究』(久留米大学)第35巻, 第1号.
福永文美夫 (1995a) 「組織におけるパワーとオーソリティ」川端久夫編『組織論の現代的主張』中央経済社, 第5章.
福永文美夫 (1995b) 「エンジニアリング・コンセント――W. G. スコットのバーナード解釈――」『産業経済研究』(久留米大学)第36巻, 第1号.
福永文美夫 (1995c) 「経営者国家とバーナード――W. G. スコットのバーナード解釈――」日本経営学会編『現代企業と社会(経営学論集第65集)』千倉書房.
福永文美夫 (1995d) 「(書評) William G. Scott, Chester I. Barnard and the Guardians of the Managerial State, University of Kansas, 1992」『組織科学』第29巻, 第3号.
福永文美夫 (1997a) 「所有概念の一考察――吉田民人の所有構造の理論――」『久留米大学商学研

究』第 2 巻, 第 2 号.
福永文美夫 (1997b)「信頼性の基盤――九州企業の韓国現地法人の事例を中心に――」『産業経済研究』(久留米大学) 第 38 巻, 第 1 号.
福永文美夫 (1998a)「信頼性の基盤――九州企業のグローバル化――」塩次喜代明編『地域企業のグローバル経営戦略――日本・韓国・中国の経営比較――』九州大学出版会, 第 1 章第 3 節.
福永文美夫 (1998b)「信頼性の基盤に関する実証研究――九州企業の韓国現地法人の事例を中心に――」日本経営学会編『環境変化と企業経営 (経営学論集第 68 集)』千倉書房.
福永文美夫 (1999)「組織論と新制度派経済学」経営学史学会編『経営理論の変遷――経営学史研究の意義と課題 (第 6 輯)――』文眞堂.
福永文美夫 (2000)「現代組織論の系譜」久留米大学商学部編『新しい社会をひらくビジネス研究の課題』白桃書房, 第 5 章.
福永文美夫 (2001a)「現代組織論と新制度派経済学」久留米大学商学部企業システム研究会編『企業システムの探究――制度・組織・市場――』同文舘出版, 第 2 章.
福永文美夫 (2001b)「現代経営思想の進化とその文化的背景」由井敏範編『ビジネスの諸相――20 世紀から 21 世紀へ――』九州大学出版会, 第 5 章.
Fukunaga Fumio (2001) Modern Organization Theory and New Institutional Economics: On the Relationships between Williamson and Barnard-Simon, *Journal of Business Management* (日本経営学会誌), No.7.
福永文美夫 (2002a)「企業経済学の胚胎――スミス, ミル, マーシャルの企業観――」『久留米大学商学研究』第 8 巻, 第 2 号.
福永文美夫 (2002b)「制度論としての経営学――『制度派経営学』の系譜――」『産業経済研究』(久留米大学) 第 43 巻, 第 1 号.
福永文美夫 (2003)「制度としての企業――制度派経済学の視座――」『久留米大学商学研究』第 9 巻, 第 1 号.
福永文美夫 (2004)「企業経済学と経営学――マーシャルとテイラーをめぐる思想的背景――」『産業経済研究』(久留米大学) 第 45 巻, 第 1 号.
福永文美夫 (2005)「マーシャルとテイラー――古典派経済学と社会ダーウィニズムの視点の検証――」日本経営学会編『日本企業再生の課題 (経営学論集第 75 集)』千倉書房.
福永文美夫 (2006a)「経営学と社会ダーウィニズム――テイラーとバーナードの思想的背景――」経営学史学会編『企業モデルの多様化と経営理論 (第 13 輯)』文眞堂.
福永文美夫 (2006b)「進化と経営学――進化論的経営学の提唱――」『久留米大学商学研究』第 12 巻, 第 1 号.
Fukuyama, F. (1995) *Trust: Social Virtues and the Creation of Prosperity*. (加藤寛訳『「信」無くば立たず』三笠書房, 1996 年.)
古川栄一 (1967)『経営学通論』同文舘出版.
Galbraith, J. K. (1958) *The Affluent Society*, Houghton Mifflin. (都留重人監訳『ゆたかな社会』TBS ブリタニカ, 1980 年.)
Galbraith, J. K. (1967) *The New Industrial State*, Houghton Mifflin. (都留重人監訳『新しい産業国家』TBS ブリタニカ, 1980 年.)
Gazell, J. A. (2000) Drucker on effective public management, *Journal of Management History*, Vol.6, No.1.
Gehani, R. R. (2002) Chester Barnard's "Executive" and the Knowledge-based Firm, *Management Decision*, Vol. 40, No.10.

Godfrey, P. C. (1994) The Functions of the Executive and the Republic: Exploring the Platonic roots of Chester Barnard, *International Journal of Public Administration*, Vol.17, No.6.

Gordon, R. A. (1945) *Business Leadership in the Large Corporation*, Brookings Institution. (平井泰太郎・森昭夫訳『ビジネスリーダーシップ――アメリカ大会社の生態――』東洋経済新報社, 1954年。)

Garofalo, C. (2000) Can elephants fly? Drucker and governmental reform, *Journal of Management History*, Vol.6, No.2.

Goffman, E. (1959) *The Presentation of Self in Everyday Life*, Doubleday. (石黒毅訳『行為と演技』誠信書房, 1974年。)

Gray, T. S. (1996) *The Political Philosophy of Herbert Spencer: Individualism and Organicism*, Avebury.

Groenewegen, P. (1996) *Official Papers of Alfred Marshall: A Supplement*, Cambridge University Press.

Gutman, H. G. (1976) *Work, Culture, and Society in Industrializing America: Essays in American Working-Class and Social History*, Alfred A. Knopf. (木下尚一・野村達朗・長田豊臣・竹田有訳『金ぴか時代のアメリカ』平凡社, 1986年。)

Guy, M. E. and J. R. Hitchcock (2000) If apples were oranges: the public/nonprofit/business nexus in Peter Drucker's work, *Journal of Management History*, Vol.6, No.1.

Habermas, J. (1981) *Theory and Practice*, Heinemann. (細谷貞雄訳『理論と実践』未来社, 1975年。)

Haire, M. (1959) Biological models and empirical histories of the growth of organizations, in M. Haire ed., *Modern Organization Theory*, Wiley.

Halpern, J. J. and R. N. Stern, ed. (1998) *Debating Rationality: Nonrational Aspects of Organizational Decision Making*, Cornell University Press.

Hannan, M. T. and J. Freeman (1977) The Population Ecology of Organizations, *American Journal of Sociology*, 82.

Hannan, M. T. and J. Freeman (1989) *Organizational Ecology*, Harvard University Press.

Hart, N. (2003) From the Representative to the Equilibrium Firm: Why Marshall was not a Marshallian, in Arena, R. and Quere, M., eds., *The Economics of Alfred Marshall: Revisiting Marshall's Legacy*, Palgrave Macmillan.

Hays, S. W. and R. Russ-Sellers (2000) On the margins of public administration?: A quasi-empirical analysis of Peter Drucker's impact, *Journal of Management History*, Vol.6, No.2.

挟本佳代（1997）「スペンサーにおける社会有機体説の社会学的重要性――群相としての社会と人口――」『社会学評論』第48巻, 第2号。

挟本佳代（2000）『社会システム論と自然――スペンサー社会学の現代性――』法政大学出版局。

長谷川寿一・長谷川眞理子（2000）『進化と人間行動』東京大学出版会。

橋本昭一（1987）「マーシャル『産業経済学』の体系――『人間の学』への途――」『経済論集』（関西大学）第36巻, 第6号。

橋本昭一編著（1990）『マーシャル経済学』ミネルヴァ書房。

橋本昭一・上宮正一郎編（1998）『近代経済学の群像』有斐閣。

Hayek, F. A. (1945) The Use of Knowledge in Society, *American Economic Review*, 35, September.

Hays, S. P. (1959) *Conservation and the Gospel of Efficiency: The Progressive Conservation Movement 1890-1920*, Harvard University Press.

Henderson, L. J. (1935) *Pareto's General Sociology: A Physiologist's Interpretation*, Harvard University Press. (組織行動研究会訳『組織行動論の基礎――パレートの一般社会学――』東洋書店, 1975年。)

Hobson, J. A. (1936) *Veblen*, Chapman and Hall. (佐々木専三郎訳『ヴェブレン』文眞堂, 1980年。)

Hofstadter, R. (1944) *Social Darwinism in American Thought*, Beacon Press.

Hofstadter, R. (1955) *The Age of Reform*, Alfred A. Knopf.

Hofstadter, R. (1989) *The American Political Tradition: And the Men Who Made It*, Vintage Books.

Hoopes, J. (2002) Managing a riot: Chester Barnard and Social Unrest, *Management Decision*, Vol.40, No.10.

Hodgson, G. M. (1988) *Economics and Institutions: A Manifesto for a Modern Institutional Economics*, Polity Press. (八木紀一郎・橋本昭一・家本博一・中矢俊博訳『現代制度派経済学宣言』名古屋大学出版会, 1997年。)

Holmes, G. M. (1976) *Britain and America: A Comparative Economic History 1850-1939*, David and Charles.

Hosmer, L. T. (1995) Trust: The Connecting Link between Organizational Theory and Philosophical Ethics, *Academy of Management Review*, Vol.20, No.2.

市川正明（1979）『安重根と日韓関係史』原書房。

稲葉元吉（1994）「組織論と経済学」稲葉元吉編『現代経営学の構築』同文舘出版。

稲葉元吉（1997）「H. A. サイモン――その思想と経営学――」経営学史学会編『アメリカ経営学の潮流（第4輯）』文眞堂。

稲葉元吉（1991）「管理論の発展」高柳暁・飯野春樹編『新版経営学(2)管理論』有斐閣双書。

伊丹敬之（1993）「企業とは何か――問題状況と研究の方向――」伊丹敬之・加護野忠男・伊藤元重編『リーディングス日本の企業システム――第1巻企業とは何か――』有斐閣, 序章。

伊丹敬之・加護野忠男・宮本又郎・米倉誠一郎編（1998）『ケースブック日本企業の経営行動①～④』有斐閣。

伊藤文雄（1975）『コモンズ研究――産業民主主義への道――』同文舘出版。

岩尾裕純編（1972）『講座経営理論Ⅰ制度学派の経営学』中央経済社。

Jenkins, W. (2005) Competing times of evolution and revolution: An essay on long-term firm survival, *Management Decision*, Vol.43, No.1.

Jones, C. (2005) Firm Transformation: Advancing a Darwinian Perspective, *Management Decision*, Vol.43, No.1.

加護野忠男・山田幸三・(財)関西生産性本部編（1999）『日本企業の新事業開発体制』有斐閣。

Kanigel, R. (1997) *The One Best Way: Frederick Winslow Taylor and the Enigma of Efficiency*, Little Brown.

加藤勝康（1996）『バーナードとヘンダーソン――The Function of the Executive の形成過程――』文眞堂。

河合忠彦（1999）『複雑適応系リーダーシップ――変革モデルとケース分析――』有斐閣。

Ken, S. and C. Andrew (2003) Toward Green Narrative: Management and the Evolutionary Epic, *Academy of Management Review*, Vol.28, No.2.

Koontz, H. ed. (1964) *Toward A Unified Theory of Management*, McGraw-Hill. (鈴木英寿

訳『経営の統一理論』ダイヤモンド社, 1968年.)

Kidwell, R. E., Jr. (1995) Social Darwinism and the Taylor System: A Missing Link in the Evolution of Management? *International Journal of Public Administration*, 18 (5).

Kindleberger, C. P. (1996) *World Economic Primacy: 1590 to 1990*, Oxford University Press. (中島健二訳『経済大国興亡史 (上・下)』岩波書店, 2002年.)

Lamond, D. (2005) On the value of management history: Absorbing the past to understand the present and inform the future, *Management Decision*, Vol.43, No.10.

Lane C. and R. Bachmann (1996) The Social Constitution of Trust: Supplier Relations in Britain and Germany, *Organization Studies*, Vol.17, No.3.

Lawrence, P. R. and J. W. Lorsch (1967) *Organization and Environment: Managing Differentiation and Integration*, Harvard University Press. (吉田博訳『組織の条件適応理論』産業能率短期大学出版部, 1977年.)

Loomis, J. L. (1959) Communication, the Development of Trust, and Cooperative Behavior, *Human Relations*, Vol.12.

Lovas, R. and S. Ghoshal (2000) Strategy as guided Evolution, *Strategic Management Journal*, Vol.21.

Luhmann, N. (1973) *Vertrauen: Ein Mechanismus der Reduktion Sozialer Komlexitat*. (大庭健・正村俊之訳『信頼——社会的な複雑性の縮減メカニズム——』勁草書房, 1990年.)

前原正美 (1986)「J. S. ミル『経済学原理』における共同組織論——労働者階級の将来との関連で——」『経済学論纂』(中央大学) 第27巻, 第5号.

March, J. G. and H. A. Simon (1958) *Organizations*, John Wiley and Sons. (土屋守章訳『オーガニゼーションズ』ダイヤモンド社, 1977年.)

March, J. G. and H. A. Simon (1993) *Organizations*, Second Edition, Blackwell Published.

Marris, R. (1964) *The Economic Theory of 'Managerial' Capitalism*, Macmillan. (大川勉・森重泰・沖田健吉訳『経営者資本主義の経済理論』東洋経済新報社, 1971年.)

Marshall, A. and M. P. Marshall (1881) *The Economics of Industry*, Macmillan. (橋本昭一訳『産業経済学』関西大学出版部, 1985年.)

Marshall, A. (1890) *Principle of Economics*, Sixth Edition, Macmillan, 1910. (馬場啓之助訳『経済学原理 (I・II・III・IV)』東洋経済新報社, 1965年.)

Marshall, A. (1919) *Industry and Trade*, Forth Edition, Macmillan. (永澤越郎訳『産業と商業 (I・II・III)』岩波ブックサービスセンター, 1986年.)

正木久司・角野信夫 (1989)『経営学人と学説——バーリ——』同文舘出版.

松本正徳 (1971)『ヴェブレン研究——アメリカ経営思想史研究序説——』未来社.

Mayer, R. C., J. H. Davis and F. D. Schoorman (1995) An Integrative Model of Organizational Trust, *Academy of Management Review*, Vol.20, No.3.

Maynard-Smith, J. (1982) *Evolution and the Theory of Games*, Cambridge University Press. (寺本英・梯正之訳『進化とゲーム理論——闘争の論理——』産業図書, 1985年.)

馬渡尚憲 (1990)『経済学のメソドロジー——スミスからフリードマンまで——』日本評論社.

McKelvey, B. and J. A. C. Baum (1999) Donald T. Campbell's Evolving Influence on Organization Science, in Baum, J. A. C. and McKelvey, B., eds., *Variations in Organization Science: In Honor of Donald T. Campbell*, Sage Publications.

McCallum, D. C. (1856) Creating an Early Management Structure: Superintendent's Report, Office General Sup't N. Y. & Erie R. R. New York, March 25, 1856, Chandler, A. D., Jr., ed., *The Railroad; The Nation's First Big Business, Sources and Readings*, compiled & edited, Harcourt, Brace & World, 1965.

McMahon, D. and J. C. Carr (1999) The Contributions of Chester Barnard to Strategic Management Theory, *Journal of Management History*, Vol.5, No.5.

Milgrom, P. and J. Roberts (1992) *Economics, Organization and Management*, Prentice-Hall. (奥野正寛・伊藤秀史・今井晴雄・西村理・八木甫訳『組織の経済学』NTT出版, 1997年。)

Mill, J. S. (1848) *Principles of Political Economy with Some of Their Applications to Social Philosophy*, Ashley, W. J., ed., Longmans. (戸田正雄訳『経済学原理 (1・2・3・4)』春秋社, 1939年。)

三戸公 (1966)『アメリカ経営思想批判』未来社。

三浦隆之 (1995)「市場か組織か——企業境界論争を超えて——」川端久夫編『組織論の現代的主張』中央経済社, 第3章。

宮本光晴 (1987)『人と組織の社会経済学』東洋経済新報社。

宮本光晴 (1991)『企業と組織の経済学』新世社。

宮沢健一 (1988)『制度と情報の経済学』有斐閣。

森本三男 (1998)『現代経営組織論』学文社。

藻利重隆 (1962)『経営学の基礎』森山書店。

森田尚人 (1977)「社会ダーウィン主義の「機能転換」(上・下)——アメリカ革新主義教育思想研究(1)(2)——」『人文研究』(神奈川大学) 第66号, 第67号。

森山茂徳 (1987)『近代日韓関係史研究』東京大学出版会。

向井武文 (1970)『科学的管理の基本問題』森山書店。

中村廣治・高哲男編 (2000)『市場と反市場の経済思想——経済学の史的再構成——』ミネルヴァ書房。

中村達也 (1993)「経済学における中心と周縁」山之内靖・村上淳一・二宮宏之・佐々木毅・塩沢由典・杉山光信・姜尚中・須藤修編『社会科学の方法 IV 分岐する経済学』岩波書店, 第1章。

根井雅弘 (1989)『マーシャルからケインズへ』名古屋大学出版会。

Nelson, D. (1980) *Frederick W. Taylor and the Rise of Scientific Management*, The University of Wisconsin Press. (小林康助・今井斉・今川仁視訳『科学的管理の形成』同文舘出版, 1991年。)

Nelson, R. R. and S. G. Winter (1982) *An Evolutionary Theory of Economic Change*, The Belknap Press of Harvard University Press.

Nicolaj, S. (2002) Evolution toward Fit, *Administrative Science Quarterly*, Vol.47.

西岡幹雄 (1987)「マーシャルによる『正統派』経済学の復興——マーシャルとスミス——」『経済学論叢』(同志社大学) 第39巻, 第1号。

西岡幹雄 (1997)『マーシャル研究』晃洋書房。

延岡健太郎 (1996)『マルチプロジェクト戦略——ポストリーンの製品開発マネジメント——』有斐閣。

野中郁次郎 (1974)『組織と市場——組織の環境適合理論——』千倉書房。

Nonaka, I. and H. Takeuchi (1995) *The Knowledge-Creating Company: How Japanese Companies Create the Dynamics of Innovation*, Oxford University Press. (梅本勝博訳『知識創造企業』東洋経済新報社, 1996年。)

Nooteboom, B. (1996) Trust, Opportunism and Governance: A Process and Control Model, *Organization Studies*, Vol.17, No.6.

North, D. C. (1990) *Institutional Change and Economic Performance*, Cambridge University Press. (竹下公視訳『制度・制度変化・経済成果』晃洋書房, 1994 年。)
Novicevic, M. M., W. Davis, F. Dorn, M. R. Buckley and J. O. Brown (2005) Barnard on conflicts of responsibility: Implications for today's perspectives on transformational and authentic leadership, *Management Decision*, Vol.43, No.10.
Novicevic, M. M., T. J. Hench and D. A. Wren (2002) "Playing by ear"... "In an Incessant Din of Reasons": Chester Barnard and the History of Institution in Management Thought, *Management Decision*, Vol.40, No.10.
Offer, J. ed. (2000) *Herbert Spencer: Critical Assessments*, 4 volumes, Routledge.
小原敬士 (1951)『アメリカ経済思想の潮流』勁草書房。
呉善花 (1991)『続スカートの風』三交社。
大滝精一・金井一頼・山田英夫・岩田智 (1997)『経営戦略——創造性と社会性の追求——』有斐閣アルマ。
大塚久雄 (1969)『株式会社発生史論』岩波書店。
Parayitam, S., A. M. White and J. R. Hough (2002) Juxtaposition of Chester Barnard and Frederick W. Taylor: Forerunners of Management, *Management Decision*, Vol.40, No.10.
Peel, D. Y. (1972) *Herbert Spencer: On Social Evolution*, University of Chicago Press.
Penrose, E. T. (1952) Biological analogies in the theory of the firm, *American Economic Review*, 42.
Penrose, E. T. (1959) *The Theory of The Firm*, Basil Blackwell. (末松玄六訳『会社成長の理論（第2版）』ダイヤモンド社, 1980 年。)
Pierce, B. D. and R. White (1999) The Evolution of Social Structure: Why Biology Matters, *Academy of Management Review*, Vol.24, No.4.
Polanyi, K. (1957) *The Great Transformation: The Political and Economic Origins of Our Time*, Beacon Press. (吉沢英成・野口建彦・長尾史郎・杉村芳美訳『大転換——市場社会の形成と崩壊——』東洋経済新報社, 1975 年。)
Porath, A. (2003) Directed Evolution in Strategy and Management Science, *Foresight*, Vol.5, No.3.
Pugh, D. S., D. J. Hickson, and C. R. Hinings (1964) *Writers on Organizations*, Eurobooks. (北野利信訳『組織とは何か——諸学説へのアプローチ——』評論社, 1974 年。)
Pugh, D. S. and D. J. Hickson (1993) *Great Writers on Organizations*, The Omnibus Edition, Dartmouth.
Pye, A. (1994) Walking and Talking Chester I. Barnard, *International Journal of Public Administration*, Vol.17, No.6.
Raffaelli, T. (2003) *Marshall's Evolutionary Economics*, Routlege.
Robinson, S. L. (1996) Trust and Breach of the Psychological Contract, *Administrative Science Quarterly*, 41.
Rostow, W. W. (1978) *The World Economy: History and Prospect*, Macmillan.
Roth, W. (2000) *The Roots and Future of Management Theory: A Systems Perspective*, St. Lucie Press.
Rowlinson, M. (1988) The Early Application of Scientific Management by Cadbury, *Business History*, 30 (4).
Rubinstein, A. (1998) *Modeling Bounded Rationality*, The MIT Press.

Ryan, F. X., ed. (2001a) *Darwin's Impact: Social Darwinism in America, 1880-1920, Social Darwinism and its Critics*, Vol.1, Thoemmes Press.

Ryan, F. X., ed. (2001b) *Race, Gender, and Supremacy, Social Darwinism and its Critics*, Vol.2, Thoemmes Press.

Ryan, F. X., ed. (2001c) *Evolution, Law, and Economics, Social Darwinism and its Critics*, Vol.3, Thoemmes Press.

坂上孝（2003）「ダーウィニズムと人文・社会科学」坂上孝編『変異するダーウィニズム——進化論と社会——』京都大学学術出版会。

佐久間昭光（1998）『イノベーションと市場構造——日本の先端技術産業——』有斐閣。

佐々木晃編（1991）『制度派経済学』ミネルヴァ書房。

佐々木晃（1998）『ソースタイン・ヴェブレン——制度主義の再評価——』ミネルヴァ書房。

Schumpeter, J. A. (1914) *Epochen der Dogmen-und Methodengeschichte*, in Grundriss der Sozialokonomik.（中山伊知郎・東畑精一訳『シュンペーター経済学史——学説ならびに方法の初段階——』岩波文庫，1980 年。）

Schumpeter J. A. (1949) *Economic Theory and Entrepreneurial History*, Harvard University Research Center in Entrepreneurial History, Change and Entrepreneur.（清成忠男編訳『企業家とは何か』東洋経済新報社，第 4 章経済理論と企業家史，1998 年。）

Scott, W. R. (1981) *Organization: Rational, Natural, and Open System*, Prentice-Hall.

Scott, W. R. (1995) *Institution and Organizations*, Sage Publications.

Scott, W. G. and D. K. Hart (1979) *Organizational America*, Houghton Mifflin.（寺谷弘壬監訳『経営哲学の大転換』日本ブリタニカ，1981 年。）

Scott W. G. and T. R. Mitchell (1989) The Universal Barnard: His Meta-Concepts Leadership in the Administrative State, *Public Administration Quarterly*, Vol.13, No.3.

Scott, W. G. (1992) *Chester I. Barnard and the Guardians of the Managerial State*, University Press of Kansas.

盛山和夫（1995）『制度論の構図』創文社。

Shain, B. A. (1994) *The Myth of American Individualism: The Protestant Origins of American Political Thought*, Princeton University Press.

Shenhav, Y. (1995) From Chaos to Systems: The Engineering Foundations of Organization Theory, 1879-1932, *Administrative Science Quarterly*, Vol.40.

清水剛（1999a）「イベント・ヒストリー分析の理論と方法」高橋伸夫編『生存と多様性——エコロジカル・アプローチ——』白桃書房，第 3 章。

清水剛（1999b）「企業合併と会社の寿命」高橋伸夫編『生存と多様性——エコロジカル・アプローチ——』白桃書房，第 4 章。

塩次喜代明（1995）「組織研究の方法と課題」川端久夫編『組織論の現代的主張』中央経済社，第 1 章。

塩沢由典（1997）『複雑系経済学入門』生産性出版。

新宅純二郎（1994）『日本企業の競争戦略——成熟産業の技術転換と企業行動——』有斐閣。

Simon, H. A. (1947) *Administrative Behavior: A Study of Decision-making Process in Administrative Organizations*, The Free Press.（松田武彦・高柳暁・二村敏子訳『経営行動——経営組織における意思決定プロセスの研究——』ダイヤモンド社，1989 年。）

Simon, H. A. (1957a) *Models of Man*, John Wiley & Sons.（宮沢光一監訳『人間行動のモデル』同文舘出版，1970 年。）

Simon, H. A. (1957b) Authority, In C. M. Arensberg, ed., *Research in industrial human relations*, Harper and Brothers.

Simon, H. A., V. A. Thompson and D. W. Smithburg (1970) *Public Administration*, Transaction Publishers.(岡本康雄・河合忠彦・増田孝治訳『組織と管理の基礎理論』ダイヤモンド社,1977年。)

Simon, H. A. (1981) *The Science of the Artificial*, Second Edition, The M. I. T. Press.(稲葉元吉・吉原英樹訳『新版システムの科学』パーソナルメディア社,1987年。)

Simon, H. A. (1991a) Organizations and Markets, *Journal of Economic Perspectives*, Volume 5, Number 2, Spring.

Simon, H. A. (1991b) *Models of My Life*, Basic Books.(安西祐一郎・安西徳子訳『学者人生のモデル』岩波書店,1998年。)

Simon, H. A. (1993) Altruism and Economics, *The American Economic Review*, Papers and Proceedings of the 105th Annual Meeting of the American Economic Association, 83 (2).

Simon, H. A. (1997a) *Administrative Behavior: A Study of Decision-Making Process in Administrative Organizations*, Free Press, Fourth Edition.

Simon, H. A. (1997b) *Models of Bounded Rationality*, Volume 3, MIT Press.

Simon, H. A. (1997c) *An Empirically Based Microeconomics*, Cambridge University Press.

Sklar, M. J. (1988) *The Corporate Reconstruction of American Capitalism, 1890-1916: The Market, the Law, and Politics*, Cambridge University Press.

Smith, A. (1759) *The Theory of Moral Sentiments*, A. Millar, in the Strand; And A. Kincaid and J. Bell, in Edinburgh.(水田洋訳『道徳感情論』筑摩書房,1973年。)

Smith, A. (1776) *An Inquiry into the Nature and Causes of The Wealth of Nations*, Edwin Cannan, M. M., LL. D., Vol. I / II, Methuen & Co. Ltd., 1904.(水田洋監訳『国富論（Ⅰ・Ⅱ・Ⅲ・Ⅳ）』岩波文庫,2000年／2001年。)

Smith, K. G., S. J. Carroll and S. J. Ashford (1995) Intra-and Inter Organizational Cooperation: Toward a Research Agenda, *Academy of Management Journal*, Vol. 38, No. 1.

Spencer, H. (1966) *The Works of Herbert Spencer*, 21 volumes, Osnabrück. (Originally published in 1876)

Spencer, H. (1996) *Herbert Spencer: Collected Writings*, 12 volumes, Routledge Thoemmes Press.

Spender J. -C. and H. Kijne, eds. (1997) *Scientific Management: Frederick Winslow Taylor's Gift to the World?*, Kluwer Academic Publishers.(三戸公・小林康助監訳『科学的管理――F・W・テイラーの世界への贈りもの――』文眞堂,2000年。)

Strum, P. (1984) *Louis D. Brandeis: Justice for the People*, Harvard University Press.

杉原四郎・鶴田満彦・菱山泉・松浦保編 (1977)『古典学派の経済思想――経済思想史 (1)――』有斐閣新書。

杉原四郎・山下重一・小泉仰責任編集 (1992)『J・S・ミル研究』お茶の水書房。

鈴木芳徳 (1978)「ジョン・スチュアート・ミルの株式会社論」『金融経済』第173号。

鈴木秀一 (1993)『経営文明と組織理論――マックス・ウェーバーと経営官僚制研究――』学文社。

高巌 (1995)『H. A. サイモン研究――認知科学的意思決定論の構築――』文眞堂。

高哲男 (1991)『ヴェブレン研究――進化論的経済学の世界――』ミネルヴァ書房。

高哲男 (2004)『現代アメリカ経済思想の起源』名古屋大学出版会。

高橋正泰 (1998)「経営組織論の系譜――その生成と発展――」高橋正泰・山口善昭・磯山優・文

智彦『経営組織論の基礎』中央経済社, 第2章.
高橋伸夫 (1996)「協調行動の進化と未来傾斜原理」高橋伸夫編『未来傾斜原理——協調的な経営行動の進化——』白桃書房, 第1章.
高橋伸夫 (1999)「日本企業の成長志向と未来の重さ」高橋伸夫編『生存と多様性——エコロジカル・アプローチ——』白桃書房, 第9章.
武田時昌 (2003)「加藤弘之の進化学事始」坂上孝編『変異するダーウィニズム——進化論と社会——』京都大学学術出版会.
Taylor, F. W. (1903) Shop Management, originally published in *Transactions of ASME*, vol. XXIV, Thoemmes Press, 1993. (上野陽一訳・編『科学的管理法』産業能率大学出版部, 1969年.)
Taylor, F. W. (1911) *The Principles of Scientific Management*, Thoemmes Press, 1993. (上野陽一訳・編『科学的管理法』産業能率大学出版部, 1969年.)
Taylor, F. W. (1992) *Correspondence Collection on Frederick W. Taylor: Father of Scientific Management*, 12 volumes, Social Science Institute.
Taylor, F. W. (2002) The Gospel of Efficiency, in Wren D. A. and Sasaki, T., eds., *Collective Papers of Frederick Taylor*, Pickering & Chatto. (Originally Published in *American Magazine*, vol. LXXI, nos. 5-7, 1911)
Taylor, M., ed. (1996) *Herbert Spencer and the Limits of the State: The Late Nineteenth-century Debate between Individualism and Collectivism*, Thoemmes Press.
寺本義也編 (1994)『日本型グループ経営の戦略と手法(1)情報・サービス産業編』中央経済社.
寺本義也編 (1996)『日本型グループ経営の戦略と手法(2)製造業編』中央経済社.
寺本義也・小松陽一・塩次喜代明・清家彰敏 (1998)『事業進化の経営』白桃書房.
Tikkanen, H., J. A. Lamberg, P. Parvinen and J. P. Kallunki (2005) Managerial Cognition, Action and the Business Model of the Firm, *Management Decision*, Vol.43, No.6.
東北大学経営学グループ (1998)『ケースに学ぶ経営学』有斐閣ブックス.
富永健一 (1997)『経済と組織の社会学理論』東京大学出版会.
Toynbee, A. (1972) *A Study of History: the New One-Volume Edition Illustrated*, Oxford University Press and Thames and Hudson. (桑原武夫・樋口謹一・橋本峰雄・多田道太郎訳『図説歴史の研究Ⅰ』学習研究社, 1976年.)
Trachtenberg, A. (1982) *The Incorporation of America: Culture and Society in the Gilded Age*, Hill and Wang.
Triandis, H. C. (1995) *Individualism and Collectivism*, Westview Press.
角野信夫 (1998)『アメリカ経営組織論 (増補版)』文眞堂.
内井惣七 (2002)「道徳起源論から進化倫理学へ」佐伯胖・亀田達也編『進化ゲームとその展開』共立出版, 第9章.
上田光人 (1976)「古典派経済学における株式会社像——スチュアート, スミス, ミル, マルクスの見解——」『中京商学論集』第23巻, 第1号.
Ulrich, H. and G. J. B. Probst, eds. (1984) *Self-Organization and Management of Social Systems: Insights, Promises, Doubts, and Questions*, Springer-Verlag. (徳安彰訳『自己組織化とマネジメント』東海大学出版会, 1992年.)
占部都美 (1956)「米国制度学派の経営学説」馬場敬治・黒沢清・田杉競・占部都美・松田武彦『米国経営学 (上)』東洋経済新報社.
Urwick, L. F. and E. F. L. Brech (1946) The Acceptance of F. W. Taylor by British Industry (1895-1915), in Urwick, L. F. and Brech, E. F. L., eds., *The Making of*

Scientific Management, Vol. II: Management in British Industry, Management Publication.

Veblen, T. (1898) Why is Economics Not an Evolutionary Science? The Quarterly Journal of Economics, 12.

Veblen, T. (1899) The Theory of the Leisure Class: An Economic Study in the Evolution of Institutions. (高哲男訳『有閑階級の理論――制度の進化に関する経済学的研究――』ちくま学芸文庫, 1998年。)

Veblen, T. (1900) The Preconceptions of Economic Science, The Quarterly Journal of Economics, Vol.14.

Veblen, T. (1904) The Theory of Business Enterprise, Charles Scribners Sons. (小原敬士訳『企業の理論』勁草書房, 1965年。)

Waldo, D. (1948) The Administrative State, Ronaldo Press. (山崎克明訳『行政国家』九州大学出版会, 1986年。)

Wall, J. F. (1989) Andrew Carnegie, University of Pittsburgh Press.

Ward, J. A. (1988) Daniel Craig McCallum (January 21, 1815-December 27, 1878), Robert L. Frey, ed., The Encyclopedia of American Business History and Biography: Railroad in the Nineteenth Century, Bruccoli Clark Layman.

Warner, M., ed. (1998) The IEBM Handbook of Management Thinking, Thomson Business Press.

Weber, M. (1920) Die Protestantische Ethik Und Der Geist Des Kapitalismus. (梶山力・大塚久雄訳『プロテスタンティズムの倫理と資本主義の精神 (上・下巻)』岩波文庫, 1955年／1962年。)

Weber, M. (1922a) Wirtschaft und Gesellschaft. (世良晃志郎訳『支配の社会学 I』創文社, 1960年。)

Weber, M. (1922b) Wirtschaft und Gesellschaft. (清水幾太郎訳『社会学の根本概念』岩波文庫, 1972年。)

Weick, K. (1979) The Social Psychology of Organizing, Second Edition, Addison-Wesley. (遠田雄志訳『組織化の社会心理学[第2版]』文眞堂, 1997年。)

Whitaker, J. K., ed. (1996) The Correspondence of Alfred Marshall, Economist, 3 volumes, Cambridge University Press.

Whitaker, J. K. (1999) Alfred Marshall and Scientific Management, in Dow, S. and P. E. Earl, eds., Essays in Honour of Brain J. Loasby, Vol.1: Economic Organization and Economic Knowledge, Edward Elgar.

Whitaker, J. K. (2003) Alfred Marshall's Principle and Industry and Trade: Two Books or One ? Marshall and the Joint Stock Company, in Arena, R. and Quere, M., eds., The Economics of Alfred Marshall, Palgrave Macmillan.

White, M. C., D. B. Marin, D. V. Brazeal and W. H. Friedman (1997) The Evolution of Organizations: Suggestions from Complexity Theory About the Interplay Between Natural Selection and Adaptation, Human Relation, Vol.50, No.11.

Whitley, R., J. Henderson, L. Czaban and G. Lengyel (1996) Trust and Contractual Relations in an Emerging Capitalist Economy: The Changing Trading Relationships of Ten Large Hungarian Enterprises, Organization Studies, Vol.17, No.3.

Whitston, K. (1997) The Reception of Scientific Management by British Engineers, 1890-1914, Business History Review, 71 (2).

Wiebe, R. H. (1967) *The Search for Order, 1877-1920,* Hill and Wang.
Williams, P. L. (1978) *The Emergence of the Theory of the Firm: From Adam Smith to Alfred Marshall,* St. Martin's Press.
Williamson, O. E. (1963) A Model of Rational Managerial Behavior, in R. M. Cyert and J. G. March, *A Behavioral Theory of the Firm,* Prentice-Hall.（松田武彦・井上恒夫訳『企業の行動理論』ダイヤモンド社，1967年。）
Williamson, O. E. (1964) *The Economics of Discretionary Behavior: Managerial Objectives in a Theory of the Firm,* Prentice-Hall.（井上薫訳『裁量的行動の経済学――企業理論における経営者目標――』千倉書房，1982年。）
Williamson, O. E. (1970) *Corporate Control and Business Behavior,* Prentice-Hall.（岡本康雄・高宮誠共訳『現代企業の組織革新と企業行動』丸善，1975年。）
Williamson, O. E. (1975) *Market and Hierarchies: Analysis and Antitrust Implications,* The Free Press.（浅沼萬里・岩崎晃訳『市場と企業組織』日本評論社，1980年。）
Williamson, O. E. (1985) *The Economic Institutions of Capitalism,* The Free Press.
Williamson, O. E. (1986) *Economic Organization,* Wheatsheaf Books.（井上薫・中田善啓訳『エコノミックオーガニゼーション――取引コストパラダイムの展開――』晃洋書房，1989年。）
Williamson, O. E. (1987) *Antitrust Economics: Mergers, Contracting, and Strategic Behavior,* Basil Blackwell.
Williamson, O. E., ed. (1990) *Organization Theory: From Chester Barnard to the Present and Beyond,* Oxford University Press.
Williamson, O. E., ed. (1995) *Organization Theory: From Chester Barnard to the Present and Beyond,* Expanded Edition, Oxford University Press.
Williamson, O. E. (1996) *The Mechanisms of Governance,* Oxford University Press.
Williamson, O. E. and S. E. Masten, eds. (1999) *The Economics of Transaction Costs,* Edward Elgar.
Wilson, E. O. (1975) *Sociobiology: The New Synthesis,* President and Fellows of Harvard College.（坂上昭一・粕谷英一・宮井俊一・伊藤嘉昭訳『社会生物学（第1巻～第5巻）』思索社，1983年。）
Wolf, W. B. (1972) *Conversation with Chester I. Barnard,* Cornell University.（飯野春樹訳『経営者のこころ――チェスター・バーナードとの対話――』文眞堂，1978年。）
Wolf, W. B. (1974) *The Basic Barnard: An Introduction to Chester I. Barnard and His Theories of Organization and Management,* Cornell University.（日本バーナード協会訳『バーナード経営学入門――その人と学説――』ダイヤモンド社，1975年。）
Wood, J. C., ed. (1982) *Alfred Marshall: Critical Assessments,* 4 volumes, Croom Helm.
Wood, J. C., ed. (1996) *Alfred Marshall: Critical Assessments,* 4 volumes, Routlege.
Wood, J. C., and M. C. Wood, eds. (2002) *F. W. Taylor: Critical Evaluation in Business and Management,* 4 volumes, Routledge.
Wrege, C. D. and R. G. Greenwood (1991) *Frederick W. Taylor, The Father of Scientific Management: Myth and Reality,* Business One Irwin.
Wren, D. A. (1987) Management History: Issues and Ideas for Teaching and Research, *Journal of Management,* Vol.13, No.2.
Wren, D. A. (1994) *The Evolution of Management Thought,* Fourth Edition, John Wiley and Sons.（佐々木恒男監訳『マネジメント思想の進化』文眞堂，2003年。）

Wren, D. A., ed. (1997) *Early Management Thought*, Dartmouth.
Wren, D. A. and R. G. Greenwood (1998) *Management Innovators: The People and Ideas That Have Shaped Modern Business*, Oxford University Press.
Wren, D. A. (1999) Andrew Carnegie: A Scottish Immigrant's View of the Corporation, *Public Administration and Management: An Interactive Journal*, Vol.4, No.1.
Wren, D. A. (2000a) Medieval or Modern? A Scholastic's View of Business Ethics, circa 1430, *Journal of Business Ethics*, 28.
Wren, D. A. (2000b) The J. and W. Seligman Archives at the Harry W. Bass Business History Collection, *Business History Review*, Vol.74, No.1.
Wren, D. A. (2001) Henri Fayol as Strategist: a nineteenth century corporate turnaround, *Management Decision*, Vol.39, No.6.
Wren, D. A. and T. Sasaki, eds. (2002a) *Research into Taylorism and Taylor System*, 7 volumes, Pickering and Chatto.
Wren, D. A. and T. Sasaki, eds. (2002b) *Taylor and His Comrades*, 7 volumes, Pickering and Chatto.
Wren, D. A. (2005) *The History of Management Thought*, Fifth Edition, John Wiley and Sons.
八木紀一郎 (2003) 「進化経済学の現在」坂上孝編『変異するダーウィニズム――進化論と社会――』京都大学学術出版会。
山岸俊男 (1998)『信頼の構造――こころと社会の進化ゲーム――』東京大学出版会。
山倉健嗣 (1989) 「官僚制論の系譜」土屋守章・二村敏子責任編集『現代経営学説の系譜――変転する理論の科学性と実践性――』有斐閣, 第2章。
吉田民人 (1988) 「所有構造の理論」安田三郎・塩原勉・富永健一・吉田民人編『基礎社会学 第Ⅳ巻 社会構造』東洋経済新報社, 第9章。
吉田民人 (1995) 「ポスト分子生物学の社会科学――法則定立科学からプログラム科学へ――」『社会学評論』第46巻, 第2号。
吉田民人 (1999) 「21世紀の科学――大文字の第2次科学革命――」『組織科学』第32巻, 第3号。
Zucker, L. G. (1986) Production of Trust: Institutional Sources of Economic Structure, 1840-1920, In Barry M. Staw and L. L. Cummings, eds., *Research in Organizational Behavior*, JAI Press, Vol.8.

事項索引

ア行

アメリカ機械技師協会（ASME） 55, 178, 179
アメリカ経営学 60, 177, 224, 232, 278
イェール大学 65
意思決定前提 133, 158, 159
意思決定論 133, 136, 146, 149, 166, 167, 202
「一流」の労働者 43, 57
一体化 29, 134, 135, 162, 163, 164, 165
遺伝子 226, 231
イベント・ヒストリー分析 214, 238
ヴィクトリア朝 21, 60
ウェスタン・エレクトリック社 182, 187
AT&T 186, 187, 188, 190
『オーガニゼーションズ』 136
オーソリティ 131, 132, 134, 135, 136, 150, 162, 164

カ行

カーネギー学派 139
カーネギー財団 71
カーネギー・メロン大学 71, 139
解釈学的研究 171, 237
解釈主義 149
外部経済 18, 19, 24, 140
科学委員会（National Science Board） 192, 193
価格システム原理 42, 60, 232, 279
科学的管理 32, 43, 44, 46, 47, 48, 49, 54, 55, 83, 104, 234
『科学的管理法』 49, 52, 178
革新主義 49, 52, 53, 54, 57, 58, 59, 178, 179, 186, 209
家内工業 6
株式会社革命 113, 114, 167
完全競争 11, 39, 225
完全合理性 138, 225
管理過程学派 142, 143

管理国家の守護者 185
管理システム原理 60, 232, 279
官僚制 126, 127, 128, 130
機械過程 69, 70
企業
　——観 3, 11, 12
　——経済 231
　——経済学 4, 60
　——原理 232, 235
　『——の行動理論』 138
　——の定義 230
　『——の理論』 65
技術革新 22, 104, 214, 215
機能主義 149
行政情報センター 182
協働 13, 14, 17, 29, 189, 191, 196, 204, 263
　——システム原理 232
極大化基準 59
『近代株式会社と私有財産』 109
金ぴか時代 234, 240
グレンジャー運動 53
『経営行動』 133, 138
経営者
　——概念 113
　——革命 113
　——支配 114, 121, 259
　——資本主義 102
　——主義（managerialism） 113
　——の時代 102
　『——の役割』 177
『経営戦略と組織』 155
経済化（節約）基準 159, 160
経済人仮説 10
経路依存モデル 216
ゲーム理論 137, 217
ゲゼルシャフト 229
血縁淘汰 219
ゲマインシヤフト 229

顕示的消費 73,74
限定合理性 138, 139, 150, 153, 155, 158, 160, 164, 165, 166, 167, 172, 220, 221
ケンブリッジ学派 18,27
行為準則 79,81
工場制機械工業 13, 16, 68, 69
行動経済学 166, 167, 174
ゴーイング・コンサーン 79
コーポレート・ガバナンス 116, 167, 241
『国富論』 4, 6, 8, 11
国立科学財団（National Science Foundation） 192, 193
個人主義 51, 204
古典派経済学 3, 4, 27, 47, 48, 59, 60, 90, 94, 187, 225, 232, 278, 279
雇用契約 158, 159, 160
コンティンジェンシー理論 137, 145, 146, 149, 169
コンフリクト 137, 139, 150

サ行

最大化基準 137, 138, 160, 172
最適ストレス 138
差別出来高賃金制 179
産業革命 5, 8, 12, 14, 22, 36, 67, 68
産業の将帥 50, 70, 71
シカゴ大学 65, 71, 173
事業部制組織 154, 160
市場
　——から組織へ（MtoO） 77, 91, 122, 169
　——経済 230
　——経済以前 230
　——原理 232, 235
　——対組織（MvsO） 170
　『——と企業組織』 154, 155, 156
　——の定義 230
自然淘汰 51, 213, 219
実証主義的研究 171, 237
支配概念 126, 129
支配の3類型 129, 131
社会科学 4, 90, 173, 182, 192, 193, 195, 226, 234, 243
社会人仮説 145
社会ダーウィニズム 49, 50, 51, 52, 57, 58, 59, 60, 178, 200, 205, 206, 207, 208, 232, 234, 279, 283
社会有機体 200, 207, 281
自由競争 14, 39
集産主義（collectivism）と個人主義（individualism） 203, 204
従順性 164, 165, 166, 220, 221
重商主義 9, 68
囚人のジレンマ 217
『集団行動の経済学』 78, 85
自由放任主義 32, 51, 53
『種の起源』 20, 222
準所有 250
情報の完全性 39
職能別組織 154, 160
所有
　——度 244, 245
　——と経営の分離 109, 110, 111, 241, 254, 259
　——の定義 250
進化
　——経済学 284
　——ゲーム理論 217, 218, 219
　——の定義 212
　——倫理学 220
　——論 50, 206, 211, 221, 222, 234, 235, 281
　——論的経営学 212, 231, 235, 236, 237, 259, 261, 277, 278, 282, 284
　——論的経済学 21, 41
新古典派経済学 4, 27, 42, 59, 90, 123, 140, 141, 153, 228, 229, 233
新制度派経済学 153, 154, 160, 161, 162, 163, 172
信頼性 261, 262, 265, 266, 268, 274
垂直的統合 159, 160
スタンフォード大学 36, 65
制御能 245, 246, 247, 248, 249, 250, 251, 252, 253, 254
制裁 80, 135
制作本能 69, 95
正当性 126, 127, 131, 135, 136, 150
制度派経営学 122
制度派経済学 64, 88, 90, 91, 92, 94, 122, 146, 167, 170, 223, 279

事項索引　303

『制度派経済学』　78, 84,
制度論的経営学　122, 123, 169, 279
生物学　20, 211, 212, 221, 226, 227, 235
生物的自然観　224, 225
制約的（戦略的）要因　87, 167
世界の工場　32, 33
全国科学アカデミー財団　181
全国学術研究会議　181
戦時産業省　191
専門経営者　101, 224
組織
　——影響力　134, 135, 150
　——エコロジー論　213, 214
　——革新　104, 138, 150
　——から市場へ（OtoM）　170
　——経済　161, 162, 164
　——原理　232, 236
　——スラック　154
　——の経済学　27, 122, 153, 157, 170, 172
　——の時代　77, 102, 114, 121
　——の定義　230
　——は戦略にしたがう　169, 170
　——ルーチン　215, 226, 227, 231
　——論のジャングル　125, 147

タ行

大恐慌　64, 66, 119
大量生産　103, 184
「魂のない」株式会社　75, 76
帝国主義　51
適応性　164, 165, 220, 221
適応度　217, 219
適者生存　50, 51, 52, 57, 178, 202, 207, 209, 222, 234, 281
テクノストラクチャー　117, 118
同質性から異質性へ　51, 209
道徳概念　203
東部鉄道運賃率事件　54
取引概念　81, 82, 158, 159
取引コスト　155, 156, 166, 273
　——経済学　153, 156, 157, 158, 159, 173
泥棒貴族　53, 71

ナ行

内部経済　18, 19, 24, 140
内部淘汰メカニズム　216, 217
成り行き管理　104, 105, 109
ニュージャージー緊急救済局　191
ニュージャージー・ベル電話会社（NJBT）　188, 189, 190
ニューディール　64, 109, 113, 182, 191
認知科学　143, 159, 160
認知限界　202
ネオ・ダーウィニズム　213, 215, 220, 237
能率　11, 13, 16, 19, 29, 44, 45, 48, 49, 55, 56, 58, 59, 83, 84, 86, 87, 134, 145, 179, 232, 233, 282

ハ行

ハーバード・サークル　193, 194, 195, 198
ハーバード大学　36, 109, 114, 182, 187, 193, 194
パレート研究会　194
パワー・ポリティクス　137
比較制度分析　156
東インド会社　8, 12
ビジネス・リーダーシップ　114, 115, 116
ピューリタン　62
フォーディズム　36
不確実性　40
不可知論　202
不完全競争　40
不完備契約　158, 159, 160
プラグマティズム　55, 62, 205
ブラーミニズム　62
プログラム科学　226, 236, 283
プロテスタント　184
分業　4, 5
米軍慰問協会　192
包括適応度　219, 225, 238
ホーソン研究　182, 194
ポピュリズム（populism）運動　53
ホーリズム（全体論）　92, 98

マ行

マーシャルの『経済学原理』　18, 27
マクロ経済学　117

マネジメント革命　178
マネジメント・ジャングル　125, 141
満足化基準　137, 138, 139, 150, 159, 160
見えざる手　11, 101, 169
見える手　91, 101, 169
ミクロ経済学　32, 146, 156, 167, 170
ミルの『経済学原理』　12, 16, 27
無関心圏　80, 132, 133
目的論的自然観　224, 225

利己心　10
利潤極大化　39, 40
利潤追求　130, 184, 207, 224
理神論（自然宗教）　187, 206, 209
利他主義　28, 164, 165, 166, 220, 221, 268
ルネッサンス　66
ローラ・スペルマン・ロックフェラー追悼基金（LSRM）　181, 182
ロックフェラー財団　71, 181, 182, 192, 193

ヤ行

『有閑階級の理論』　65, 71
有機体　42, 50, 196, 198, 200
優生学　51

ワ行

WASP　54

ラ行

利己主義　28, 165

人名索引

ア行

アーウィック, L. F.　148, 183
アージリス, C.　148
青木昌彦　153, 156, 218
有賀夏記　53
アクセルロッド, R.　217, 218
アルジャー, H. Jr.　205
アルチャン, A.　212
アロー, K.　157
アンゾフ, H. I.　143
伊丹敬之　230
稲葉元吉　143
岩尾裕純　122
ウィーラー, W. M.　195
ヴィッカーズ, G.　147
ウィリアムソン, O. E.　129, 139, 151, 153, 154, 155, 156, 157, 158, 159, 160, 172, 229, 272
ウィルソン, W.　56, 178
ウィンター, S. G.　41, 214
ウェーバー, M.　125, 126, 127, 128, 129, 130, 131, 133, 135, 136, 138, 147, 151, 183, 196
ヴェブレン, T.　64, 65, 66, 67, 68, 69, 70, 71, 72, 73, 74, 75, 90, 91, 92, 94, 111, 122, 130, 146, 167, 221, 223, 224, 225
ウォーターマン, R. H.　148
ウォーナー, L.　194
ヴォルテール　65, 210
ウォルフ, W. B.　190, 199, 205
内井惣七　220
ウッドワード, J.　147
ウルリッヒ, H.　149
エールリッヒ, V. A.　196
エツィオーニ, A.　147
エッゲルトソン, T.　156
エマーソン, H.　54, 179
エルマンスキー, J.　47
オオウチ, W.　148
大塚久雄　6, 7
小原敬士　49

カ行

カーネギー, A.　36, 51, 58, 71, 234
カーネマン, D.　166
加藤弘之　212
カニゲル, R.　55
ガルブレイス, J. K.　91, 102, 117, 118, 122, 123, 148, 169
カンター, R. M.　148
ガント, H. L.　179
カント, I.　65, 203
ギフォード, W. S.　186, 187, 191, 192, 205
キャボット, R.　193
キャンベル, D. T.　212
ギューリック, L.　183
ギルブレス, F. B.　179
クールノー, A. A.　38
クーンツ, H.　125, 141, 142, 143, 149
クック, M. L.　55, 179
クラーク, G. W.　49
グルドナー, A. W.　128, 147
グレイキュナス, V. A.　196
クロジェ, M.　128, 148
コース, R. H.　155, 228, 229, 231
ゴードン, R. A.　102, 114, 115, 116, 121, 123, 168
コープリー, F. B.　48, 49
ゴッフマン, E.　150
コナント, J. B.　192, 194
コフカ, K.　196
コモンズ, J. R.　64, 77, 78, 79, 80, 81, 82, 84, 85, 86, 87, 88, 89, 91, 92, 94, 138, 146, 155, 158, 167, 196
コント, A.　12, 201

サ行

サイアート, R. M.　40, 125, 138, 140, 141, 145, 146
サイモン, H. A.　18, 27, 125, 128, 133, 134, 135, 136, 137, 138, 139, 143, 145, 148, 153, 154, 155, 158, 159, 160, 161, 162, 163, 164, 165, 167, 172, 220, 221, 268
坂上孝　222
佐々木恒男　31
ザッカー, L. G.　261, 262, 263, 265, 272, 273, 274
サムナー, W. G.　50
サランシック, G. R.　143, 147
サン・シモン, C. H. R.　12
ジェームス, W.　55, 62
ジェボンズ, W. S.　38
塩次喜代明　149
シジウィック, H.　18
清水剛　214
シャイン, E. H.　148
ジャクソン, A.　53
ジャックス, E.　147
シャンリー, M.　42
シューマッハー, E. F.　148
シュンペーター, J.　195
シルバーマン, D.　147
スキナー, B. F.　194
スコット, W. D.　181
スコット, W. G.　124, 177, 178, 185, 186, 193, 196, 207, 208
スコット, W. R.　144
ストーカー, G. M.　143
スノー, C. C.　147
スペンサー, H.　42, 47, 50, 51, 52, 58, 59, 62, 65, 77, 178, 198, 199, 200, 201, 202, 203, 204, 205, 206, 207, 209, 222, 234
スミス, A.　3, 4, 5, 6, 8, 9, 10, 11, 12, 14, 20, 21, 26, 27, 42, 48, 84, 90, 94
スミス, V.　166
スミスバーグ, D. W.　135
スローン, A. P.　148
セルズニック, P.　128

タ行

ダーウィン, C. R.　20, 42, 47, 50, 202, 211, 219, 221, 222, 223, 234
ダーレンドルフ, R.　150
タウシッグ, F. W.　187
タウン, H.　178, 179
高橋伸夫　218
高橋正泰　145
タンネンバウム, A. S.　148
チャーチ, A. H.　145
チャンドラー, A. D. Jr.　33, 91, 101, 102, 121, 147, 155, 169
土屋守章　136
角野信夫　126
デ・ボト, B.　196
ディクソン, W. J.　196
デイビス, R. C.　183
テイラー, F. W.　3, 31, 32, 36, 43, 44, 45, 47, 48, 49, 50, 52, 53, 54, 55, 56, 57, 58, 59, 60, 83, 84, 85, 87, 94, 104, 123, 143, 148, 177, 178, 179, 185, 232, 234, 283
デール, E.　142
デューイ, J.　62, 205
デュルケム, E.　126, 198
デルブリッジ, R.　40
テンニース, F.　198
トインビー, A.　74
ドーキンス, R.　237
ドーナム, W. B.　182, 193, 196
ドラッカー, P. F.　27, 91, 102, 118, 119, 120, 121, 122, 123, 147, 148, 169
ドラノブ, D.　42
トリヴァース, R.　219
トリスト, E.　148
トンプソン, J. D.　147
トンプソン, V. A.　135

ナ行

ネルソン, D.　49
ネルソン, R. R.　40, 41, 214

ハ行

バーカー, E.　204

人名索引　307

パーキンソン, C. N.　147
バーゲルマン, R. A.　216
パース, C. S.　62
ハーズバーグ, F.　148
パーソンズ, T.　193, 194, 196
バーナード, C. I.　18, 27, 80, 81, 87, 91, 94, 123, 125, 126, 131, 132, 133, 136, 138, 143, 145, 147, 167, 169, 177, 178, 183, 185, 186, 187, 188, 189, 190, 191, 192, 193, 196, 198, 199, 200, 201, 202, 203, 204, 205, 206, 207, 230, 232, 234, 283
バーナム, J.　91, 102, 112, 113, 123, 147, 148, 168
バーネット, W. P.　216
ハーバマス, J.　150
ハーボード, J. G.　198
バーリ, A. A. Jr.　87, 88, 89, 91, 102, 109, 110, 111, 112, 113, 114, 121, 123, 147, 167
バーンズ, T.　143, 147
ハイエク, F. A.　155
バウム, J. A. C.　212
挟本佳代　209, 210
長谷川寿一　219
長谷川眞理子　219
バッキ, E. W.　147
ハックスリー, T. H.　65, 202
バックマン, R.　265, 274
バックレイ, W.　213
馬場克三　224, 232
ハミルトン, W. D.　219
パレート, V.　184, 194, 195, 196, 198, 199, 210
バレル, G.　149
ハンナン, M. T.　147, 213, 214
ピーター, L. J.　148
ピータース, T. J.　148
ヒクソン, D. J.　147, 149
ビッガート, N. W.　40
ピュー, D. S.　147, 149
ヒューム, D.　65
ファヨール, H.　143, 145, 148, 183
フィドラー, F. E.　148
フーバー, H.　189, 191, 196
フェファー, J.　143, 147
フォーセット, H.　48, 49, 59

フォスディック, R. B.　190, 206
フォレット, M. P.　148, 196
フクヤマ, F.　268, 269
藤本隆宏　215, 231, 240
ブラウ, P. M.　128
ブラウン, J. F.　196
ブラウン, W.　147
ブランダイス, L. D.　54, 55, 56, 62
フリードマン, M.　213
フリーマン, J. H.　147, 213, 214
古川栄一　224
フルーネベーヘン, P.　31
ブルーム, V. H.　148
ブレイク, R. R.　148
ブレイバーマン, H.　148
ブレック, E. F.　148
プロブスト, G. J. B.　149
ヘアー, M.　213
ベイリー, O. T.　194
ヘーゲル, G. W. F.　200
ベサンコ, D.　42
ヘラクレイトス　201
ベルタランフィ, L.　146
ベンサム, J.　12, 16
ヘンダーソン, L. J.　182, 193, 194, 195, 196
ベントレー, A. F.　198
ペンローズ, E. T.　211, 229, 230
ホイティカー, J. K.　31, 47
ポーター, M.　143
ホーマンズ, G. C.　194, 195, 196
ボールディング, K. E.　148
ホジソン, G. M.　156
ホフスタッター, R.　51
ホフステッド, G.　147
ポランニー, K.　229
ホワイト, W. F.　194
ホワイト, W. H.　148
ホワイトヘッド, A. N.　193, 196
ホワイトヘッド, T. N.　196

マ行

マーシャル, A.　3, 4, 18, 19, 20, 21, 22, 23, 24, 25, 26, 27, 31, 32, 35, 36, 37, 38, 40, 42, 43, 44, 45, 46, 47, 48, 58, 59, 60, 90, 94, 146,

308 人名索引

228, 232, 234
マーチ, J. G.　40, 125, 136, 137, 138, 139, 140, 141, 145, 146, 148
マートン, R. K.　128, 193, 194, 196
マイルス, R. E.　147
マグレガー, D.　148
マッカラム, D.　102, 105, 106, 107, 108, 109, 111
マッケルビー, B.　212
マリス, R.　229
マルクス, K.　18, 76, 88, 90, 94, 242
マルサス, T. R.　3, 14, 20
ミーンズ, G. C.　87, 88, 89, 91, 102, 109, 110, 111, 112, 113, 114, 121, 123, 147, 167
ミッシェル, R.　148, 196
ミッチェル, W.　78
ミル, J.　12
ミル, J. S.　3, 12, 13, 14, 15, 16, 17, 26, 27, 48, 65, 94
ミルグロム, P.　42
ミンツバーグ, H.　147
ムーディ, D. L.　198
ムートン, J. S.　148
ムーニー, J. D.　145, 183
向井武文　47
メイナード・スミス, J.　217
メイヨー, E.　143, 148, 181, 182, 193, 194, 195, 196
モーガン, G.　149
モーゲンソー, H. Jr.　191
藻利重隆　122
森田尚人　203
森本三男　144

ヤ行

ヤークス, R. M.　181
山岸俊男　218
ヤング, A. A.　36
吉田民人　224, 225, 236, 239, 241, 242, 243, 245, 246, 249, 250, 251, 253, 254, 257, 258, 259, 283, 284

ラ行

ラムル, B.　181
リカード, D.　3, 14
リッカート, R.　143, 148
リンドブロム, C. E.　148
ルーマン, N.　262
レーン, C.　265, 274
レイリー, A. C.　145, 183
レヴィン, K.　145
レスリスバーガー, E. J.　143, 194, 195
レン, D. A.　11, 31, 68, 94, 121, 124, 205
ローウェル, A. L.　193, 194
ローシュ, J.　137, 143, 147, 240
ロックフェラー, J. D.　71, 181
ロバーツ, J.　42
ローラー, E. E. Ⅲ.　148
ローレンシュ, P.　137, 143, 147, 240

ワ行

ワイク, K.　149, 213
ワット, J.　68
ワルドー, D.　208

初出論文一覧

本書は，以下の諸論文に基づいて構成されているが，それぞれ大幅な加筆・修正がなされている。

第1章　「企業経済学の胚胎——スミス，ミル，マーシャルの企業観——」『久留米大学商学研究』第8巻，第2号，2002年12月。

第2章　「企業経済学と経営学——マーシャルとテイラーをめぐる思想的背景——」『産業経済研究』（久留米大学）第45巻，第1号，2004年6月。

第3章　「制度としての企業——制度派経済学の視座——」『久留米大学商学研究』第9巻，第1号，2003年6月。

第4章　「制度論としての経営学——『制度派経営学』の系譜——」『産業経済研究』（久留米大学）第43巻，第1号，2002年6月。

第5章　「現代組織論の系譜」久留米大学商学部編『新しい社会をひらくビジネス研究の課題』白桃書房，2000年4月，第5章。

第6章　「現代組織論と新制度派経済学」久留米大学商学部企業システム研究会編『企業システムの探究——制度・組織・市場——』同文舘出版，2001年10月，第2章。

第7章　「経営者国家とバーナード——W. G. スコットの所説を中心に——」『産業経済研究』（久留米大学）第34巻，第4号，1994年3月。
　　　　「バーナードとハーバード・サークル——W. G. スコットの所説を中心に——」『産業経済研究』（久留米大学）第35巻，第1号，1994年6月。
　　　　「経営学と社会ダーウィニズム——テイラーとバーナードの思想的背景——」経営学史学会編『企業モデルの多様化と経営理論（第13輯）』文眞堂，2006年5月。

第8章　「進化と経営学——進化論的経営学の提唱——」『久留米大学商学研究』第12巻，第1号，2006年6月。

補章1　「所有概念の一考察——吉田民人の所有構造の理論——」『久留米大学商学研究』第2巻，第2号，1997年3月。

補章2　「信頼性の基盤——九州企業の韓国現地法人の事例を中心に——」『産業経済研究』（久留米大学）第38巻，第1号，1997年6月。

終　章　書き下ろし

著者略歴

福永文美夫（ふくなが ふみお）

1957 年	山口県下関市生まれ
1981 年	慶應義塾大学商学部卒業
1989 年	北九州大学（現北九州市立）大学院経営学研究科修士課程修了
1992 年	九州大学大学院経済学研究科博士後期課程単位取得
1999 年	久留米大学商学部専任講師，助教授を経て，米国オクラホマ大学客員研究員
2002 年	久留米大学商学部教授
専攻分野	経営組織論，経営学史
主要著作	『組織論の現代的主張』（共著）中央経済社，1995 年
	『平成不況とこれからの企業経営』（共著）九州大学出版会，1996 年
	『地域企業のグローバル経営戦略──日本・韓国・中国の経営比較──』（共著）九州大学出版会，1998 年
	『新しい社会をひらくビジネス研究の課題』（共著）白桃書房，2000 年
	『ビジネスの諸相──20 世紀から 21 世紀へ──』（共著）九州大学出版会，2001 年
	『企業システムの探究──制度・組織・市場──』（共著）同文舘出版，2001 年

文眞堂現代経営学選集
第Ⅱ期第 6 巻
経営学の進化
──進化論的経営学の提唱──

2007 年 3 月15日　第 1 版第 1 刷発行　　　　　　　　　検印省略
2018 年 4 月10日　第 1 版第 2 刷発行

著　者　福　永　文　美　夫

発行者　前　野　　　隆
東京都新宿区早稲田鶴巻町533

発行所　株式会社　文　眞　堂
電話 03（3202）8480
FAX 03（3203）2638
郵便番号（162-0041）振替00120-2-96437番
http://www.bunshin-do.co.jp

印刷・モリモト印刷／製本・イマキ製本所
©2007
定価はカバー裏に表示してあります
ISBN978-4-8309-4571-7　C3034